El eneagrama de las pasiones

LLUÍS SERRA LLANSANA

El eneagrama
de las
pasiones

Anatomía psicológica
de las pasiones
dominantes

Urano
Argentina – Chile – Colombia – España
Estados Unidos – México – Perú – Uruguay

Copyright © 2024 *by* Lluís Serra Llansana
All Rights Reserved
© 2024 *by* Urano World Spain, S.A.U.
Plaza de los Reyes Magos, 8, piso 1.º C y D – 28007 Madrid
www.edicionesurano.com

ISBN: 978-84-18714-25-2
E-ISBN: 978-84-19699-69-5
Depósito legal: M-9.901-2024

Fotocomposición: Urano World Spain, S.A.U.

Impreso por: Rotativas de Estella – Polígono Industrial San Miguel
Parcelas E7-E8   31132 Villatuerta (Navarra)

Impreso en España – *Printed in Spain*

No hay ningún progreso en el ser sin algún misterioso
tributo de lágrimas, de sangre y de pecado.

PIERRE TEILHARD DE CHARDIN

Todo el que alguna vez construyó un cielo nuevo encontró
primero en su propio infierno el poder necesario para ello.

FRIEDRICH NIETZSCHE

ÍNDICE

PRÓLOGO A LA SEGUNDA EDICIÓN

Hoy, en el año 2024, observamos atónitos el cambio climático, las guerras (la más cercana geográficamente, la de Ucrania), las continuas crisis económicas, la pandemia de COVID, los fenómenos migratorios, los casos de corrupción que cada día llenan los telediarios en cualquier lugar del planeta, el aumento de las agresiones sexuales y los suicidios en la población más joven, el incremento de las disfunciones mentales o el abuso de sustancias, la marginación, la pobreza, la mal llamada inteligencia artificial cuya deriva al transhumanismo pone en riesgo los valores éticos que han sostenido nuestras sociedades... Podría seguir nombrando factores y factores que nos gritan a la cara que tenemos problemas muy graves y por primera vez, que sepamos, todos los seres humanos nos enfrentamos a ellos, si bien es cierto que no desde las mismas condiciones para contrarrestarlos.

¿Cuál es el origen de tales calamidades, de tanta crueldad, de tanta injusticia, de tanto dolor en el alma humana?

No sé quién puede responder esta pregunta, pero sí sé que todo lo hemos creado nosotros, los seres humanos. Todo cuanto vemos más allá de la creación divina es obra humana, es reflejo de nosotros mismos, nada de lo que expresamos en el mundo ya sea con la palabra o con los actos es ajeno a nuestro propio ser; cabe que nos dispongamos a revisar, tal como reza el subtítulo del libro, *la anatomía psicológica* de nuestra forma de pensar, sentir y actuar, y nos toca hacerlo individual y colectivamente.

Cada uno de los azotes mencionados, que vivimos actualmente, dimanan de las pasiones que nos presenta Lluís Serra en su libro.

Solo hay que leerlo atentamente para darnos cuenta de la relación que existe entre los males mencionados anteriormente y las nueve pasiones que nos presenta.

El autor, aplicando la metodología cualitativa de investigación científica, *Grounded Theory*, nos describe con maestría casi quirúrgica las manifestaciones de los distintos eneatipos en su contexto psicológico; descripciones, a través de las cuales, podemos descubrir la resonancia que existe entre los procesos psicológicos individuales y los sociales.

Permítame el lector unas breves reflexiones para ejemplificar esta idea:

La ira, eneatipo I

La persona que lo encarna busca la perfección, el ideal, posición que la aleja de la realidad y le produce rabia, que a su vez encubre con una máscara de compostura y benevolencia que solo oculta lo dañino de la situación. Esto le conduce a ejercer una forma de poder casi imperceptible, puesto que se coloca en posición de superioridad respecto a los demás. Ejerce de buen ciudadano y evita ser señalado negativamente por la sociedad, manteniendo el control a cualquier precio.

En el ámbito social la equivalencia a este comportamiento la conocemos como ***autoritarismo***.

La vanidad, eneatipo III

Si ponemos la atención en él, vemos que se caracteriza por el empleo de la seducción, la carrera hacia el éxito social, tanto hay que fingir y correr que a uno se le olvida lo esencial y se queda sin tiempo para vivir, desdeñando los valores éticos y sustituyéndolos por los estéticos, dependiendo de las opiniones de los demás acerca de uno mismo, negando el enorme vacío que ocultan dichas estrategias.

Hoy podemos ver su manifiesta equivalencia especialmente en la *superficialidad* de las redes sociales, donde un sinnúmero de seguidores sustituye encuentros y relaciones significativas entre personas.

La pereza, eneatipo IX

Como último ejemplo me referiré a esta pasión, la que atrapa al individuo en el olvido de sí mismo, instalándose este en la comodidad, el apoyo incondicional a los demás y la procrastinación.

La equivalencia puede observarse en una *sobreadaptación* al sistema social. El colectivo vive como adormecido, es como si hubiera perdido la capacidad de decidir, incluso para defender sus derechos y libertades, prefiere sumergirse en la corriente del momento y dejarse llevar por leyes y normas, en ocasiones absurdas, en lugar de alzar la voz y enfrentar el conflicto.

Podríamos hacer los paralelismos con todos los eneatipos, pero no me extenderé. Con estos ejemplos, creo que es suficiente para avalar la conocida frase de Gandi: «Sé el cambio que quieres ver en el mundo».

Conociéndonos a nosotros mismos y superando nuestra pasión dominante estaremos contribuyendo a la construcción de un mundo mejor.

Por este motivo, el libro que tenemos en las manos encierra un gran potencial como guía en el camino de transformación.

En él, Lluís nos invita a observar tres categorías en cada eneatipo, y nos indica en primer lugar la del *oscurecimiento óntico, el oscurecimiento del ser*, ¿quién no anda entre sus propias sombras?

La humanidad hoy está rodeada de fantasmas que hemos creado nosotros mismos.

La siguiente categoría es *la degradación de la conciencia*. En los medios se nos invita permanentemente a desconectar de nuestra consciencia y a sumergirnos en un mundo ficticio, en su versión más extrema en un mundo virtual, que nos mecaniza y nos aleja del conocimiento y el contacto con la realidad propia y la ajena.

La tercera de las categorías es *la perturbación de las estrategias operativas de la conducta.* En esta se nos presenta el modo en que cada eneatipo actúa para lograr influir en los demás y lograr sus objetivos en relación con la pareja, la amistad, el dinero, la naturaleza y lo trascendente.

¿Quién de nosotros no ha tropezado con alguna relación tóxica ya sea en el trabajo o en la vida personal, en la que uno no acaba de entender lo que está sucediendo, hasta que puede reconocer la manipulación que encierran determinados comportamientos o discursos?

El libro en sus descripciones contiene numerosas claves para reconocer y/o descubrir múltiples mecanismos con frecuencia inconscientes, que nos esclavizan individual y colectivamente.

Con su estilo más puro, Lluís ameniza el texto con citas de autores que nos ponen en contexto. Por el libro desfilan filósofos como Platón o Heidegger, cineastas como Fellini o Coppola, escritores como Huxley o Milton, personajes de obras de Molière o Shakespeare, místicos como San Juan de la Cruz o Santa Teresa, el monje Evagrio Póntico o la princesa protagonista de *Turandot,* encontramos también alusiones a pasajes de la Biblia, tanto del Génesis como de los Evangelios. En definitiva, desde Alí Babá y sus cuarenta ladrones hasta el protocolo de Kyoto, asoman referencias y ejemplos que nos abren una enorme ventana para contraponer y facilitar nuestra comprensión. No se trata de un texto limitado por la rigidez científica que exige el carácter de tesis que lo originó, sino que, bien al contrario, la ilustración con referencias culturales nos permite ver con claridad los matices de cada pasión, el intrínseco vínculo relacional entre individuo y colectivo y su impacto en lo social.

Para coronar lo expuesto a lo largo del libro, en las últimas páginas del libro (367-412), podemos encontrar un interesantísimo capítulo acerca de las interrelaciones entre las distintas pasiones. Resulta clarificador en tanto que se ocupa de presentar matices que contribuyen notablemente a su identificación.

Tal empeño en las exposiciones no nos extrañará si tenemos en cuenta la biografía del autor, que suma al doctorado obtenido en Psicología por la nombrada tesis, la licenciatura en Teología y en Filosofía.

En la introducción de la primera edición, en la página 27, Lluís habla de su búsqueda existencial, la que vemos reflejada en su obra, la cual trasluce cuatro dimensiones fundamentales.

En primer lugar, y así se expresa en las entrevistas que llevó a cabo y que se encuentran transcritas en el libro, contiene una *dimensión clínica*, en cuanto se revela adecuado para tratar el malestar de personas que sufren.

Tiene además una *dimensión social* en el sentido que refleja lo individual en lo colectivo, como he intentado mostrar anteriormente.

Tiene una tercera *dimensión, la ética*, puesto que nos permite adoptar un enfoque de «no juicio» ante las atrocidades que vemos en el mundo y eso nos capacita para reconocer lo circunstancial, relacionarnos libremente con lo trascendente y actuar de forma moralmente adecuada.

Y finalmente tiene una cuarta *dimensión de disciplina espiritual*, en tanto que nos presenta el trabajo de autodisciplina y regulación del pensar, el sentir y el actuar.

En otras palabras, la razón y el empeño en que este libro se publique de nuevo reside en el potencial transformador que encierra.

Merece pues que hagamos de él una lectura atenta, cuidadosa y profunda, en correspondencia a la tarea que ha hecho su artífice al concebirlo.

Considero obligatorio destacar el enorme esfuerzo del autor por elevar el fruto de sus investigaciones a la categoría de tesis doctoral. Es una semilla impagable que endeuda a todos los «eneagramadores» o «eneagramistas» en cultivarla, pues a día de hoy sigue siendo pionera en tratar el calado psicológico del eneagrama, si bien es cierto que otros profesionales, en el campo clínico, social y educativo han aludido en sus tesis las bases del eneagrama como método, no han versado sobre el tema de forma tan singular y nuclear.

Ojalá el libro estimule el interés de muchas personas por esta disciplina y signifique para ellas el inicio de un trabajo de desarrollo personal tan necesario en estos tiempos, si de verdad ansiamos la transformación del mundo en un lugar mejor. Sé que ello haría feliz a su autor.

Podría seguir argumentando acerca del libro y la importancia de su publicación, pero teniendo en cuenta que este es un prólogo a la segunda edición y tanto en la primera como en la introducción del propio escritor ya quedan manifestadas las diversas virtudes del ejemplar, me parece gratuito extenderme y desafortunado repetirme.

De modo que solo añadiré unas palabras acerca del autor. No es fácil ser objetiva cuando te propones hablar de alguien a quien admiras. No oculto el inmenso calor que anida en mi corazón cuando se trata de Lluís Serra.

Cuando le conocí hace unos diecisiete años, yo había terminado la formación S.A.T. de la mano de Claudio Naranjo. Fue una experiencia que duró siete años y transformó mi vida, me parecía que era totalmente consciente de mi pasión y que la tenía dominada. Lluís me enseñó que no, que trabajamos con ella hasta el instante final de la muerte y lo hizo como él sabe hacerlo, con bondad, con amor y con verdad.

Me convertí en su alumna y en su «fan», más tarde en su amiga, después en colaboradora. Es una satisfacción trabajar con él, pocas veces he visto (ya tengo unos cuantos años y bastante experiencia colaborativa) combinar con su maestría el rigor y el humor, la sabiduría y la humildad, la cordialidad y el límite.

Celebro el acierto de la editorial Urano al hacerse valedora de esta edición y animo a ambos, autor y editorial, a prolongar su vínculo, publicando un segundo tomo que está en el horno a punto de alcanzar su punto óptimo de cocción y que si estoy en lo cierto llegará a nosotros con el título *El eneagrama de las relaciones*.

Sumaré un último comentario. Cuando Lluís me pidió que hiciera este prologo me sentí halagada, pero menos de un minuto después me alarmé y empecé a temblar. El eneagrama es un tema muy grande y Lluís Serra una autoridad internacional en el mismo. ¿Qué podría decir yo al respecto?

Solo me sobreviene una frase: GRÀCIES, Lluís!

HELENA AGRAMUNT CALVET

PRÓLOGO A LA PRIMERA EDICIÓN

«Conócete a ti mismo», decía el aforismo inscrito en la puerta del templo dedicado a Apolo y construido sobre roca en Delfos. Sin duda una necesidad en el mundo de hoy para todo aquel que se dedique a alguna profesión en la que tenga que ayudar o enseñar a otras personas. También es un elemento central en este ideal de persona humanista-renacentista que hoy fascina y atrae. Aunque conocerse a sí mismo no es una condición suficiente para el progreso espiritual, sí que es una condición, podríamos decir, necesaria para el mismo. Efectivamente, para avanzar espiritualmente no basta con conocerse, hay que estar además dispuesto a cambiar para ser mejor persona, tomando en cuenta y compartiendo más con los demás. Este es el tema, más o menos implícito y sin embargo central, de este libro. Pero tal vez, amigo lector, antes de adentrarte en su lectura, quizá quieras saber alguna cosa más sobre su autor, sobre la temática del eneagrama y las pasiones humanas y sobre el interés o relevancia que tiene su conocimiento. Quizá también te interese saber en qué consiste la aportación singular de este libro en la amplia bibliografía existente sobre estos temas. A ello dedicaré estas líneas que siguen, a modo de prólogo de este interesante trabajo del Dr. Lluís Serra.

Conocí a Lluís Serra en un entorno académico universitario y de investigación. Él era alumno del programa de doctorado en la Facultad de Psicología y Ciencias de la Educación y del Deporte Blanquerna, de la Universidad Ramon Llull. Quizá fue este contexto lo que propició que nuestras primeras conversaciones fueran sobre temas psicológicos o educativos, relacionados con la persona humana, el autoconocimiento o la espiritualidad. También compartíamos la necesidad de realizar sobre estos temas una investigación rigurosa. Sintonicé muy pronto con Lluís, no solo por sus formas siempre afables y cordiales, no exentas de un excelente sentido del humor, sino porque me sorprendió en su convicción sobre el tema que quería profundizar. Lo tenía muy claro: quería investigar sobre el eneagrama. No es muy frecuente que los alumnos de doctorado tengan ya desde el comienzo tan claro a qué quieren dedicar sus esfuerzos investigadores. Pero Lluís había madurado ya su decisión. El reto aquí era de una naturaleza diferente: cómo realizar una investigación sobre el eneagrama que cumpliera con los requisitos académicos de una tesis doctoral. Tengo que clarificar aquí que en aquellos tiempos —principios de los 90—, el eneagrama no era conocido ni por el público en general ni por parte de la academia. Y ya sabemos que lo que es nuevo genera dudas y no digamos en el mundo académico, donde muchas veces lo nuevo y desconocido suscita —bien lamentablemente— directamente rechazo. El eneagrama traía, además, un aura de conocimiento esotérico sobre el que muchos compañeros ya tenían entonces un posicionamiento claro: no es empírico, no está demostrado, no es científico… Así pues, había que afinar y acertar en la propuesta y decisión de Lluís.

Por mi parte siempre he estado interesado en profundizar en el conocimiento de la persona y por aquel entonces había leído algunos libros sobre el eneagrama. Algunos de Richard Riso, el clásico de Helen Palmer y también el de *Enneatype structures* de Claudio Naranjo. A pesar de estas lecturas, seguramente por la tendencia autodidacta mía o la falta de una formación más sistemática y experiencial —que sí tenía Lluís Serra—, hicieron que tomara consciencia sobre el hecho que lo que yo podía aportar a la investigación era bastante limitado. ¡Con lo que me costaba entonces a mí saber cuál era mi número! Sin embargo, mi atracción por los retos y las posibilidades creativas me hizo ver que, quizás, uniendo la motivación y el conocimiento de Lluís con la posibilidad de poderle ayudar en aspectos metodológicos, podía resultar en un trabajo interesante sobre un sistema con mucho potencial (esto no era evidente cuando empezamos, pero sí lo era para Lluís, que me contagió su entusiasmo). A partir de aquí fue cuando pude conocerle más, a partir del trabajo concreto y de las conversaciones más enfocadas al trabajo, pero que derivaban casi siempre hacia los temas más variados. Admiré de Lluís Serra su rigor, su capacidad de trabajo, su estilo metódico y detallista, su interés por lo histórico y por lo descriptivo, su capacidad de análisis y síntesis. Esta virtud que pocos tienen de ver los árboles y también ver el bosque. En Lluís estas cualidades se adivinan, pues frecuentemente las deja ver a través de una reflexión nueva, un apunte interesante, siempre al hilo del tema, por complejo que sea. Así descubrí poco a poco al polifacético Lluís Serra: educador, gestor, excelente escritor y periodista, ¡incluso actor! Encarna él mismo este ideal que mencionábamos de hombre renacentista, con amplios intereses. Todo esto se refleja muy bien en este libro. Ocurrió lo que era previsible ante la ambición del objetivo: la investigación se alargó más de lo esperado siguiendo las diferentes etapas vitales de su autor, que siempre enriquecieron el trabajo. Esta es otra característica de Lluís: no abandona nunca el trabajo, sigue el propósito hasta que lo acaba, cueste lo que cueste, con esfuerzo y persistencia. Por todo ello resulta fácil entender que fuera para mí muy sencillo y gratificante ser su director de tesis.

Sin embargo, hay una característica de Lluís Serra que me parece bastante significativa y, podríamos decir, esencial para interpretar bien su trabajo. Esta característica es que Lluís se plantea ayudar a las personas en el despertar de su vida interior. Esto le ha llevado a profundizar en diferentes autores y perspectivas relacionadas con el eneagrama. Singularmente ha profundizado en el Cuarto Camino, que incorpora el pensamiento de Gurdjieff o también, y de forma bastante relevante, en la tradición de los pecados capitales de la espiritualidad cristiana. En este último aspecto, Lluís Serra ha estudiado esta tradición desde la Grecia clásica hasta la Modernidad, contribuyendo a la mejor comprensión sobre los orígenes del eneagrama. Lluís Serra no escribe como hacen muchos escritores, solo para demostrar que saben de un tema, sino que escribe pensando en sus lectores, para abrirles caminos, ayudar a su reflexión y facilitar apoyos a los numerosos cursos que realiza. En definitiva, sus escritos son para ser reflexionados, para ayudar a desenmascarar falsas seguridades y ayudar a las personas a conocerse mejor, a crecer desde el interior. Son muchas las personas que, a partir de los cursos y los escritos de Lluís Serra, han conectado con su mundo interior. No cuesta mucho adivinar, pues, que este libro tiene este mismo propósito.

Hay todavía una cuestión importante por señalar, bien significativa del trabajo de Lluís Serra. Y es que Lluís realiza toda esta exploración, este viaje interior, estudiando los repliegues de la personalidad y los mecanismos del autoengaño del ego, sin que esto se interponga con su experiencia cristiana, sino que, al contrario, ocurre lo opuesto. Este trabajo le lleva a vivir con más profundidad su experiencia religiosa. Esto, que en nuestro autor es muy claro, me parece que es un reflejo de una gran evidencia: el eneagrama es una excelente herramienta para comprender la personalidad y el carácter, una herramienta de tipo psicológico, bien racionalizada y muy útil como instrumento de autoconocimiento. Para mí está claro que lo que es instrumental no ocupa el mismo lugar en el alma que la espiritualidad religiosa, ya que esta última pertenece al ámbito simbólico. Mis respetos para las personas que ven el eneagrama también como una tradición espiritual para sustituir las otras tradiciones, pero creo que ello no sería posible sin acudir a un sincretismo que reúna también aspectos simbólicos, propios de las tradiciones religiosas y espirituales. Mejor ser bien consciente de ello, ¿no?

El eneagrama es pues un sistema de comprensión de la personalidad a partir de nueve patrones o eneatipos distintos, que configuran las diferentes maneras posibles que toman los mecanismos de defensa del ego, llevados por una pasión dominante, consolidada por diversas fijaciones mentales. Estas pasiones interfieren con los instintos creando unos estilos de personalidad. Las virtudes e ideas santas pueden ayudar a disolver pasiones y fijaciones en un camino de autoconocimiento y también de mejora personal. Aunque esto segundo no se sigue automáticamente, sino que requiere de la acción propositiva de la voluntad. Cuando conocí el eneagrama me pareció un instrumento de gran interés. Fue en una época que estaba realmente interesado en estos aspectos. Era en aquel tiempo *visiting scholar* en el departamento de Psicología Social de la Universidad de Columbia, con la entonces profesora Carol Dweck, quien precisamente investigaba la personalidad. Su aportación más característica era que hay maneras —teorías— implícitas de entender la personalidad. Así hay personas que entienden la personalidad como un conjunto de rasgos fijos y otras que la ven como algo «incremental», es decir maleable y cambiable. Son dos modos de percibir la personalidad que tienen consecuencias en el comportamiento hacia nosotros mismos y hacia los demás. Creo que yo estaba más cerca del polo que entendía la personalidad como algo «incremental». En cambio, entonces me parecía que la mayoría de autores del eneagrama más bien entendían la personalidad como rasgo fijo. En consecuencia, me parecía que debía de interpretarse el sistema del eneagrama con mayor flexibilidad. Por esto siempre le comentaba a Lluís mientras estaba en su trabajo doctoral: oye, ¿estás seguro que en cada persona hay una única pasión actuando?

¿Y si hay más de una? Lluís siempre me contestaba: pueden actuar varias pero solo una es la pasión dominante. En esto también seguía con exactitud la visión de su maestro en el eneagrama, Claudio Naranjo. Tuve que darme cuenta por la investigación empírica que efectivamente para muchas personas que han trabajado con el eneagrama hay ciertamente una única pasión dominante.

Por otra parte, mi constante interés por la espiritualidad y la religión me llevó a entender los números del eneagrama de una forma más cercana a la manera de Almaas, es decir, como resultado de la pérdida de contacto con la esencia. Además de la psicodinámica personal, existe algo previo, el alma individual, que carece de algo que se tuvo y ahora falta. Con Almaas creo que quizás la realidad se filtre desde esta carencia. Así pues, por ejemplo, no es tan importante qué hicieron o dejaron de hacer unos padres particulares, que —sea cual sea su actuación— van a ser percibidos de una forma determinada por parte del alma. Los eneatipos serían por tanto el resultado de este proceso. Responsabilizar a nuestros padres quizás sea una vía más de autoengaño para no afrontar la responsabilidad de cambiar y mejorar como personas. De ello también puede resentirse el camino espiritual.

Bien, ¿y qué aporta específicamente este trabajo de Lluís? En esta parte de la investigación doctoral, que no fue la única, utilizamos la metodología de la *Grounded theory* de Glaser y Strauss. *Grounded theory* se traduce como teoría fundamentada en datos. En síntesis, se trata de recoger datos y descripciones desde donde formular una teoría. El ámbito ya lo teníamos: personas que han trabajado y se han conocido a sí mismas mediante el eneagrama. Nos formulamos una pregunta bastante evidente: ¿cómo afecta la pasión dominante en las relaciones con uno mismo, con los demás, con el trabajo y el dinero, con la naturaleza y con Dios? Es decir, si tenemos personalidades —formas de filtrar— diferentes, quizás tengamos —pensábamos— formas distintas de entender y aproximarnos a estos conceptos y realidades. Sorprende que el tema no hubiera sido estudiado antes. Me lo explico quizás por la tendencia a la autoobservación de la personalidad, muy frecuente en las personas que se dedican al estudio del eneagrama, fenómeno que quizás dé a los estudios un sesgo algo individualista. Este centrarse en el autoconocimiento y en la autoobservación quizás haya podido desincentivar el interés del estudio por el cómo se percibe la relación con «objetos» externos. Esta investigación es precisamente la que abordó Lluís Serra y en este libro se recoge una primera parte que es cómo cada tipo experimenta su pasión dominante. Es pues un trabajo creativo e innovador, basado en una investigación rigurosa, y que complementa magníficamente los otros instrumentos útiles para el proceso de autoconocimiento. Especialmente es una contribución a lo que podríamos denominar con total propiedad como una construcción de la identidad o de la identificación personal.

Además de esta aportación singular, este sintético e ilustrativo libro es muy explicativo. Otro valor añadido es la inclusión en él de los testimonios, de las experiencias, narradas por los sujetos de la investigación. El propio Claudio Naranjo, a quien Lluís Serra quiso invitar a formar parte del tribunal, el día de la defensa de la tesis reconoció cómo las descripciones de Lluís se ajustaban perfectamente a lo que él le había enseñado. En la medida que se comprende esta dimensión más relacional e identificativa de cada tipo, este trabajo va bastante más allá —por lo que yo conozco— de la mayoría de trabajos escritos hasta la fecha. Asimismo —por lo que hemos podido comprobar—, con esta contribución el Dr. Lluís Serra ha elaborado la primera tesis doctoral sobre el eneagrama defendida en una universidad.

El interés de Lluís por el eneagrama no se agota en este libro. Hemos compartido otras aportaciones como la ya mencionada de entender en profundidad la evolución de la tradición de los pecados capitales de la tradición cristiana, sin duda una de las bases de la espiritualidad cristiana y por tanto del alma europea. En este sentido cobra relevancia la figura de Ramon Llull, que incorpora ya en el siglo XIII (!) la figura característica de los tres triángulos inscritos en un círculo, característicos del eneagrama, para tratar de los pecados capitales y de las virtudes. En el 2012 veremos publicado un artículo sobre esta temática en la prestigiosa revista *Journal of Religious History*[1]. El misterio de los orígenes del eneagrama se hace un poco menos misterioso. Esto permite, a mi modesto entender, ver la conexión de la perspectiva del eneagrama, tal como se entiende hoy en general, con las visiones propias del mundo helenístico griego y ello quizás explique en parte el éxito actual del sistema. Pero esta no es la única posibilidad de entender la tradición. También está la contribución de la tradición judeocristiana,

---

1. Serra Llansana, L., Gallifa, J. (2012) Human Passions: From Classical Greece to the Contemporary Psychology of Passions and the Contribution of Christian Spirituality to the Tradition of the Capital Sins. Journal of Religious History, 36(2), 184-203. https://doi.org/10.1111/j.1467-9809.2011.01166.x

que aporta otras dimensiones no menos necesarias para que el hombre de hoy tenga vías para adentrarse en los caminos del mundo interior.

Acabo expresando mi más sincera enhorabuena a La Teca Ediciones y, por supuesto, también mis felicitaciones al autor de este libro que ojalá ayude a muchos en el autoconocimiento y les anime a crecer y a ser mejores.

JOSEP GALLIFA
Catedrático de Psicología y Educación
Universidad Ramon Llull

INTRODUCCIÓN

Confucio (2010), película realizada por la directora china Hu Mei, contiene un diálogo entre el gran filósofo Confucio (Chow Yun-Fat) y la princesa Nan Zi (Zhou Xun), que goza de dudosa reputación y maneja los hilos del poder en el reino del rey Lu. Ella le insiste en volver a encontrarse. Confucio se niega y al preguntarle la princesa el porqué, él responde: «No conozco a nadie que anteponga sus principios a la pasión». Confucio muestra con esta afirmación una conciencia poco común sobre la fuerza de la pasión y la propia vulnerabilidad al enfrentarse a ella. Desactivarla a través de la distancia y de la huida puede ser un camino. En casi todas, sirve. Excepto ante la accedía, quizá la más fuerte de todas, ante la cual solo cabe la resistencia.

Ante la segunda edición de este libro y tras numerosos cursos y seminarios impartidos en diversos países, me reafirmo en la convicción de que sin captar a fondo la propia pasión dominante no es posible tener un conocimiento suficientemente profundo del propio eneatipo. Se confirma esta apreciación, junto con la validez del eneagrama como instrumento de análisis y de trabajo personal, en las diversas culturas, como he podido observar en algunos cursos dados en Italia a participantes de los cinco continentes. Cada pasión se alimenta de unos pensamientos distorsionados, que Evagrio Póntico llamaba *logismoi* y que se corresponden con las fijaciones o las ideas locas que explica Claudio Naranjo. Nutrida cada pasión dominante de esos constructos mentales, su dimensión emocional adquiere una complejidad caótica que hunde su urdimbre afectiva en los diversos fondos del instinto sexual, social o de conservación, generando las tres variantes subtipológicas. Los extractos de las entrevistas llevan aparejados un símbolo para indicar el subtipo correspondiente de cada autor: ■ Conservación, ♦ Sexual, y ● Social.

La decisión de Ediciones Urano de publicar la segunda edición de este libro me ha proporcionado una gran alegría por varios motivos. A medida que se iban agotando los ejemplares de la primera edición, crecía la demanda a la que me veía imposibilitado de atender. Ahora me siento aligerado porque los potenciales lectores y buscadores del autoconocimiento no solo dispondrán de ejemplares a su alcance, sino que, además, la proyección editorial del libro alcanzará a muchos más países de los que hasta ahora han tenido acceso por los reducidos mecanismos de distribución.

Etty Hillesum, en el cuaderno once de su *Diario*, escribe el 18 de septiembre de 1942: «Muchas personas siguen siendo jeroglíficos para mí, aunque poco a poco aprendo a descifrarlos. Es lo más hermoso que conozco: leer la vida de las personas» (Hillesum, 2020, p. 916). ¡Ojalá el eneagrama de las pasiones permita descifrar el jeroglífico de nuestra vida y de las personas con las que la compartimos!

Sin más, seguidamente, me remito al prólogo íntegro de la primera edición.

Todo itinerario personal comienza por un descenso. En 1993, participé en un campo de trabajo en Antananarivo, Madagascar. Aquellas vivencias dieron origen a un libro que vio la luz cuatro años después: *El coratge navega mar endins* [El coraje navega mar adentro]. Recuerdo las horas de una tarde pasada en el vertedero municipal de Tana, donde vi a niños hacer túneles en las montañas de basura, con riesgo de quedar sepultados en ellas, para extraer objetos de dudoso valor. Apocalíptico. Bajé a las entrañas de miseria y de horror de las estructuras de nuestra sociedad. Conocí allí el sueño de unos cuantos que intentan hacer posible un cambio. Esta vez, las cosas son distintas, pero tienen dos parecidos: el descenso y el coraje. Descenso, que consiste en bajar a las profundidades del corazón humano, al fondo de sus pasiones dominantes, y coraje, con riesgo de perder el contacto con la tierra firme y de ser engullido por las aguas. Se trata de una aventura personal (y colectiva), que acepta un itinerario sin garantías de llegar a la meta prefijada. Como Luiz Vaz de Camões (1980) en *Os Lusíadas*, el viaje transcurre «por mares nunca de antes navegados» (p. 30), porque para cada uno su itinerario es novedad. En mi caso, otros me han precedido en la búsqueda dejando estelas en el mar. El mapa del eneagrama facilita la tarea, siempre que se utilice con rigor y conocimiento. Su poder de fascinación no debe entorpecer el viaje y su destino. El empeño de compaginar mi búsqueda existencial con la realización de una tesis doctoral, pese a los riesgos y tensiones que pudiera entrañar, se me ha mostrado como fructífero y comprometido. Las reticencias iniciales del mundo universitario solo se podían superar con planteamientos fundamentados y con métodos consistentes. Ningún proyecto doctoral implica tanto como aquel que, al surgir de la propia vida y de las propias inquietudes, no se reduce a cumplir unos requisitos académicos.

Mi investigación toma como punto de partida el concepto de las pasiones dominantes tal como lo desarrolla Claudio Naranjo (1994a, 1997, 2000, 2004) y apunta a generar una teoría sobre las repercusiones que se producen en una persona cuando se deja guiar por su pasión dominante en el ámbito de las relaciones consigo misma, con los otros (en sus vertientes de amor-pareja y amistad y trabajo), con las cosas (por una parte, dinero y propiedad, y por otra, naturaleza y ecología) y con Dios, lo divino, lo trascendente, acotando en algunos casos el terreno a determinados aspectos significativos. Gallen y Neidhardt (1997) publicaron un libro que contiene una reflexión sobre diversos aspectos referidos a las relaciones. Palmer (1995) estudió las características de la interacción entre todos los eneatipos en el ámbito del amor y del trabajo, tema este sobre el que Lapid-Bogda (2006) dedicó un libro. Mi aportación aborda las relaciones desde otros parámetros distintos, como son las pasiones dominantes, afronta la tarea propuesta de manera sistemática, aplica una metodología hermenéutica (la *Grounded Theory*) y se basa en el análisis cualitativo de los textos de 27 entrevistas en lengua castellana y 27 más en lengua italiana, seleccionadas unas y otras en función de los 27 subtipos existentes en el eneagrama, concentrándose fundamentalmente en cada tipo. El promedio de edad de las personas que respondieron a los cuestionarios en el momento de hacerlo era de 43 años, casi el 60% de las cuales pertenecen al sexo femenino.

Mi objetivo trata de abordar el substrato psicológico de los pecados capitales, llamados aquí pasiones dominantes, aplicado en el campo de las relaciones y tender puentes que favorezcan el diálogo interdisciplinar, con ayuda del mapa de la psicología de los eneatipos, comúnmente llamado eneagrama. Las personas que se dedicaron intensamente a vivir procesos espirituales, ya desde épocas precristianas hasta los eremitas, los padres del desierto y los monjes después (Grün, 2003a), libraron agudas batallas interiores contra el propio ego que amenazaba su libertad. No partieron tanto de la norma establecida sino de los fondos de la propia personalidad. Fueron conscientes de sus sentimientos y de los diversos mecanismos psicológicos que podían impedir una vida espiritual y el acceso a Dios. Desde el fondo de la persona, construyeron o descubrieron una espiritualidad que Anselm Grün llama una espiritualidad desde abajo y que Evagrio Póntico logró definir con una formulación ya clásica: «si deseas conocer a Dios aprende primero a conocerte a ti mismo» (Grün, 2000, p. 8). Santa Teresa de Jesús (1986) lo expuso con claridad: «Tengo por mayor merced del Señor un día de propio y humilde conocimiento, aunque nos haya costado muchas aflicciones y trabajos, que muchos de oración» (*Fundaciones* 5, 16, p. 692). Autoconocimiento necesario, pero no suficiente. La psicología es clave en este tipo de espiritualidad y en estos procesos personales las pasiones juegan un papel decisivo, tal como puede observarse en san Juan de la Cruz (1955) en su obra *Noche oscura de la subida al Monte Carmelo*. La concreción de los llamados pecados capitales fue el resultado del proceso espiritual de quienes llegaron a la conclusión de que había unas ideas, sentimientos y actuaciones que eran capitales, que generaban actitudes dependientes de ellas y que bloqueaban todo progreso espiritual. Ir a la raíz garantiza un proceso más riguroso y profundo.

Se ha efectuado tradicionalmente la distinción entre conciencia psicológica y conciencia moral. Por la primera, me reconozco autor de mis actos. Por la segunda, realizo su valoración moral. Es decir, si lo que he hecho está bien o mal. Sin la primera, la moral se convierte en algo impuesto, externo a la persona, que está constreñida a permanecer en el tabú o la prohibición. Ahondar en la conciencia psicológica, un objetivo colateral de este libro, significa prestar un servicio insustituible a la persona y a la vez proporcionar los fundamentos para el ejercicio de una moral desde la libertad, sin la cual aquella no tendría ningún sentido. Garrido (1996) afirma: «Las ciencias humanas, especialmente la psicología, han analizado el funcionamiento de la conciencia en toda su complejidad: estructuras, tendencias, evolución, etc.» (p. 544). Por este motivo, el diálogo entre psicología y moral resulta profundamente enriquecedor e indispensable. No obstante, no existe otra pretensión que la de proporcionar datos desde la psicología de modo que el moralista pueda utilizarlos para su reflexión. No deseo traspasar aquí los límites de la propia investigación, aunque soy consciente de que la terapia tiene un techo, pero la espiritualidad, no.

Antes de meterme de lleno en el estudio de las relaciones, dibujé el escenario de la investigación a través de preguntas sobre el origen y significado del símbolo del eneagrama y sobre el número de las pasiones, ya que vulgarmente el cristianismo habla de siete pecados capitales y el eneagrama se centra en nueve. El hecho de que el eneagrama no tenga una paternidad clara y que durante años se haya transmitido de manera oral, le ha proporcionado un cierto carácter esotérico y misterioso (Vollmar, 1998). Desestimo como infundados sus orígenes sufíes. Las tres personas clave, son Gurdjieff, Ichazo y Naranjo. George Ivanovich Gurdjieff, primera persona que habla del eneagrama, murió en 1949 y sus aportaciones son estudiadas por grupos del Cuarto Camino, que se encuentran diseminados en muchas ciudades del mundo. Óscar Ichazo, creador del Instituto Arica, transmitió a Claudio Naranjo en 1970 unos elementos básicos del eneagrama. Naranjo, creador del programa SAT («Seekers After Truth», buscadores de la verdad), los ha desarrollado con fundamento de modo que, según Palmer (1996), ha establecido el puente hacia la psicología contemporánea. Su obra fundamental en este terreno es *Carácter y neurosis. Una visión integradora* (1994a), complementada por *Autoconocimiento transformador. Los eneatipos en la vida, en la literatura y la clínica* (Naranjo, 1998). El proceso de la implantación del eneagrama ha sido complejo y su conocimiento ha sido utilizado a veces para finalidades confusas, que han dañado su credibilidad, sea porque algunas corrientes poco consistentes lo han incorporado parcialmente a su bagaje, sea porque al tratarse de una tipología novedosa ha propiciado una reducción que ha trivializado sus contenidos. El eneagrama enumera nueve pasiones, una para cada tipo, de las cuales siete coinciden con la lista tradicional de los pecados capitales. Se añaden dos más: la vanidad y el miedo. En todas las listas de los primeros autores que formulan una enumeración cerrada, comenzando por el monje Evagrio Póntico, se incluyen ocho pasiones, entre las que está la vanidad. El miedo, la única que no se recoge en la lista, pudiera confundirse con el santo temor de Dios y, acaso por este motivo, fue excluida de la relación.

Esta investigación va a permitir la publicación de dos libros. El primero, *El eneagrama de las pasiones*, este que tienes en las manos o quizás en la pantalla de un lector electrónico, ofrece una anatomía psicológica de las pasiones dominantes. El segundo, *El eneagrama de las relaciones*, que refleja la conclusión de mi búsqueda, presenta la constelación de rasgos de cada pasión dominante en cada uno de los cuatro ámbitos estudiados.

1. **Consigo mismo** (autoconcepto, autoimagen, autoestima)
2. **Con los demás**
   - Amor (pareja y amistad)
   - Trabajo
3. **Con las cosas**
   - Dinero y propiedad
   - Naturaleza o ecología
4. **Dios, lo divino, lo trascendente**

Ambos libros se sitúan en un segundo nivel de lectura. No ofrecen los conceptos básicos del eneagrama, que se dan por supuestos, y que fundamentalmente se encuadran en las aportaciones de Claudio Naranjo. Un lector que los desconozca también puede sacar provecho, aunque se le escaparán algunos detalles. El análisis de cada pasión aquí sigue un mismo esquema, inspirado en la relación entre ser, consciencia y obras. La consciencia que cada persona tenga sobre su propio ser afectará, normalmente, a su manera de comportarse. La falta de consciencia, característica del ego, oscurece el ser y perturba la conducta. El capítulo final del libro lo dedico a la interrelación entre las pasiones dominantes, que puede servir para ver con mayor claridad semejanzas y diferencias entre eneatipos. En las referencias, sigo las normas de la APA (American Psychological Association). Intento evitar una redacción sexista, aunque no siempre ocurre así, pero soslayo expresiones perifrásticas o estilos determinados que pudieran dificultar una lectura ágil del texto.

El mapa de la persona según el eneagrama establece tres centros. El centro mental que genera pensamientos, que reciben el nombre de fijaciones en su versión egoica. El centro emocional que genera sentimientos, denominados pasiones cuando actúan por la fuerza del ego. El centro visceral o instintivo, ocupado en la acción, agrupa los instintos sexual, social y conservación, que influyen decisivamente en la forma de vivir la pasión dominante y que originan sus tres variantes subtipológicas. Por tanto, el eneagrama presenta los entresijos y las consecuencias de pensar, sentir y actuar conforme a las pasiones. Cabe decir que la psicología de los eneatipos integra tres visiones de la persona en un esquema común: las psicologías de la mente o cognitivas, que privilegian el pensar en la configuración de la personalidad; las psicologías de la emoción, que privilegian el sentir; y las psicologías del comportamiento que acentúan el papel de la conducta. La tarea, siguiendo a Gurdjieff, trata de integrar estas tres visiones en lo que él concretó como su propuesta del *cuarto camino* (Ouspensky, 1968; Reyner, 1985).

Si una persona conoce su pasión dominante, irá directamente en la mayoría de los casos al capítulo que trata sobre ella. Ningún problema.

No obstante, el conocimiento completo del eneagrama añade profundidad y matices a la comprensión de sí mismo. Por ello, es recomendable la lectura completa del libro, sin necesidad de seguir un orden concreto. Cabe indicar que todas las pasiones pueden seducirnos con mayor o menor fuerza.

¿Quién no ha sentido envidia alguna vez, quién no ha caído en la gula, quién no se ha visto tocado por la vanidad, quién no se ha enfadado, quién no ha experimentado deseos lujuriosos...? El elemento clave de la pasión dominante es su vínculo con el carácter. No solo reacciona ante un hecho, como hacen las demás pasiones, sino que se activa antes de la experiencia. Estas realidades pertenecen al corazón humano, por ello gozan de constante actualidad.

LLUÍS SERRA LLANSANA

AGRADECIMIENTOS

Gracias a Ediciones Urano en las personas de Sergio Bulat, *managing editor*, y de su magnífico equipo, en quienes he encontrado un trato excelente y profesional, así como acogida, respeto y libertad como autor. Gracias a Helena Agramunt, por su inestimable apoyo y amistad, así como por aceptar amablemente la redacción del prólogo para esta segunda edición.

Gracias al Dr. Claudio Naranjo, fallecido el 12 de julio de 2019, pionero y maestro del eneagrama, que, con su programa SAT y con sus atenciones personales, me proporcionó la brújula. Antes que investigación intelectual, constituyó una experiencia de vida. Sin él, mi trabajo no hubiera sido lo mismo. Fueron determinantes sus enseñanzas, el apoyo al proyecto y su estímulo a la colaboración por parte de las personas entrevistadas.

Gracias a las personas, con las que contacté en España e Italia, que han vaciado su experiencia a través de las entrevistas. Pocas veces un silencio del nombre de sus autores, hombres y mujeres, conlleva tanto reconocimiento y aprecio. Desvelaron su alma sin capitalizar el hecho de salir a la luz. Como recuerda Fiódor Dostoievski (2000) en *Los hermanos Karamazov*: «Que perezcan nuestros nombres» (p. 1093). Su contribución permanece, esto es lo que más importa. Se puede detectar el palpitar de su vida en las próximas páginas.

Gracias a la Universidad Ramon Llull de Barcelona por dar cobertura universitaria para el Doctorado en Psicología a través del Dr. Josep Gallifa. Tema novedoso, por ello atractivo y arriesgado. Una universidad que tenga por nombre Ramon Llull es el lugar ideal para un viaje de estas características. Gracias al Instituto Marista por facilitarme un tiempo sabático, que ha propiciado la redacción de la tesis, llevada a cabo con plena libertad intelectual y sentido de confianza.

Gracias a Giovanni Maria Quinti, fundador de la Asociación Cultural La Teca, por poner su editorial La Teca Ediciones al servicio de la publicación de la primera edición de este libro, tanto en castellano como en italiano, en la que colaboraron diversos miembros de esta asociación. Su amistad y el empeño en hacer accesible al gran público aportaciones que favorezcan el trabajo personal han sido decisivos. Gracias también a otras muchas personas, algunas de las cuales dejé constancia en la primera edición.

Gracias a mi familia, que ha sido mi primera escuela de eneagrama, al enriquecer con la diversidad de caracteres una mejor comprensión de la variedad de registros personales. A mi padre Lluís G., escritor, por su amor a la palabra, a la cultura y a los libros. A mi madre Anna, profesora de piano, por su sensibilidad humana y musical. A mis hermanos Maria, Joan, Engràcia, Josep y Antoni, con quienes he compartido las relaciones fraternas, un gran aprendizaje para la vida. Mis padres y mis tres hermanos mayores que han culminado su trayectoria temporal, pero su recuerdo sigue vivo. Como afirma un refrán congoleño: «Las huellas de las personas que caminaron juntas nunca se borran».

Gracias a quienes han participado en mis cursos, seminarios y conferencias por haber podido compartir la búsqueda del conocimiento y del amor. He dado lo mejor posible de mí y he recibido lo mejor posible de los demás. Auténticos regalos. Muchas otras personas podrían aparecer, por merecimientos propios, en la lista de los títulos de crédito de esta aventura personal y colectiva. A todas ellas mi agradecimiento.

EL ENEAGRAMA DE LAS PASIONES

Anatomía psicológica de las pasiones
dominantes

LA IRA

E1

EL ENEAGRAMA DE LA **IRA**

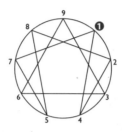

CATEGORÍA	SUBCATEGORÍA
Oscurecimiento óntico **(ser)**	**Oposición** al mundo real desde parámetros del mundo ideal **(Auto)negación** del substrato instintivo (y emocional)
Degradación de la **conciencia**	**Ceguera** provocada por el exceso de ira (rabia) **Identificación** con una máscara de corrección y de bondad **Formación reactiva** como transformación de lo inaceptable **Dificultades** diversas para ser consciente
Perturbación de la **conducta** a través de algunas estrategias operativas	**(Auto)crítica** de un inapelable juez interno Sentimiento de **superioridad** en las relaciones sociales **(Sobre)esfuerzo** al servicio de la mejora y del perfeccionismo **(Auto)control** como orden, norma, dominio y manipulación **Conflicto** entre opuestos con vivencia de lo prohibido **Necesidad** de tener razón como garantía de ser correcto **Rigidez** junto con la carencia de flexibilidad y espontaneidad

- **Repercusión de la ira en el ámbito de las relaciones**

Leyenda: ■ *Conservación* ◆ *Sexual* ● *Social*

1. Oscurecimiento óntico (ser)

Platón (1979) habla de dos mundos (κόσμος): el mundo inteligible (κόσμος νοητός) y el mundo sensible (κόσμος αίσζητός). El paradigma y referente objetivo de la realidad visible se encuentra en las ideas, en tanto que esencias permanentes y eternas. El devenir y la multiplicidad surgen con el mundo sensible, que supone un distanciamento de la perfección. La persona iracunda parte del mundo ideal y cuando desciende a la realidad se sumerge en las sombras del mito de la caverna. No acepta este desajuste y lo afronta con ira. Su trabajo será forzar la realidad para adecuarla a lo que entiende por ideal.

1.1 Oposición al mundo real desde parámetros del mundo ideal

La atalaya desde la cual se observan todas las cosas se sitúa en un mundo ideal. La atracción por lo divino implica un alejamiento de las realidades terrenas, que son menospreciadas. La naturaleza que se mantiene todavía incontaminada es un trampolín que eleva la perspectiva del E1. Partir desde lo sublime origina juicio, comparación y desestima de lo que se encuentra fuera de su ámbito.

- *Me siento admirador y soy atraído por lo divino más que por los seres humanos o las cosas y ante esto soy reverente con confianza y obediencia.*
- *Las dificultades que me impiden tomar conciencia de mi pasión predominante están incrustadas en un modo ideal de ver las cosas y las situaciones que me atañen.*
- *Respeto la naturaleza y, sobre todo si no está contaminada, me gusta estar a mis anchas y tener un contacto profundo con ella.*

El resultado de ver las cosas desde una óptica ideal es la minus-valoración de la realidad. Se traduce en una profunda devaluación (nada merece la pena), una falta de aceptación que culmina en rechazo y una oposición que se transmuta en ira (definición de Ichazo). El perfeccionismo subyacente pugna por conseguir niveles de excelencia a fin de evitar valoraciones negativas (reproches, críticas y censura).

- *Nada merece la pena.*
- ◆ *Me cuesta mucho quedarme con lo que hay, me hace sentir mucha impotencia.*
- ■ *Intento hacer todo muy bien, con mucha atención y dedicación, para que no se me pille en falta, tengo un listón muy alto, para no dar lugar al reproche, a la crítica, a la censura.*

No hay pasividad ante la realidad. Su falta de aceptación se convierte en ansias de reformarla para que se ajuste a los parámetros ideales. No hay mejora adecuada sino forzamiento de la misma. El iracundo incorpora automáticamente este ojo crítico de aproximarse a ella. La visión de sí se alimenta de los mismos mecanismos descritos.

- *La necesidad de retocar las cosas, es decir, la dificultad en aceptar las cosas tal y como son.*
- ◆ *Una visión ideal de sí mismo y de las situaciones produce la necesidad de reformular casi cada cosa, e incluso ir contra sus propios impulsos y tendencias más fuertes y naturales.*

1.2 (Auto)negación del substrato instintivo (y emocional)

Proyectar la visión del E1 en el campo de la antropología conduce a la negación y al rechazo de las dimensiones problemáticas, que se sitúan en primer lugar en el ámbito de los instintos. Los impulsos naturales, prioritariamente los agresivos y sexuales, generan miedo y desconfianza. Dejarse guiar por ellos es renunciar al amor. El precio es su amputación existencial.

■ *La negación y la represión de los impulsos agresivos y sexuales provoca el ocultamiento completo de la conciencia de los impulsos agresivos y sexuales intolerables y una grave perturbación del funcionamiento de los instintos.*

■ *No se puede confiar en los impulsos naturales.*

■ *Si me dejo ser, tal como soy o guiada por mis impulsos, nadie me querrá.*

Una consecuencia de esta desconexión instintiva se deja sentir en el área emocional. Existe reparo a implicarse en las relaciones desde el afecto y el amor. Por ello, se adopta una distancia de protección que se traduce en frialdad e insensibilidad, como muestra la princesa Turandot en la famosa ópera de Puccini, común a conductas de otros eneatipos.

● *En relación conmigo mismo entre los aspectos que más me afectan de mi pasión dominante está mi propio aislamiento emocional, que conlleva seriedad, poca alegría.*

♦ *Niego mi capacidad de amor, de ser acogedora, realizo así el alejamiento de mí misma y de los otros.*

♦ *Puedo entonces parecer fría, abrasadora e impasible, jugando a que nada me toca ni me mueve.*

La consideración negativa que merecen los impulsos naturales a los ojos del iracundo se traduce en una necesidad de controlarlos. El empeño requiere esfuerzo y sacrificio, pero prefiere pagar el precio para no quedar a su merced. Impera el deber sobre el placer. Se renuncia al gusto a favor de la ira. La acción acalla el sentimiento y los instintos.

■ *Los impulsos son malos, no son de fiar, hay que controlarlos, por tanto todo depende de que yo me esfuerce mucho, que me controle, que controle lo de fuera y que me proponga con toda mi alma ser mejor persona, solo así lo conseguiré.*

■ *Apego al sentido del deber en detrimento del placer y del ocio.*

♦ *Los resultados en las diferentes áreas de mi vida también están medidos por esos cánones y en ningún momento me planteo si me gusta o no.*

2. Degradación de la conciencia

La inconsciencia, como mecanicidad, conduce a la distorsión cognitiva y es terreno abonado para que la pasión dominante, como motivación deficitaria, dificulte el despertar lúcido, sin el cual el ser queda oscurecido y el vacío que se genera pugna por llenarse a través de sucedáneos. Los mecanismos de defensa coadyuvan al mantenimiento de la inconsciencia. Se buscan soluciones falsas o aparentes para confirmar las propias capacidades o para satisfacer las necesidades profundas. Se utilizan aquí cuatro subcategorías para indicar distintos modos que tiene el carácter iracundo de bloquear su conciencia o reducir su percepción.

2.1 Ceguera provocada por el exceso de ira (rabia)

La pasión, vivida con vehemencia, ciega, ofusca y priva de la vista. En definitiva, degrada la conciencia hasta anularla. El E1 llega a desconocer sus motivaciones reales y suprime del primer plano todos aquellos aspectos inaceptables, entre los cuales está la ira. La rabia es como una venda en los ojos. No permite ver nada ni siquiera a sí misma.

♦ *El juego es bastante complicado, el no querer ver es cada vez más satisfactorio.*

■ *En general me sigue cegando mi intención de ser mejor, como si mi buena intención no me dejara ver los motivos reales por los que me muevo (una frustración temprana que me dejó insatisfecha de amor).*

● *Puedo servirme de mi capacidad de dar en la diana para focalizar; si no reconozco la rabia, se nublan mis facultades perceptivas, se reduce o se bloquea mi capacidad de mobilización en vista de una meta.*

La búsqueda de la perfección, llevada a cabo de manera compulsiva, adopta un carácter selectivo. Para no tener que enfrentarse a las carencias, a los defectos y a los fallos, la rabia que éstos producen los desplaza a zonas de inconsciencia. El E1 vive la ira como imperfección y por ello la vuelve invisible. Actúa, pero se pierde la conciencia de sus efectos.

◆ *Creo que si me preguntaras qué me gusta o qué deseo, incluso me puedo sentir ofendida, ya que eso no tiene nada que ver con el guion. Aparte de no saber qué contestar.*

■ *La invisibilidad de la rabia y la negación de la agresividad me han hecho irresponsable de una gran parte de mí mismo y de las verdaderas motivaciones de mis comportamientos y elecciones de vida.*

2.2 Identificación con una máscara de corrección y de bondad

La máscara que utiliza el E1 difiere de la que usa el E3. En este, está al servicio de la vanidad y de la imagen. Se trata de una forma de cubrir el vacío a través de la belleza o el prestigio. El iracundo, en cambio, enmascara la imperfección para ajustarse a la visión ideal de sí mismo. Cierra con llave los portones de los sótanos porque allí pueden encontrarse los animales salvajes, imposibles de dominar. Prefiere ignorarlos. No hay vacío sino contención. Bajar a los subterráneos implicaría enfrentarse con ellos.

Un comportamiento correcto y bondadoso desactiva la mala conciencia y la ira pasa al olvido, pero sigue actuando.

■ *La forma en cómo se manifiesta es a través de la acción, en forma de crítica, reproche de lo correcto e incorrecto, lo justo o lo injusto, lo bueno y lo malo, es decir en una actitud moralista y bien intencionada que oculta y tapa lo que siento: la rabia, la ira y en el fondo también tapa mi miedo a descontrolar, a no ser dueña de mí, a que salga toda mi mala leche y toda mi maldad, mi agresividad, incluso mi odio y violencia, y también mi debilidad.*

■ *En el plano del comportamiento está bien educado y controlado.*

• *Cuando contacto con el sentimiento de culpa que a menudo significa algo parecido a ser descubierto haciendo algo que socialmente es reprensible o equivocado (emoción absolutamente devastante y que me da la sensación de privación de todas mis energías, de estar aniquilado), busco entonces comportamientos opuestos y que a mi juicio son virtuosos.*

La corrección, que implica un ajuste a las pautas sociales del entorno, enmascara el resentimiento por no poder gozar de aquello que sería merecido. Los comportamientos inadecuados existen, pero pasan inadvertidos por falta de conciencia de sí o se justifican como reacción a alguna injusticia sufrida o a la conducta de los demás. La ira adquiere así carta de ciudadanía.

• *Esta idea loca se manifiesta en su polaridad, contraponiéndose con una apariencia de dignidad o perfección.*

■ *Es benévolo exteriormente, mientras que por dentro está resentido.*

■ *Por un lado, tantas manifestaciones mías encubiertas de agresividad, como formas de malhumor, movimientos de ingratitud, quejas, críticas sarcásticas, actos vengativos indirectos, pasaban inadvertidas o eran minimizadas por mí, e incluso, eran consideradas reacciones justas al comportamiento injusto de los demás.*

El E1 considera que la ira, como impulso instintivo, le aleja del perfeccionismo que busca en todas las cosas. Al no poder destruirla ni siquiera expresarla, enmascara la rabia tras un rostro de bondad y de virtud. Se identifica con sus aspiraciones, pero la máscara no resuelve el problema. Solo lo encubre.

- *La racionalización de la ira. Continúo en mantener una imagen virtuosa aunque convive en presencia de sentimientos y comportamientos hostiles o de rabia expresada, mientras tengan una justa motivación y defiendan principios elevados.*
- ♦ *Detrás de la máscara de la bondad escondo un sujeto muy rabioso y resentido, sea hacia mí mismo como hacia los demás, que se sostiene con una energía destructiva y que, a su vez, alimenta el perfeccionismo.*
- *Por consiguiente, la rabia se muda en un estilo de carácter aparentemente virtuoso y lleno de buenos propósitos.*

2.3 Formación reactiva como transformación de lo inaceptable

La subcategoría anterior vista como ocultación complementa el mecanismo de defensa propio del E1, que recibe el nombre de formación reactiva, de la que Naranjo (1994a) afirma: «no es solo una cuestión de encubrimiento de una cosa con la contraria, sino una distracción de la conciencia de ciertos impulsos mediante actividades contrarias» (p. 60). Aquí se subraya más este aspecto.

Lacroix (2005) sostiene que existe una lucha contra la represión social de las emociones, pero de manera selectiva. Expresar alegría no requiere control, pero sí la cólera: «Fora del marc d'una psicoteràpia no tolerem que els nostres semblants deixein esclatar la seva còlera» [Fuera del marco de una psicoterapia no toleramos que nuestros rostros dejen estallar su cólera] (p. 73). Enuncia algunas razones que explican el rechazo de la expresión de la ira: altera las relaciones humanas, está vinculada a los valores militares en una sociedad pacífica y democrática, y es signo de machismo como afirmación masculina en una época en que se resaltan los valores femeninos. Estas situaciones facilitan que el iracundo debilite el grado de conciencia sobre sus sentimientos y pulsiones.

- *El mecanismo que utilizo por excelencia es el llamado «formación reactiva», no puede ser otro, pues toda mi energía está en ocultar mi rabia y la indignación e irritación que siento ante determinadas situaciones.*
- *A través de la formación reactiva, mis sentimientos contradictorios se complican posteriormente; por ejemplo, una contradicción viene a ser una formación reactiva hacia otra.*

La palabra «vacío» no aparece en ninguna entrevista del E1. ¿Por qué? Seguramente porque la podría encontrar no tanto en sus aspectos negativos, que enmáscara e intenta hacer desaparecer de la pantalla de su consciencia, sino en su idea de perfección. Idea sesgada porque no se sustenta en la realidad, llena de luces y sombras, sino en una aspiración utópica y sin consistencia. No se trata de matar al dragón sino de encauzar su energía. La acción, como reacción al conflicto que se experimenta, impide tomar conciencia del mismo.

- *Sustituyo actitudes naturales con otras contrarias, aniquilando el comportamiento más espontáneo y después se forma una negación de lo que he anulado anteriormente.*
- *Son mecanismos reactivos —no pienso, actúo— a la situación interior que el conflicto me crea. Lo normal es que el conflicto se me aparezca como una especie de tensión.*

2.4 Dificultades diversas para ser consciente

Esta subcategoría agrupa una serie de unidades conceptuales, presididas por la pasión dominante, que tienen en común obstaculizar la consciencia de sí, que en el iracundo es muy escasa. Se sitúa a sí mismo en un mundo ideal y le cuesta mucho descender al nivel de sus deseos e instintos, ya que los ignora o los reprime. No contacta con ellos y permanece en la inconsciencia. La incapacidad de verse a sí mismo y descubrir la propia rabia se proyecta como agresión externa.

- ■ *No tomando la responsabilidad de mis deseos y obligándome a menudo a la compañía de una insatisfacción de fondo.*
- ◆ *Otra dificultad es no traducir mi reacción física en una toma de conciencia de qué está pasando.*
- ◆ *Esa misma pregunta, por ejemplo, me parece difícil de contestar, engorrosa. Entonces la interpreto como un ataque por parte del que pregunta.*

Cuando la perfección parece inalcanzable, surge el desencanto y la pérdida del entusiasmo por la vida. Quizás el primer paso para conseguir un sueño es renunciar conscientemente a él. Se entraría así en el principio de la realidad, base para una auténtica transformación.

- ● *Comporta pérdida de pasión, entusiasmo por la vida, por las relaciones y una forma de estar con nivel medio-bajo.*

3. PERTURBACIÓN DE LA CONDUCTA A TRAVÉS DE ALGUNAS ESTRATEGIAS OPERATIVAS

La conducta se ve afectada por el grado de conciencia que posee una persona, pero a su vez lo genera. Aquí se entiende por obras las estrategias operativas que utiliza la persona iracunda para conseguir sus fines y deseos. Un progreso en la conciencia y en la virtud desactiva en su misma medida los comportamientos a ellas subordinados. Se resaltan, a partir de los datos obtenidos, siete estrategias operativas.

3.1 (Auto)crítica de un inapelable juez interno

La conducta del iracundo viene totalmente condicionada por la existencia de un guion interno que actúa de juez inapelable. Sus sentencias, sus voces interiores, gozan de absoluta autoridad en todos los campos de la existencia, desde el trabajo hasta la vida íntima. La crítica se vierte sobre los demás, pero también se retuerce contra uno mismo, transformándose en autocrítica inmisericorde. Censura y reprobación desembocan en una vida insatisfecha. No hay nada perfecto. La (auto)crítica secuestra los deseos y engaña a quien la ejerce. No mueve al juez interno una razón objetiva sino una transmutación de la ira que busca una salida elegante y aceptable.

- ♦ *En cualquier actividad que realice, ya sea en el trabajo, socialmente y hasta sexualmente, estoy más bien en acuerdo con un guion interno (que además no cuestiono y que ni siquiera sé cómo se ha ido formando, tan ajena soy yo misma a él) y actúo según él, en vez de estar en conexión con mi deseo.*
- • *Recientemente he hecho una intervención en un congreso sobre el tema de la inmigración, pero a pesar de haber recibido felicitaciones por parte de muchas personas, estaba insatisfecho porque me parecía que mi contribución estaba lejos del supuesto nivel de aceptación.*
- ■ *La rabia introvertida que toma formas de autocrítica les convierte en jueces crueles y rígidos educadores de sí mismos.*
- ♦ *El crítico interno me llevaba a reprimir muchos sentimientos de ira y empezaba a decirme que no estaba en absoluto enojada.*

- *La predisposición a la crítica: es un modo elegante, socialmente aceptable para desahogar la rabia; sin embargo, no lo es.*

La (auto)crítica está vinculada a la insatisfacción. Está siempre pendiente de lo que falta y concentra sus energías en descubrir el mínimo defecto. No goza y disfruta de la realidad. Nada escapa a su mirada inquisidora. Incluso las mismas relaciones sexuales deben seguir los cánones de un protocolo de perfección. La crítica es rechazo y condena. Implica la interiorización del gran ojo, que no deja ni respirar. Más penetrante que el diablo cojuelo de Luis Vélez de Guevara o que el ojo del *big brother* de George Orwell.

- *La autocrítica ha sido una constante en mi vida, de tal forma que, aunque hubiera realizado muy bien la tarea, siempre ha habido un punto de no aceptación o conformidad. Necesidad de tener razón y de retocar resultados.*
- *Critico también abiertamente y delante de mis colegas a mis jefes cuando pienso que sus decisiones son equivocadas e incoherentes. Cuando, en substancia, creo que no son competentes.*
- *En el ámbito de la pareja he aplicado mucho la devaluación de la otra parte —el no reconocimiento de la pareja—, el pretender tener razón, y también la crítica acerada.*

La crítica del iracundo no es un ejercicio meramente intelectual. Se trata de una estrategia operativa que quiere incidir en cambiar las cosas para que se hagan según sus criterios. Asistido por la razón, cualquier medio es válido para obtener el resultado apetecido. No hay invitación sino exigencia.

- ■ *Intento corregirme y corregir a las personas cuando sus conductas no me parecen moralmente justas, razonables o bien intencionadas; lo suelo hacer con reproches, críticas, reprobando o censurando esa conducta (justa indignación de la que habla Claudio Naranjo) y exigiendo que se rectifique.*

3.2 Sentimiento de superioridad en las relaciones sociales

Las relaciones de simetría no son propias del E1. Al identificarse con el ideal, la perfección y la norma, se eleva sobre los demás. Surge el sentimiento de superioridad al estar colocado en el podio. Sus tomas de cámara son en picado y nunca los demás, a quienes juzga por sus defectos, pueden estar a su altura. El iracundo genera distancia. Bajar de sus ideas al mundo de sus sentimientos e instintos le colocaría al mismo nivel que los demás, pero le rompería los esquemas. Tendría que enfrentarse a sus propios miedos.

- ♦ *Sentaba cátedra ya fuera en las relaciones de amistad, pareja y trabajo.*
- • *Trabajar en equipo conmigo, por consiguiente, resulta muy difícil y desagradable.*
- ♦ *Al compañero le pido sobre todo tolerancia casi ilimitada hacia mí y formas de admiración exclusivas.*
- • *Infravalorización del otro, como forma de tapar la ira.*
- ■ *La rabia se mueve, también, en el interior de una visión jerárquica y autoritaria de la sociedad, apareciendo obediente hacia la autoridad y, al contrario, rebajándola en las relaciones con los demás y con los subordinados.*
- ■ *He contribuido al fracaso de mi matrimonio a través de dos aspectos, en particular de mi pasión dominante: el sentido de superioridad inferiorizante, por el cual mi mujer «nunca ha podido sentirse bastante digna de mí».*

Querer ser el número uno es una tarea que busca ponerse por encima de los demás. La mentalidad aristocrática comporta una identificación con el sentimiento de superioridad, que se mantiene al evitar la dedicación a trabajos de poco rango y al descalificar a los otros por cualquier motivo. La actitud farisaica de no ser como los demás hombres es una variante del mismo esquema. No basta ser considerado mejor, el iracundo necesita sentirse como tal.

■ *Este exceso de amor admirativo, que hace de contrapunto al desprecio de todo lo que no es superior, está alimentado por la sed del poder.*

♦ *Eso hace que hable mal de ella, la descalifique entera y yo intento a través de la descalificación sentirme superior, sin poder decir en qué, en eso ni siquiera me detengo.*

♦ *Las componentes burocráticas me fastidian mucho, a menudo las delego a otros; también este comportamiento deja entrever la interferencia de las formas de vida ideal de tipo aristocrático, de no enfrentarse con ciertas realidades más prácticas y materiales.*

♦ *Hay en él una gran necesidad de sentirse el mejor y de ser considerado como tal.*

El ejercicio de la superioridad, como una forma sutil de poder, se lleva a cabo a través de maneras diversas: prédicas insistentes, lucha a favor de las personas necesitadas, relaciones de ayuda mediante la crítica o el consejo… El ejemplo de la propia vida, a base de esfuerzo y trabajo, se convierte en una fuente de poder para la persona iracunda. Su objetivo: permanecer inalcanzable a las críticas de los demás.

■ *Llevado por un fuerte moralismo y animado por principios de justicia, puedo hacer verdaderas exhortaciones o encontrarme comprometido en sostener la causa de personas necesitadas.*

■ *Va hacia el otro con la crítica o con el consejo, que son, de todos modos, siempre una expresión de superioridad.*

- *El esfuerzo-trabajo ha sido siempre una especial referencia en mi vida, como medio para desarrollar-demostrar mi poder a la sociedad.*

3.3 (Sobre)esfuerzo al servicio de la mejora y del perfeccionismo

La búsqueda de la perfección estimula un esfuerzo para mejorar. El objetivo es tan sublime que exige sobreesfuerzo. No alcanzarlo implicaría un fracaso que el iracundo no está dispuesto a afrontar. Su dedicación compulsiva puede perderse en los detalles y alejarlo del resultado final. La imperfección se atribuye a la propia culpa o a la falta de esfuerzo. El drama está asegurado.

■ *Es una pescadilla que se muerde la cola, como si tener fallos o no ser perfecta fuera por mi culpa y falta de esfuerzo.*

■ *Tengo que hacerlo mejor, un mejor que nunca llega, y que me impide estar en paz.*

♦ *Como me cuesta tanto reconocer que he hecho algo mal, me exijo un trabajo impecable, lo cual significa hacer muy a menudo los trabajos más minuciosos de lo que se me ha pedido, empleando mucho tiempo.*

La trampa del E1 es creer que si alcanza la perfección obtendrá amor, reconocimiento y admiración. Como la perfección prácticamente no existe porque cualquier realidad es susceptible de mejora, se empeña en un esfuerzo abocado al fracaso. La resistencia que encuentra le genera rabia, que orienta hacia la mejora permanente sin resultados satisfactorios.

■ *Todo es imperfecto y por tanto mejorable con esfuerzo, tal como están las cosas no están bien, o no son justas, o se pueden mejorar... y yo debo intentarlo (esta última idea loca es más bien una extensión o generalización de las anteriores).*

■ *Es más de lo mismo, está todo marcado por mi esfuerzo, el amor se consigue con esfuerzo, esfuerzo en ser buena, en hacer lo mejor para aquellos a los que quiero, siendo generosa, entregada, protectora y cuidadosa.*

■ *La rabia inconsciente alimenta la tendencia a un mejoramiento continuo de mí mismo y de las cosas, con el fin de recibir amor, reconocimiento y admiración.*

El optimismo filosófico de Leibniz (2001), expresado a través del principio de perfección, consiste en defender que estamos en el mejor de los mundos posibles. Para el E1, nada más alejado de la verdad. No hay aceptación de las cosas sino idea de mejora que parte de una autoimagen idealizada.

■ *Si no soy perfecto, no valgo nada y pierdo la relación con otro.*

♦ *En mi eneatipo se encuentra una exigencia muy fuerte de perfeccionismo de las cosas, situaciones, personas e incluso de uno mismo, por estos motivos el tipo uno da mucho espacio a los enfrentamientos, evaluaciones, juicios.*

● *Preocupación por hacer bien las cosas, identificación con la autoimagen idealizada.*

3.4 (Auto)control como orden, norma, dominio y manipulación

El (auto)control constituye una obsesión para el iracundo. Se pretende que toda conducta se ajuste al orden establecido y a la norma en vigor. La falta de referencias produce inseguridad, así como la aparición de sentimientos difíciles de gestionar. Sujetarse a la regla de turno a menudo requiere esfuerzo pero así puede anticiparse el resultado.

■ *Un comportamiento rígido e hipercontrolado, como para llevar una vida bien estructurada y reglamentada.*

♦ *Tiene necesidad de sentirse seguro, de controlarse mucho a sí mismo y todo lo relacionado consigo mismo.*

■ *Otro ejemplo sería en mi propia terapia personal, lo llevo todo revisado, analizado y reflexionado, sé de lo que voy a hablar, lo que voy a contar...*

♦ *Lo que hago es guiarme según la regla de turno.*

No hay espacio para la improvisación, pero el precio que se paga es la pérdida de espontaneidad. El control abarca todos los campos, incluido el ámbito de las emociones y de los instintos, que es el que más desestabiliza al iracundo.

• *El hipercontrol emotivo y del comportamiento hace que uno sea torpe, aburrido y poco espontáneo.*

■ *Con frases tipo «ya veremos», «haz según lo que surja», «hoy por mí mañana por ti», no me manejo bien.*

• *Del mismo modo, mi vida personal y social se desarrolla entre los carriles de la costumbre, hasta tanto, que llego a estar preocupado, torpe y embarazado en situaciones imprevistas y fuera de mi control.*

El control de la ira es fundamental para el E1. El iracundo fabula que la liberación de la rabia le abocaría a traspasar los límites de lo prohibido y sería incapaz de afrontar situaciones incontrolables. El control se ejerce al precio que sea, incluida la manipulación sutil de los demás.

• *Especialmente en el trabajo, exijo mucho de los colegas y tiendo a criticar y corregir sus comportamientos de un modo manipulativo amable.*

■ *Es una sensación de querer tenerlo todo bajo control porque así evito que se den situaciones personales desagradables o molestas para mí, tanto del exterior como a los reproches que yo me hago.*

- *Si libero mi rabia, pudiera acaecer algo incontrolable y prohibido.*

3.5 Conflicto entre opuestos con vivencia de lo prohibido

Stevenson (1999) definió magistralmente en su obra *El extraño caso del Dr. Jekyll y Mr. Hyde* el tema conocido del doble desde la óptica de la dualidad moral: «mis dos facetas eran terriblemente reales» (p. 82). El E1 detecta en sí la existencia de opuestos: a) el mundo de los valores y de los principios, y b) el mundo de los instintos y de los sentimientos.

♦ *En mí se encuentran contradicciones muy fuertes, un sentido de roce interno y de resistencia hacia ciertas partes de mí misma y solicitaciones exteriores.*

♦ *A veces siento paralelas entre lo mundano, sobre todo lo corporal, y lo divino, lo espiritual o trascendente.*

♦ *Solo sé que esos comportamientos tan dispares son raros, pero en ningún momento los relacionas con que son mecanismos para escapar de tal ceñido guion.*

Esta pugna entre los dos mundos se resuelve mediante la represión de los impulsos agresivos y sexuales. Este tratamiento provoca en el E1 la aparición de la ira, que le aleja de la conciencia de su mundo pulsional.

■ *La negación y la represión de los impulsos agresivos y sexuales. Provoco así el ocultamiento completo de la conciencia de los impulsos agresivos y sexuales intolerables y una grave perturbación del funcionamiento de los instintos.*

Sévérine Serizy, personaje representado por Catherine Deneuve en *Belle de jour* de Buñuel (1966), representa una doble vida: esposa de un cirujano y prostituta de día. El iracundo puede sentirse impelido a vivir lo prohibido y a actuar las fuerzas negadas, tal como sugiere el subtipo sexual del E1.

♦ *Se delinea casi una doble vida: una, caracterizada por mucho control, atención escrupulosa, severidad, rutina y sentido de sacrificio, la otra, más lujuriosa, desmandada y dedicada al placer.*

♦ *Si después surge malestar porque tal vez algo de lo que hago no puede gustarme, no lo identifico como algo que no me gusta, sino más bien como algo vago que no sé muy bien qué es y que se manifiesta en una actitud de comer y fumar en demasía (de los 12 a los 24 años, comer), de beber y fumar (de los 25 a los 40 años), además en ese orden, o en forma de unos hábitos sexuales nocturnos, que para el día ya son historia o son negados como si formaran parte de otra persona.*

3.6 Necesidad de tener razón como garantía de ser correcto

Tener razón significa estar en lo cierto. Se convierte en una necesidad neurótica para el iracundo. Le proporciona seguridad y le garantiza estar en lo correcto. Moverse en el ámbito de los principios conlleva el riesgo de olvidarse de los matices y de no reconocer el error. La lógica es aplastante pero la vida sigue otros derroteros.

• *Pasión de superioridad, necesidad neurótica de tener razón.*
• *La pasión de tener razón me lleva a creer que tener razón es la cosa más importante y no me deja ver cuando la relación humana sufre.*
■ *Cabezona.*

Esta necesidad de tener siempre la razón genera problemas con la autoridad. Esta se basa en la jerarquía, aquella en la superioridad de estar en lo cierto, característica consubstancial a la persona ira-cunda.

◆ *Durante muchos años no he podido aceptar ningún maestro, verdadero o no.*
◆ *Mi intención de fondo y automática era probar y mostrar que está equivocado.*
• *No hay que olvidar que tengo una gran dificultad para reconocer la autoridad de quien me es jerárquicamente superior.*

La empresa de tener siempre la razón requiere grandes esfuer-zos y el uso inteligente de las más variadas artimañas: discusiones, justificaciones, polémicas... El E1, más que convencer, vence por su dedicación extenuante que provoca el abandono del adversario y el deterioro de sus relaciones con él.

• *He trabajado en tres juzgados y de los tres me despidieron por discrepancias o discusiones con los jueces o secretarios.*
◆ *Si alguien no está de acuerdo conmigo, intento justificar mi punto de vista, el aceptar otra opinión sin más me es casi imposible.*
• *Frecuentemente me meto en discusiones polémicas extenuan-tes para llevar la razón.*

3.7 Rigidez junto con la carencia de flexibilidad y espontaneidad

El control, la necesidad de tener razón y el esfuerzo confluyen en producir un carácter rígido. No hay medias tintas. Los extremos son más fáciles de manejar que los intermedios y los matices. En las re-laciones se traduce como dureza de corazón. La defensa neurótica de los principios prevalece sobre la atención a las personas.

◆ *No me sentía libre para tratar el caso como quería, como si no hubiese una vía media entre expresar con demasiada fuerza mis argumentos y dejarlos correr.*

■ *La dureza de corazón y de los sentimientos, por los que «me ha sentido poco cerca emotivamente y no suficientemente interesado por ella».*

■ *La rigidez de mi carácter ha mantenido una excesiva distancia entre mí y los demás, hasta llegar a infundir respeto y ser considerado por muchos como frío, quisquilloso y presuntuoso.*

La rigidez se contradice con el cambio y la flexibilidad. La ira, sustentada a menudo por percepciones erróneas, tiende a reafirmarse en sus planteamientos, que considera seguros. La flexibilidad es vivida por la persona iracunda como un peligro de descontrol y de pérdida de referencias.

◆ *Yo tampoco me permito ser muy cambiante con mis opiniones.*

◆ *No me permito ya ser flexible.*

■ *Exageradamente concienciosa, escrupulosa, inflexible en lo moral, manifiesto rigidez y testadurez.*

Las características de rigidez y falta de flexibilidad inciden negativamente en la espontaneidad. La expresión natural queda constreñida y encarrilada. Los impulsos permanecen inhibidos.

● *Seriedad y rigidez, falta de auténtica espontaneidad en las relaciones.*

■ *El E1 es inhibido y poco espontáneo, como para ser considerado el más rígido de entre los eneatipos.*

REPERCUSIÓN DE LA IRA EN EL ÁMBITO DE LAS RELACIONES

La pasión de la ira

La pasión del E1 recibe el nombre de ira y rabia. No se utilizan otros sinónimos como cólera, enojo, enfado, furia, irritación, arrebato... El subtipo conservación en sus dos versiones lingüísticas indica la ira como rabia controlada.

La ira surge al experimentar la resistencia que presenta la realidad en ajustarse al mundo ideal. Carece de aceptación de las cosas tal como son dadas, porque se las filtra a través de un mundo ideal.

♦ *Este eneatipo tiene dificultad de acceptar las cosas así como son, es como si tuviera un modo ideal y justo a través del cual hiciese una traducción y refundición de cada fenómeno que le atañe.*

• *Y la necesidad de retocar las cosas, es decir, la dificultad en aceptar las cosas tal y como son.*

Se produce una negación del substrato instintivo (y emocional) de la persona al considerarlo malo y perjudicial. Esta pérdida parcial del sí mismo engendra rabia y enojo. Se pierde el sentido dionisíaco de la vida y se aboca a la represión, al control y a un esfuerzo inagotable.

♦ *Una visión ideal de sí mismo y de las situaciones produce la necesidad de reformular casi cada cosa, e incluso ir contra sus propios impulsos y tendencias más fuertes y naturales.*

• *Miedo a sentir y a experimentar con mi vulnerabilidad y sensibilidad.*

■ *Los impulsos son malos, no son de fiar, hay que controlarlos, por tanto todo depende de que yo me esfuerce mucho, que me controle, que controle lo de fuera y que me proponga con toda mi alma ser mejor persona, solo así lo conseguiré.*

Cada subtipo vive a su modo la pasión de la ira. El celo del sexual, tal como indica su etimología, implica ardor, hervir. En el social, rigidez e inadaptación. En el conservación, más velado, preocupación y angustia.

- ◆ *Sexual: La rabia está dirigida hacia formas de exagerada envidia.*
- ● *Social: Inadaptación, rigidez, ciertas formas aristocráticas.*
- ■ *Conservación: La preocupación y el ansia de que todo esté bajo control.*

Las fijaciones, coloquialmente ideas locas, son distorsiones cognitivas que alimentan y justifican la pasión dominante, situada en el centro emocional. La liberación de los impulsos negados, como la rabia, produce pánico en el E1. Así consigue justificar su represión. Se ilusiona también pensando que su actitud perfeccionista es garantía de obtener amor.

- ● *Si libero mi rabia, pudiera acaecer algo incontrolable y prohibido.*
- ◆ *Si no me descubren fallos, no solo me querrán, sino que estaré a salvo de toda crítica.*
- ■ *Si me dejo ser, tal como soy o guiada por mis impulsos, nadie me querrá.*

La pasión de la ira visualiza la renuncia de los impulsos y deseos, la prioridad concedida sistemáticamente al deber en perjuicio del placer y de la diversión, y el control para que todo sea correcto.

- ■ *Tengo mucha inconsciencia respecto a mi deseo.*
- ■ *El deber siempre ha estado por encima de la diversión.*

◆ *Un comportamiento rígido e hipercontrolado, como para llevar una vida bien estructurada y reglamentada.*

Los mecanismos de defensa pretenden atenuar la conciencia en todos sus ámbitos o hacerla desaparecer. El más representativo del E1 es la formación reactiva, por la que se sustituyen comportamientos, sentimientos y pensamientos inaceptables por otros opuestos.

■ *El mecanismo que utilizo por excelencia es el llamado formación reactiva, no puede ser otro, pues toda mi energía está en ocultar mi rabia y la indignación e irritación que siento ante determinadas situaciones.*

■ *La formación reactiva. Representa el proceso defensivo de base, a través del cual guardo la máscara de una persona de bien y virtuosa.*

◆ *Me llego a mentir a mí misma.*

El perfeccionismo del carácter iracundo busca el amor, su necesidad esencial, a través del merecimiento. No hay gratuidad, sino conquista mediante el esfuerzo y el control de los impulsos que amenazan la conducta ejemplar. La ira es uno de ellos, un auténtico «fuego interior» según Nhat Hanh (2002). Como teme manifestarse, se camufla en una máscara de bondad o se expresa al servicio de causas justas que le dan una salida honorable. Su necesidad de tener razón se ve así satisfecha. Un juez interno se encarga de afianzar los mandatos: «deberías…». La crítica anula la espontaneidad y rigidiza las posturas. El potencial energético de la ira es enorme. Negarlo es una pérdida. Encauzarlo, un desafío.

● *Liberar la rabia significa dar rienda suelta al instinto y perder por lo tanto el control de la razón y «adentrarse en un territorio» muy arriesgado.*

■ *Es injusto que, a pesar de «la bondad y la obediencia» mostradas, no reciba después todo el respeto, el reconocimiento y la admiración a la que tengo derecho.*

REPERCUSIONES DE LA IRA EN LAS RELACIONES CONSIGO MISMO

La formulación de las subcategorías mediante la expresión «auto», utilizada en control, crítica y negación, indica que la ira tiene una fuerte repercusión en el propio sujeto que la posee. Su tarea consiste en controlar los impulsos negados. El juez interno y el esfuerzo personal colaboran en ello. No es fácil que la persona iracunda tenga conciencia de su situación.

- *La rabia hace que yo pretenda siempre el máximo de mí y, por consiguiente, quede a menudo insatisfecho de mis éxitos.*
- *Se verifica una cierta ilusión de no tener problemas y sentimientos hostiles, y evito afrontar lo que hay.*
- *La autocrítica.*

La negación de los propios impulsos y sentimientos desplaza la atención hacia un mundo de principios, en el que el E1 se maneja bien. El precio es muy alto porque se abdica de la propia realidad, base para el amor. No hay autenticidad sino rigidez. Se sustituye la espontaneidad por la corrección. La recuperación de las pérdidas instintivas y emocionales cristaliza en un afán perfeccionista. Ni se obtiene lo que se busca, porque es inalcanzable, y se pierde lo se que posee, porque se niega. Resultado: insatisfacción crónica.

- *Mi atención va a si lo hago bien o mal, es este mi propio reto.*
- *Consuelo a una mujer que es mi rival amorosa renegando de mis sentimientos.*
- *Me siento inquieta y herida por un comportamiento que me parece injusto respecto a mí; sin embargo, el mecanismo de negación de mi sentimiento empieza a saltar, entran en*

juego exigencias de superioridad y orgullosas y no me autorizo a sentir la herida y salta la máscara de la indiferencia.

REPERCUSIONES DE LA IRA EN LAS RELACIONES CON LOS DEMÁS

Se desglosa aquí el ámbito de las relaciones con los demás en dos subámbitos: a) el amor vivido en la pareja y en la amistad; y b) el trabajo. ¿En qué afecta la ira a estos dos subámbitos?

Amor (pareja y amistad)

La dificultad de la relación íntima para el E1 reside en que tiene que poner en juego los impulsos negados. No vive el sexo con naturalidad sino con el morbo adicional de lo prohibido o con el control rígido que destruye su espontaneidad. Se juzga a sí mismo por la calidad de sus ideales y a los demás por la realidad anodina de sus vidas. El resultado es un sentimiento de superioridad, que destruye una condición básica de la relación amistosa y de pareja: la simetría. Exige el tributo de la admiración, del reconocimiento como la persona mejor y más perfecta. Pero quien ignora los propios impulsos, difícilmente puede reconocer los de su pareja, que se siente más juzgada que querida. Dos códigos de reglas para un mismo juego.

♦ *Que sea responsable de sí mismo, atento, cariñoso, etc. Olvidando por completo los deseos e impulsos del otro. Como que no han de tener lugar.*

■ *En la relación de pareja, al prevalecer la actitud crítica y la insatisfacción, el otro acaba por sentirse inferior e inadecuado.*

■ *La bondad más formal que sustancial, la rara espontaneidad, la dureza de los sentimientos, la seriedad que juzga y* separa, la implicación emotiva limitada son algunos aspectos de mi pasión dominante que han condicionado mi vida de relación.

♦ Al compañero le pido sobre todo tolerancia casi ilimitada hacia mí y formas de admiración exclusivas.

• La incapacidad de concederme la gratificación y el placer se manifiestan también en relación con los demás, por lo que a veces —en las relaciones de amistad y de pareja— gratifico poco o no doy el reconocimiento necesario a los amigos o a la compañera, porque considero que lo que hacen es sencillamente normal.

■ En el ámbito del amor, tiendo a ponerme en posición de superioridad revestida de virtud y alimentada desde un perenne anhelo por los altos ideales y por las cosas grandes.

El predominio del amor admirativo en el carácter iracundo se impone a costa de relegar el amor erótico y el amor compasivo. El disfrute del placer queda sometido a las exigencias de una ejecución perfecta. Se desplaza el acento sobre el control y el esfuerzo en vez de favorecer la entrega y la intimidad. La competencia suple la pasión. El deber puede anularla.

• La causa profunda entiendo se encuentra en la falta de referencias afectivas estables y profundas. Siento que de aquí deriva la tensión de fondo.

• Ahora tengo clara conciencia del enorme rechazo a sentirme vulnerable. Es decir, a reconocer el dolor de fondo.

• Dificultad en el autoreconocimiento y reconocimiento del otro en la relación amorosa.

♦ El sentimiento de placer, unido al hecho de percibirme competente y buena, encubría la rabia y el sentimiento de falta de comunicaciones más íntimas y satisfactorias.

• En la pareja me cuesta muchísimo dar satisfacción a la compañera cuando hace algo por mí.

Trabajo

Perfeccionismo, crítica, esfuerzo y control garantizan que el E1 realice un trabajo bien hecho. Su fiabilidad y competencia alimentan su sentimiento de superioridad. Sentimiento que le genera dificultades con la autoridad, asunción de numerosas responsabilidades, reparos a la hora de delegar y sujeción a su función profesional. Esta última característica le protege de tener que afrontar sus sentimientos y su implicación emocional en el trabajo, que constituye una auténtica válvula de escape. La acción consume energías y distrae del mundo pulsional.

♦ *Como me cuesta tanto reconocer que he hecho algo mal, me exijo un trabajo impecable, lo cual significa hacer muy a menudo los trabajos más minuciosos de lo que se me ha pedido, empleando mucho tiempo.*

• *El trabajo ha sido mi válvula de escape: siempre he procurado ser autónomo en mis actividades y hacer las cosas a conciencia.*

♦ *Suelo cargarme de responsabilidades, me cuesta delegar, pero exijo que todos cumplan a la par que yo y me pongo muy crítica si no lo hacen a mi manera o no me gusta el resultado.*

• *En fin, especialmente en el trabajo, exijo mucho de los colegas y tiendo a criticar y corregir sus comportamientos de un modo manipulativo amable.*

■ *En el ámbito del trabajo llevado al respeto de las jerarquías y a relaciones más bien formales y profesionales, sobre todo con los subordinados, raramente he salido del rol profesional.*

• *No tener jefes —cuando los he tenido han sido frecuentes las discusiones.*

El afán de una tarea bien hecha reclama un buen control. El E1 lleva a cabo su trabajo de acuerdo con sus exigencias, pero cuando en él se implican otras personas se dispara la crítica, la corrección, las insinuaciones, que son demostraciones de la falta de confianza en los demás. Por ello, la delegación es difícil. Para mejorar el rendimiento, se evitan implicaciones afectivas y la autocrítica desemboca en la insatisfacción pese a los buenos resultados.

- ■ *Con los compañeros de trabajo y amigos hago igual, pero me controlo más esas reacciones tan bruscas, intento abarcar yo todo lo que puedo, es la mejor manera de que se haga como creo que es mejor, y si lo hacen ellos siempre creo que se puede mejorar.*
- ◆ *El sentimiento de placer, unido al hecho de percibirme competente y buena, encubría la rabia y el sentimiento de falta de comunicaciones más íntimas y satisfactorias.*
- ● *A pesar de llevar muchos años trabajando y —muy habitualmente— ganar los asuntos, no guardo memoria de haber quedado totalmente satisfecho con algún caso.*
- ■ *Por la preocupación de tener todo bajo control en el trabajo, de disfrutar siempre del respeto de todos y de no arriesgar ser menos justo e imparcial, he estado muy atento para evitar implicaciones afectivas.*

Global: amor (pareja y amistad) y trabajo

El indicador que más destaca en el ámbito de las relaciones con los demás (pareja, amistad y trabajo) es el sentimiento de superioridad, que para mantenerlo es necesario un (auto)control al servicio del orden, de la norma, del dominio de los demás y, si es caso, de la manipulación. La superioridad en las relaciones comporta inevitablemente la inferioridad de los demás, que el carácter iracundo consigue mediante la crítica, el esfuerzo, la rigidez y la necesidad de tener razón. Si el E1 no entra a fondo en los aspectos negados de su ser, las relaciones humanas serán formales. El primer paso es tomar conciencia de su situación personal.

REPERCUSIONES DE LA IRA EN LAS RELACIONES CON LAS COSAS

En el ámbito de las relaciones con las cosas, se han elegido dos elementos de interés que son analizados como subámbitos:

a. el dinero y la propiedad;
b. la naturaleza y la ecología.

Observar las repercusiones que el iracundo tiene en ellos no es tarea fácil y se ha dispuesto de un número menor de unidades conceptuales para su estudio, pero no por ello carentes de significado.

Dinero y propiedad

Los subtipos indican matices frente al dinero y a la propiedad. El sexual defiende el espacio propio; el social lo enfoca como poder, y el conservación lo vive como respeto y se distancia del materialismo. Más allá de estas tonalidades, predomina en todos ellos el (auto)control y la rigidez. Subyace una minusvaloración general porque los aspectos materiales se alejan del mundo ideal y de la esfera de los principios. El carácter iracundo utiliza los medios con austeridad. El E1, desde la óptica de la justicia, puede solidarizarse con los más pobres a partir de posturas beligerantes.

♦ *Propiedad: ¡ojo en donde pisas! Si he tomado terreno, ya sea en la piscina o en la oficina, como me lo invadas protesto a veces desproporcionadamente.*

♦ *Me cuesta aceptar el libre albedrío del otro en mis cuatro paredes. Ha de cumplir mis normas.*

- *He entendido que las cosas, las propiedades, el dinero han sido los medios más idóneos para demostrar la capacidad y el poder personal.*
- *Me reconozco cierta tacañería o, mejor, con dificultades para disfrutar de las cosas que yo mismo he conseguido o me he creado.*
- *He rechazado y reprimido durante años mi interés por el dinero, quería seguir ideales, proyectaba mis aspectos más materialistas sobre los demás, dirigía sobre ellos una especie de desprecio.*
- *Desde hace poco puedo ver el dinero como un medio, para mí estaba siempre en conexión con un sentimiento de vergüenza y de suciedad.*

El (auto)control afecta al dinero y a las propiedades, de manera sutil: crítica a una mala administración, rechazo a contraer deudas, participación distributiva en los gastos compartidos, dificultad en desechar y tirar cosas, conservación de objetos con valor sentimental, desinterés por el cambio... Estas conductas reafirman la imagen de corrección y superioridad.

- *También me cabreo con la gente que siempre se está quejando de que no tienen dinero, pienso que no saben administrarse y que es exclusivamente su responsabilidad, si tengo mucha confianza con ellos lo que suelo hacer es que les digo formas de administrarse o cómo lo hago yo, o cómo me ha servido a mí y qué es lo que podrían hacer para mejorar su situación.*
- *Cuando lo he pedido [el dinero], la sensación de angustia y de deuda es tan grande que me hacen devolverlo rápidamente.*
- *Hago lo posible para no tener deudas (no compro nada a mensualidades) y, si tengo una, trato de pagarla lo antes posible.*

- *Exijo mucha precisión cuando —por ejemplo, en el restaurante con los amigos— es necesario dividir la cuenta entre los comensales.*
- *Hasta tengo dificultades para tirar alguna cosa, incluso cuando ya no me sirve.*
- *Tengo un reloj de pulsera que me regalaron mis padres para mis quince años. Como funciona todavía muy bien, no he pensado en cambiarlo, aunque tenga ahora casi diecinueve años.*

Naturaleza y ecología

La naturaleza y la ecología, en la medida que estén incontaminadas, reflejan aspectos del mundo ideal, muy valorados por el E1. Las relaciones con ellas están presididas por la responsabilidad, el control, el sentido del deber, las normas éticas y el valor de la solidaridad. La austeridad en el uso de las cosas que la persona iracunda lleva a cabo predomina sobre el placer.

- *Naturaleza: allí todo está bien, tal cual es, maravilloso. Me relaja mucho.*
- *Como soy muy responsable y me esfuerzo en ser una buena persona también lleva implícito ser una buena ciudadana, cumplir con las normas, la naturaleza...*
- *Como me cuesta complacerme, empleo las cosas de una manera morigerada y tiendo a gastar poco.*
- *Para mantener mi imagen de virtud he praticado una cierta sobriedad y limitación en las compras.*
- *Me adhiero a la cultura ecológica preocupado por las consecuencias cada vez más graves del desequilibrio y degradación ambiental y de la injusticia social del mundo.*

La relación que el E1 mantiene con la ecología no es apasionada, pero muestra una característica básica. Pone de manifiesto una conducta ejemplar que respeta las normas más elementales. Quienes no las observan, son objeto de rabia contenida y de crítica justificada.

■ *Con respecto a la naturaleza: soy de las que separa la basura, recicla... y no entiendo a la gente que no lo hace, o a los que sacan la basura al contenedor antes de hora.*

● *En casa trato de utilizar poco detergente para el lavado y la limpieza, para no contribuir exageradamente a la contaminación de las aguas.*

● *He reducido mucho mis compras de carne para no sostener con mi consumo las inaceptables políticas de violencia y explotación de los animales con la finalidad exclusiva del mercado.*

Global: dinero y propiedad / naturaleza y ecología

El orden de la naturaleza debe respetarse. Una actitud descontrolada frente a la misma conduciría al caos. Todos los bienes materiales, incluido el dinero, deben ser utilizados con responsabilidad. Siempre son perfectibles la actitud y la conducta de las personas frente a las cosas.

REPERCUSIONES DE LA IRA EN LAS RELACIONES CON DIOS, LO DIVINO, LO TRASCENDENTE

Este último ámbito tiene su particularidad. Cada persona entrevistada se ha podido posicionar personalmente ante Dios, lo divino, lo trascendente. Las observaciones no se enfocan desde una religión concreta o desde una confesión determinada.

a. La búsqueda de perfección y el amor admirativo explican la apertura genuina del E1 hacia el mundo divino y trascendente.

La persona iracunda experimenta «la protección de lo sagrado» (Grün, 2003b).

♦ *Creo en lo divino en forma de autorrealización.*

■ *Siempre he sido muy espiritual y en épocas incluso muy metida en lo religioso, me gusta leer sobre las diferentes religiones y siento mucha admiración y curiosidad ante todo lo trascendente.*

♦ *Me siento en un estado de búsqueda y deseo abrirme a la confianza y a la dimensión de lo divino.*

♦ *Creo en la existencia de lo transcendente, que para mí es el Dios de los cristianos católicos.*

b. La dimensión moral de la vivencia religiosa es muy importante para el E1. No se desprende tanto de su fe como de su carácter perfeccionista, controlado y rígido. Puede volverse obsesivo y escrupuloso.

♦ *Una vez algo esté codificado como bueno o correcto, ya me siento adjudicada a ello.*

● *También en hacer las cosas, más por obligación que por gusto.*

■ *Eso deriva de la tendencia al perfeccionismo y a la obser-vancia escrupulosa de normas y principios. El resultado es que aparezco una persona educada y cortés.*

c. La rabia del E1, cuando está al servicio de causas nobles, se transforma en furor sagrado, capaz de sembrar un campo de cadáveres en nombre del amor. Se siente copartícipe de la jus-ticia divina.

● *La rabia y la ira se manifiestan principalmente en una espe-cie de furor sagrado destructivo, pero que se transforma en servicio hacia los demás.*

■ *La racionalización de la ira. Continúo en mantener una imagen virtuosa aunque convive en presencia de sentimientos y comportamientos hostiles o de rabia expresada, mientras tengan una justa motivación y defiendan principios elevados.*

El perfil del fariseo se ajusta a la vivencia que el carácter iracundo hace de la religión: «¡Oh, Dios! Te doy gracias porque no soy como los demás hombres, rapaces, injustos, adúlteros, ni tampoco como este publicano» (Lc 18,11). Hay amor admirativo y apertura formal a lo divino, junto con un innegable sentimiento de superioridad. Añade: «Ayuno dos veces por semana, doy el diezmo de todas mis ganancias» (Lc 18,12). No se vive la fe como gracia sino como conquista, esfuerzo y merecimiento personal. Dos pequeñas notas a las frases que siguen: la conexión del instinto (especialmente la sexualidad) con lo sagrado y Dios es objetivo de ira porque no ha hecho el mundo suficientemente perfecto. Muy propio del E1.

■ *Me siento admirador y soy atraído por lo divino más que por los seres humanos o las cosas y ante esto soy reverente con confianza y obediencia.*

♦ *Advierto la importancia de mi instinto y cómo me puede guiar hacia lo sagrado.*

● *La convicción de tener pensamientos justos, honestos y comportamientos éticos me hace creer que estoy en línea con la voluntad de Dios.*

■ *Muchas veces descargo toda mi rabia y mi ira sobre él [Dios] y le reprocho que no vaya todo mejor con lo que yo me esfuerzo.*

♦ *Miro bien si son charlatanes (maestros) o no, o si alguna religión está repleta de «debes y no debes».*

La abdicación de los propios sueños y fantasías y el reconocimiento de la impotencia del esfuerzo personal, junto con la experiencia de la desesperación y tristeza, conducen al iracundo a la rendición. Estas experiencias sanadoras evidencian una característica fundamental del E1: la falta de entrega y confianza en Dios. El control, el esfuerzo, el afán perfeccionista y la rigidez obstaculizan, en vez de propiciarla, una experiencia profundamente religiosa. Aquí la victoria es la rendición.

- *Cuando me siento muy desesperada y triste le pido ayuda, como a un padre amoroso que todo lo puede, y me confío a él, en vez de seguir esforzándome.*
- *Recuerdo estar en el retiro, en una situación de dolor físico tremendo y yo seguía esforzándome en hacer y cumplir con mi tarea, hasta que me tiré al suelo, dejé de hacer la dichosa tarea y me rendí, a Él, a su voluntad, a mi dolor y a mi llanto.*

San Juan de la Cruz (1955) describe tres manifestaciones de la ira espiritual: a) quienes reaccionan airadamente cuando se acaba el sabor y el gusto por las cosas espirituales, como cuando al niño le apartan del pecho; b) quienes se aíran contra los vicios ajenos con cierto celo desasosegado, les reprenden con enojo haciéndose ellos dueños de la virtud; y c) quienes se aíran contra sí mismos ya que querrían ser santos en un día y que, a medida que hacen mayores propósitos, caen en una espiral sin fondo (cap. 6). El perfeccionismo espiritual tiene sus propias trampas. En vez de servir a la virtud, agudiza la fuerza del ego.

- *El perfeccionismo y la atracción por los altos ideales, una vez recuperada la dimensión espiritual, han corrido el riesgo, por un lado, de que esta aspiración fuese utilizada para obtener el ego más grande y más perfecto; por otro lado, que el recorrido hecho fuese una vía de huida de las frustraciones de la vida cotidiana y de las intolerables imperfecciones de la realidad terrena.*

■ *Sensible al camino espiritual como perfeccionamiento y como acreditación de una superioridad en la virtud, he comprobado que, poco a poco, me separaba todavía más de mis semejantes en vez de acercarme a ellos y amarles.*

EL ORGULLO

E2
EL ENEAGRAMA DEL **ORGULLO**

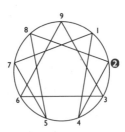

CATEGORÍA	SUBCATEGORÍA
Oscurecimiento óntico **(ser)**	**Necesidades** proyectadas y transmutadas Asunción de **capacidades** con pérdida de los límites
Degradación de la **conciencia**	**Miedo** a no ser amado o a ser abandonado **Represión** de las necesidades y de la propia sombra **Falsedad** de una abundancia que cubre el vacío **Dificultades** diversas para ser consciente
Perturbación de las estrategias operativas de la **conducta**	**Autoglorificación** debida a su imagen idealizada **Emocionalidad** que genera dependencia **Seducción** para buscar amor y gloria **Manipulación** por intereses propios y afán de dominio **Donación** con trampa incluida **Deseo** de los sucedáneos del amor y de la gloria

- **Repercusión del orgullo en el ámbito de las relaciones**

Leyenda: ■ *Conservación* ◆ *Sexual* ● *Social*

1. Oscurecimiento óntico (ser)

Evagrio Póntico (1995) afirma que «el demonio del orgullo es aquel que conduce al alma a la caída más grave» (p. 142). San Gregorio y santo Tomás de Aquino lo consideran la raíz de los pecados capitales. En el eneagrama, conserva su paridad con el resto de las pasiones dominantes, pero no puede esconder sus riesgos nefastos. El exceso de luz en el que se sumerge la soberbia produce paradójicamente una ceguera total. Tan lleno anda de sí el E2, que no le cabe nada más, pero todo ser tiene necesidades y capacidades. Unas y otras van a ser consideradas aquí como subcategorías de análisis del orgullo.

1.1 Necesidades proyectadas y transmutadas

Cualquier persona precisa que sus necesidades sean satisfechas, para lo cual hay que reconocerlas y atenderlas adecuadamente. Entre ellas, el amor es la más básica. El E2 las niega en sí mismo y las proyecta en los demás. De ahí su extrema capacidad de darse cuenta de lo que necesitan los otros, a quienes atiende con esmero como moneda de cambio para ser reconocido y amado. Una trampa con la que engaña a los demás y a sí mismo.

- *El hambre de amor y de reconocimiento es el motor de todo.*
- *Gran necesidad de muestras de amor.*

La distorsión del orgullo conduce a perder consciencia de la propia necesidad, a experimentarla como vergüenza y humillación o a considerarla como debilidad. En cambio, las necesidades ajenas sirven al E2 para mostrar su superioridad, generar dependencia y explotar la vulnerabilidad ajena. Se olvida de ser humano para jugar a ser Dios.

- *Hay una prohibición interna de la necesidad*
- *Necesitar es humillante: si alguien percibe mi necesidad una vez, dejará de quererme para siempre.*

♦ *Además, lo de necesitar es una vergüenza, un pudor interno muy grande.*

♦ *Si le digo al otro lo que necesito, me expongo totalmente, me hago totalmente vulnerable.*

• *Fobia a la debilidad, al límite...*

El orgulloso transmuta su necesidad, especialmente el amor que siente como más básica, en imperativo para los demás. Aparece aquí de nuevo la dificultad que tiene a la hora de trazar un tope. Del mismo modo que experimenta su capacidad como ilimitada, su necesidad, a pesar de permanecer oculta, resulta insaciable.

■ *Todos me deben amar: la necesidad insaciable de confirmaciones pasa principalmente a través del reconocimiento del amor por parte del otro.*

♦ *Además, como quiero cubrir mi necesidad y soy muy impaciente, surge la manipulación al otro, nunca una petición directa.*

1.2 Asunción de capacidades con pérdida de los límites

En el ámbito de la antropología, las capacidades humanas están limitadas. Por ejemplo, los sentidos tienen sus umbrales a partir de los cuales no son capaces de captar más información. A la vista, se le escapa el tamaño microscópico como al oído determinadas frecuencias agudas o graves. Existe el umbral, el límite. El carácter orgulloso es consciente de las capacidades de su ser, que es lo único que intenta mostrar. No se basa en su dimensión íntegra sino en las partes sobrevaloradas.

♦ *Afirmación de los propios valores y las propias capacidades.*

♦ *Tuve una ruptura de pareja en la que yo solo le mostraba «lo mejor de mí misma», la parte sobrevalorada: simpática,*

elegante, ideal... y que me dejó por otra mujer, me deses-
tructuró totalmente.

Esta visión parcial de sí distorsiona la percepción de sus capacidades mediante su ensalzamiento hasta la ruptura de los límites. Se
trata de una idea loca del E2. El precio que paga es desproporcionado en esfuerzo y, de forma paradójica, en olvido de sí. Vive ambas
realidades desde la pérdida de los límites. Siempre le faltan horas
para los demás.

- *«A mí no me cuestan las cosas». No tengo límite en mi ca-*
  pacidad, es innato y fácil.
- *No mesurar los esfuerzos destinados a conseguir lo deseado.*

Por ello, el carácter orgulloso se inmuniza contra el sentimiento
de incapacidad porque quebrantaría su imagen idealizada de persona
extraordinaria, no estaría a la altura de las demandas de los demás y
se vería imposibilitado de conseguir el amor que tanto busca. Tantas
exigencias impiden saborear la vida.

- ♦ *«Cuando me plantean un problema, antes de admitir que*
  soy incapaz, utilizo todas las energías psíquicas e intelec-
  tuales para resolverlo lo mejor posible y evitar la vergüenza
  emocional, como no querer sentir la incapacidad».
- *Dificultad en saborear cualquier satisfacción.*

2. Degradación de la conciencia

La inconsciencia, como mecanicidad, conduce a la distorsión cognitiva y es terreno abonado para que la pasión dominante, como
motivación deficitaria, dificulte el despertar lúcido, sin el cual el ser
queda oscurecido y el vacío que se genera pugna por llenarse a
través de sucedáneos. Los mecanismos de defensa coadyuvan al

mantenimiento de la inconsciencia. Se buscan soluciones falsas o aparentes para confirmar las propias capacidades o para satisfacer las necesidades profundas. Se utilizan aquí cuatro subcategorías para indicar distintos modos que tiene el carácter orgulloso de bloquear su conciencia o reducir su percepción.

2.1 Miedo a no ser amado o a ser abandonado

El miedo adopta diversos rostros. El orgulloso busca el amor, pero el miedo le bloquea. Las relaciones asimétricas le satisfacen cuando ocupa una posición de superioridad. Si son paritarias, las consideran como limitantes y el vínculo amoroso aparece como atadura. Exponer una necesidad significa ponerse en manos de los demás. Si no se es atendido, se reproduce la herida narcisista. Compagina un deseo profundo de amor con el miedo a no obtenerlo o, si es caso, a perderlo.

♦ *Cuando me piden consuelo y sostén mi corazón se abre a ellos y en las relaciones ellos se encuentran bien, cuando me piden amar todo se me cierra, y como si ellos quisieran atarme, frenarme, LIMITAR mi libertad.*

♦ *Tengo miedo de quedar indefenso y de abandonar mis barreras.*

■ *En el transcurso de mi vida la manifestación más evidente ha sido la de evitar cuidadosamente todo tipo de experiencia que me causara heridas narcisistas.*

Subyace en el carácter orgulloso un miedo cerval a no ser amado o a ser abandonado. La necesidad es vivida como obstáculo al amor. De ahí que no se quiera reconocer la carencia bajo ningún concepto y se pugne por presentar una imagen amable de sí, lo más alejada posible de las críticas. Se prefiere la adoración de los esclavos al amor de las personas libres. Los primeros alimentan el ego; los segundos, no.

♦ *Mi seducción que tapa mi enorme miedo a que no me quieran, a no adaptarme y mi gran dolor de la pérdida y mis duelos.*

■ *Para evitar que me critiquen en el plano profesional, he trabajado mucho más de lo que me han pedido.*

■ *Para no encontrarme con un rechazo he evitado los hombres que me agradaban realmente, yendo hacia aquellos que me agradaban menos pero eran para mí más tranquilizantes y adorables.*

■ *En el amor, no reconocer mi necesidad del amor del otro y el temor a su abandono.*

El miedo acentúa la compulsión a evitar el contacto con la realidad para que se mantenga la imagen idealizada de sí, apta para cualquier conquista, ambición y privilegio, que son los tres nutrientes básicos del orgullo.

2.2 Represión de las necesidades y de la propia sombra

La represión es el principal mecanismo de defensa que utiliza la persona orgullosa. Su finalidad es mantener la inconsciencia de quien lo utiliza e «impide que la representación ideacional de los impulsos se vuelva consciente» (Naranjo, 1994a, p. 204). Las necesidades y las sombras contradicen la sensación de (falsa) abundancia en la que vive instalado el E2. Negarlas, dejar de ver las zonas de penumbra, desconocer la propia voracidad amorosa... son actitudes que mantienen a la persona soberbia en la inconsciencia de sí misma. Las aguas de superficie se transforman en ríos subterráneos. Circulan aunque no se vean y siguen actuando de forma latente.

■ *Suprimir de la conciencia o de la memoria aspectos de la realidad que son incompatibles con mi «imagen de mí» o de las situaciones que me rodean, tal y como yo quiero recordarlas.*

♦ *Hay una negación total de mi sombra: del dolor, de la rabia, de la agresión al otro, del odio...*

♦ *La pasión se manifiesta sobre todo cuando no llegando a aceptar mis necesidades, en particular las amorosas y afectivas, se manifestaba el orgullo de quien no necesita, pero del que sabe dar y de manera latente mientras prodiga su afecto, su amor se nutre por vías transversales.*

Esta idealización de la propia imagen exige un precio: reprimir la sombra. De este modo, se pierde la plenitud de la autocomprensión para aferrarse a unos fragmentos carentes de sus contrapartidas reales. Solo parece existir lo que se encuentra bajo la luz de los focos, pero la realidad es más amplia. El orgulloso sigue buscando la llave, como en el cuento de Nasrudín, donde hay luz, pero no en la sombra, pese a que es ahí donde la perdió.

♦ *Nunca le mostré mi necesidad, mi carencia, mis dudas, mi rabia, mi sombra, mi odio...*

■ *Muestran una alegría inextinguible que se alimenta de la necesidad compulsiva de evitar las sombras de lo que falta.*

■ *La conciencia de mí como una persona superior o especial me impide el contacto con aspectos de mí misma que niego y no atiendo.*

Admitir las propias necesidades sería dinamitar la actitud soberbia y entrar por los caminos de la humildad. Para impedirlo, se reprimen como si no existieran, pero tarde o temprano llega la crisis de agotamiento, la soledad radical, el sentimiento de creerse más utilizado que querido. Como recuerda Gibran Khalil Gibran (1976): «el amor que procura otra cosa que no sea la revelación de su propio misterio no es amor, sino una red tendida, y solo lo inútil será en ella atrapado» (p. 86).

♦ *No admito que necesito algo, son los otros los que tienen necesidad de mí.*

- ■ *Represión: de sentimientos provocados por situaciones que de tenerlos en cuenta me pondrían en contacto con mi carencia, necesidad, abandono, soledad...*
- ♦ *He llegado en bastantes ocasiones a crisis de agotamiento físico por no descansar a tiempo.*

La represión actúa también en el campo emocional e incluso en el sexual. Conduce a ignorar las propias necesidades, que en consecuencia no se atienden. Si no hay descanso, se llega al agotamiento. Puede darse sexo, pero no recibir goce.

- ♦ *Cuando mi madre me dejaba solo en casa tenía miedo que no volviese más, ella me decía que era un niño y que tenía miedo; para demostrarle que era capaz y hacerla feliz superé mi miedo convenciéndome ser capaz de estar solo.*
- ♦ *La represión. He estado muy reprimida sobre todo en lo sexual.*
- • *He llegado en bastantes ocasiones a crisis de agotamiento físico por no descansar a tiempo.*

2.3 Falsedad de una abundancia que cubre el vacío

Cuando no se atienden las necesidades genuinas de la persona se produce el vacío, palabra que en todas las entrevistas del E2 aparece una sola vez. No obstante, el E2 utiliza el engaño y la falsedad, acaso influenciado por su lateral E3, para anular, que no resolver, su vacío. El orgulloso busca amantes y amigos de forma equivocada: «El papel de vuestro amigo es el de henchir vuestras necesidades, y no vuestro vacío» (Gibran, 1976, p. 86). El camino de la vulnerabilidad que implica mostrarse necesitado es la solución, pero se empeña en engañarse creándose fijaciones de (falsa) abundancia: «a mí me sobra, lo que a los demás les falta». Al no existir un reconocimiento explícito de su propia realidad, el E2 adopta de forma sustitutoria conductas tales como la compra compulsiva y como el no permitirse darse cuenta de las propias carencias. La acumulación (direcciones en la agenda telefónica, prendas de vestir en el armario, productos en el frigorífico...) es un signo de abundancia.

- ◆ *Sensación de tener más que el otro: «a mí me sobra, a los demás les falta»*
- • *Acumulación de objetos, de comida por si hubiera escasez.*
- • *La compra compulsiva.*

El amor, que tanto busca el E2, se compra con moneda falsa. La generosidad, la entrega, la donación, la independencia, la humildad... —tan valoradas por los demás— son aparentes y buscan de manera subterránea la mirada y la atención del otro, sin las cuales el E2 pierde su rumbo. No hay amor incondicional sino intercambio velado. Existe falsa gratuidad, de manera que el orgulloso permanece en la inconsciencia, víctima de sus propias trampas. En contraposición, la verdad sobre sí es accesible desde la humildad.

- ◆ *Sensación de fortaleza, de individualidad y personalidad, de que no le importa lo que los demás piensen de él, pero en el fondo toda su valoración depende del otro y cuando esto se descubre es un gran golpe al ego.*
- ◆ *Como siempre se actúa desde la generosidad, desde la entrega, desde el dar falsamente genuino no cabe la posibilidad de estar dañando al otro, ni de ser falso uno mismo. Es una de las grandes trampas del ego.*
- ◆ *Hay una idea loca de que soy muy independiente, y en realidad dependo totalmente de la mirada del otro. Cualquier indicio de no gustarle me puede chafar totalmente.*
- ■ *En la relación con los demás esto se manifiesta de forma sutil en mi caso (creo, espero que no lo noten), tratando de hacer llegar a los otros una falsa humildad.*

2.4 Dificultades diversas para ser consciente

Esta subcategoría agrupa una serie amplia de unidades conceptuales, presididas por la motivación deficitaria, es decir, la pasión dominante. El orgullo adormece la conciencia e impide el acceso al ser. No hay búsqueda consciente porque cuando alguien experimenta su propia plenitud se siente contento de sí mismo. No cabe nada más en un recipiente lleno. El E2, cuando se da cuenta de su pasión dominante, contempla horrorizado los efectos perniciosos que su soberbia ha tenido sobre su vida y los bloqueos que le han impedido vivir la libertad y el amor. No porque los grilletes sean de oro dejan de ser cadenas.

- *La pasión dominante es soberbia, es orgullo de sí mismo.*
- *El orgullo me ha bloqueado en mi vida muchísimo.*

Cerrarse a las propias necesidades y no reconocerlas como tales, traspasar las fronteras y no admitir límites en la propia vida, conlleva que la persona orgullosa tenga problemas con la autoridad, se enfrente a ella o la maneje a su antojo bajo la apariencia de subordinación. No le resulta fácil el amor admirativo hacia lo divino y trascendente.

- *Tengo dificultad con la autoridad: ella pudiera domesticar mi ser especial.*
- *Me cuesta practicar el amor admirativo y siempre existe la idea loca de que si yo me lo propongo lo consigo.*
- *Sobre todo me identifico con la actitud de sustraerme a cualquier forma de disciplina, con el riesgo de inutilizar metas importantes de mi vida.*

3. Perturbación de las estrategias operativas de la conducta

La conducta se ve afectada por el grado de conciencia que posee una persona, pero a su vez lo genera. Aquí se entiende por obras las estrategias operativas que utiliza la persona orgullosa para conseguir sus fines y deseos. Un progreso en la conciencia y en la virtud desactiva en su misma medida los comportamientos a ellas subordinados. Se resaltan, a partir de los datos obtenidos, seis estrategias operativas.

3.1 Autoglorificación debida a su imagen idealizada

El orgullo busca la gloria y el ensalzamiento de sí mismo. En este intento, la envidia que subyace inconscientemente en su actitud se transmuta en privilegio, superioridad, afán competitivo, importancia personal... La gloria ha sido considerada tradicionalmente como un tributo a Dios. Nada más propio para la persona orgullosa, merecedora de tal consideración. En esta característica, se puede detectar el histrionismo del E2, así como la necesidad de recibir adulaciones, cumplimientos, piropos..., que se rechazan modestamente si se reciben, pero que se anhelan de forma imperiosa para mantener vivo el incienso en el altar del propio ego.

- *Creencia profunda, y apuntalada por actitudes y comportamientos, de ser especial y digno de ser tenido en cuenta.*
- *Cualquier manifestación mía tiene que ser maravillosa: el 2 no tolera la banalidad de la existencia pues acecha al esplendor al que está desesperadamente apegado.*
- *Para mí ha sido muy significativo tener esa voz interna siempre con mensajes que ensalzan mi persona como: «¡qué simpática estás siendo!, me miran porque estoy guapa...»*
- *Se coloca en una nube de forma totalmente histérica.*

Para alimentar la autoglorificación, los demás juegan un papel clave. La mirada ajena permite engrandecer la imagen propia. El deseo de independencia y de libertad ilimitada cobra el peaje de una sutil dependencia. La plenitud solo es alcanzable a través del elogio recibido. Sin los demás, por tanto, hay vacío, soledad e infravaloración. El E2, al ser incapaz de asumir su propia historia, quiere ser el protagonista de la vida ajena. Su idea de (falsa) abundancia tiene tanto de autosugestión gloriosa como de propia ignorancia.

- *Tendencia a tratar a los demás como componentes del séquito personal.*
- *Cuando alguno me elogia, me gratifica, me siento pleno.*
- *Quiero que mi compañera y mis amigos me consideren y me estimen, me consideren un protagonista. Yo os salvaré.*
- *Una percepción de mí misma como «especial» y como «afortunada» que es impermeable a la crítica e inmodificable por la interacción con la realidad, negando esta si es necesario con tal de mantener esta imagen «positivamente deformada de mí misma»...*

Estos ingredientes culminan en la creencia profunda de ser especial y distinto a los demás, de merecer un trato preferente y de ser considerado como indispensable. Todo un montaje, realizado con convicción, pero que no resuelve el problema de fondo: haber renunciado a cuidar el propio niño (o niña) interior, que hambrea amor, caricias y atenciones.

- *Un autoconcepto sobredimensionado acerca de la importancia personal.*
- *Qué harías sin mí.*
- *Vive el rol de «hijo especial», adorado en su unicidad.*

3.2 Emocionalidad que genera dependencia

El E2 realiza su hermenéutica del mundo a partir del registro emocional, que según Naranjo (1994a) «facilita el proceso de distraer la atención de la conciencia de necesidad o más exactamente de la representación intelectual del instinto» (p. 205). Por ello, la persona orgullosa se sume en el exceso y la intensidad de las emociones, navega en el ritmo fluctuante de las mismas y racionaliza cuando cree perder su control. El riesgo es quedar atrapados en un mundo de emociones sin sentimientos (Lacroix, 2005).

◆ *Las emociones fuertes me implican.*
◆ *Inestabilidad emocional.*
◆ *Racionalizo aquellas emociones que no llego a gestionar, y esto manifiesta al contrario la necesidad de ser libre para expresarme.*
● *Exijo a mi pareja que entienda la profundidad de mi pensamiento y de mis motivaciones y se pliegue a mis caprichos y necesidades (lo mío es mucho más importante que sus «tonterías»).*

La emoción del E2 es dependiente y por ello susceptible. Busca la gratificación inmediata, se muestra impaciente y se nutre de la presencia: «Ojos que no ven, corazón que no siente» (Goethe, 2002, p. 144). Como Margarita de *Fausto*, que se debate en un oscilante «me quiere, no me quiere; me quiere, no me quiere» (p. 147), el orgulloso comparte la alegría final y el escalofrío de que el último pétalo de la flor coincida con el «me quiere». Se trata de la apoteosis final, que depende del amor de los demás.

◆ *Hay una idea loca de que soy muy independiente, y en realidad dependo totalmente de la mirada del otro. Cualquier indicio de no gustarle me puede chafar totalmente.*
◆ *Antes de salir de casa con gente nueva, o ante personas con las que me cuesta estar relajada, me digo: busca tu centro y siente tu centro. Porque si no, me vuelvo totalmente dependiente del otro.*
■ *Poseen una enorme susceptibilidad más o menos reconocible.*
● *Falta de paciencia en la práctica de disciplinas espirituales (meditación, oración...).*

Cuando la vida espiritual no se construye desde el ser sino que persigue la emoción, las expectativas se centran en lo superficial y anecdótico. Se identifica rezar con sentir, de modo que el sentimiento se convierte en criterio último de valoración. Al ser el orgulloso mejor que nadie, hasta Dios debe inclinarse a ponderar su bondad y la ejemplaridad de su vida. Pero Dios no aparece en los fuegos artificiales, en el huracán, en el terremoto, en el fuego..., sino en el viento suave y el susurro (1Re 19,11-13).

- *Expectativas de llegar a tener experiencias sensoriales destacables, poco aprecio por la paz austera y sin fuegos artificiales.*
- *[Dios] No puede no darse cuenta de mi honestidad.*

3.3 Seducción para buscar amor y gloria

La seducción es una estrategia que utiliza el E2 para buscar amor y gloria. El procedimiento es una urdimbre de engaño, arte persuasivo, conquista y atracción. Las técnicas son sutiles y variadas. Importa, sobre todo, el resultado, pero se evidencian dos cosas: a) la capacidad que tiene el orgulloso de conocer y detectar las necesidades ajenas, que explota con gran sensibilidad y tacto, y b) la ignorancia supina de las motivaciones que le impulsan a seducir y que son sus propias necesidades insatisfechas, especialmente las amorosas.

- *El orgullo tiene un rol determinante y pretende la gloria a cualquier precio, haciendo una llamada desesperada a cualquier forma de seducción.*
- *Histrionismo (mostrar una imagen exagerada en aspectos como el ingenio, la felicidad, para lograr atraer la atención de los otros).*
- *Los caracteres 2 tienden a seducir al mundo exhalando amabilidad y admiración.*

- *No se puede vivir sin seducir,*
- *Mostrarme alegre, divertida, seductora, que a los demás les apetezca estar conmigo.*

La persona orgullosa se identifica tanto con su imagen seductora que es ella misma la primera víctima de sus propios encantos. Se cree indispensable, fabula en la incapacidad de los demás que tan necesaria hace su aportación, se imagina en el centro de las miradas y de los afectos... No son objetivos que persigue sino puntos de partida en su actuar.

- *¿Cómo era posible que un hombre no me quisiera con lo fantástica que yo había sido?*
- *Siendo yo tan especial no cabe la posibilidad de no gustarle a alguien.*

La seducción sexual estimula el deseo ajeno y reafirma la valoración propia. En algún caso, la relación sexual es el precio que se paga para conseguir amor. La persona orgullosa confunde el hecho de ser deseada por el de ser querida. Son dos cosas distintas, que pueden ir también unidas, pero que obedecen a dos tipos de amor.

- *Actitud sexual provocativa.*
- *El punto clave y de valoración de uno mismo es la sexualidad: «si me siento deseada valgo».*

Subyace en la seducción fragilidad emocional, dolor y miedo... Tras una imagen aparentemente consistente y llena de encantos, se esconde la convicción de no ser amado por sí mismo, sino por la capacidad de comprar el afecto mediante dones. No hay ser, sino estrategias de venta.

- *Mi seducción que tapa mi enorme miedo a que no me quieran, a no adaptarme y mi gran dolor de la pérdida y mis duelos. Siendo yo tan especial no cabe la posibilidad de no gustarle a alguien.*

■ *Seducción: no me van a querer por mí misma sino por lo que reciban de mí.*

3.4 Manipulación por intereses propios y afán de dominio

La manipulación, como la seducción, son dos estrategias con muchos puntos en común. La segunda pone el acento en la atracción y exige una cierta colaboración de la víctima. La primera, basada en la distorsión, se concentra en cambio sobre la búsqueda de los intereses propios y sobre el afán de control.

■ *La creación de vínculos no es tanto desde el dar propiamente dicho sino desde el necesitar permitiendo, o haciendo sentir al otro, lo orgullosa que me siento de él, inflando su ego. Haciéndole sentirse bien por protegerme.*

♦ *Además, como quiero cubrir mi necesidad y soy muy impaciente surge la manipulación al otro, nunca una petición directa.*

• *Pasión por la conquista, desprecio por la lentitud, el saborear.*

La componente de dominio que existe en la manipulación contiene una fuerte dosis de competitividad. Conseguir el puesto que se apetece exige, a menudo, cortar la cabeza de los adversarios. La capacidad innata en el E2 para detectar las necesidades ajenas se pone al servicio de los intereses propios. Con esta información, se pueden atacar mejor los flancos del adversario. Regala el caballo de Troya, pero dentro tiene trampa (Homero, 2005).

♦ *Soy muy competitiva en el trabajo y para que me acepte la competencia soy muy manipuladora y seductora con la gente que trabaja conmigo.*

♦ *Transformo la envidia en orgullo y «destruyo» (metafórica-mente) a mis contrincantes.*

● *Busco las debilidades de los demás para poder atacar y sentirme bien.*

● *Quiero algo a toda costa.*

La autoridad, cuando no es ejercida por uno mismo, se convierte en un límite que hay que traspasar. Aparecen de este modo las hostilidades y la rebeldía, siempre y cuando no se la haya sometido por la vía de la seducción y obre al dictado de los deseos del E2.

♦ *Me he convertido en la mano derecha de mi jefe pero no acepto su autoridad, y siento que soy como una «mosca cojonera» con él, le contradigo y me muestro despectiva.*

♦ *Soy muy rebelde con mi jefe.*

3.5 Donación con trampa incluida

La actitud de adivinar y anticiparse a las necesidades ajenas, la generosidad y la donación en resolverlas son comportamientos del carácter orgulloso que encandilan a sus destinatarios. La aceptación social de determinadas conductas de la pasión dominante no la convierten en beneficiosa para quienes se dejan conducir por ella.

♦ *Propensión a dar y hacer algo con una finalidad seductora y de autoglorificación.*

♦ *Cuando ayudo a los demás, en modo manipulador, es para sentirme amado y apreciado.*

♦ *Ganarme al otro sabiendo escuchar, cuando a veces el otro no te importa nada, te importa que te considere estupenda.*

La autoridad, cuando no es ejercida por uno mismo, se convierte en un límite que hay que traspasar. Aparecen de este modo las hostilidades y la rebeldía.

■ *Poner el acento en las necesidades del otro y atenderlas, como si así el otro, sin yo decírselo, fuese a percibir las mías y atenderlas en silencio, sin hacerme sentir mi necesidad.*

♦ *Pero desde que he tomado conciencia de que doy para que el otro me valore me ha salido la polaridad: la avaricia, la ratería, no solo no me apetece dar tanto sino que doy poco a veces.*

♦ *«Da sexo para conseguir afecto».*

La generosidad y la donación persiguen atar, controlar y generar dependencia de los destinatarios. Convertirse en salvador de los demás impide el desarrollo propio y el de los demás, porque justamente una buena intervención de ayuda pugna por hacerse cuanto antes prescindible.

♦ *Personas que se hacen imprescindibles.*

• *Control continuado de las deudas afectivas con todo el mundo.*

• *Gran capacidad de organización, trabajo y liderazgo paternalista.*

♦ *La omnipotencia y la actitud de ser salvadora del otro.*

3.6 Deseo de los sucedáneos del amor y de la gloria

La dinámica del deseo promueve la búsqueda como actitud y persigue diversos contenidos: la excelencia, el privilegio, el cariño, el placer... Todos ellos reflejan las dos grandes preocupaciones del carácter orgulloso: el amor y la gloria.

■ *Tienden al hedonismo, a la gratificación inmediata, se sustraen a menudo a cualquier forma de disciplina y autodisciplina.*

■ *Nos mueve la búsqueda del privilegio, del cariño, la necesidad de ser «querido todo el tiempo y con más intensidad que a los demás».*

El placer constituye también un objetivo del deseo, vinculado al cuerpo, mediante el goce sensual o la práctica sexual. Por otra parte, el E2 tiene problemas de expresar sus deseos porque son transmisores de sus necesidades, experimentadas habitualmente como humillación y como ruptura de una imagen idealizada.

- *Hedonismo (entendido como búsqueda de caprichos y gran facilidad para sentirme frustrada).*
- ♦ *Es una energía interna del cuerpo, un bloqueo corporal cuando me gusta un hombre y una humillación tener que demostrarle que me gusta.*
- ♦ *En lo sexual existe la fantasía de que va a pasar algo maravilloso, por lo tanto, hay también mucha frustración.*
- ♦ *Sensualidad corpórea.*

La experiencia religiosa no resulta ajena a estos mecanismos y estrategias operativas del E2. La disolución en Dios comporta la pérdida del sentido del límite y una identificación con la divinidad que puede contribuir al ensalzamiento de la propia imagen.

- • *En los últimos tiempos siento un mayor deseo de disolverme en Dios y, siempre, una pasión por ser poseído por su espíritu.*

REPERCUSIÓN DEL ORGULLO EN EL ÁMBITO DE LAS RELACIONES

La pasión del orgullo

La pasión del E2 mayoritariamente recibe el nombre de orgullo. También, soberbia. El subtipo social, en castellano, utiliza la palabra ambición, que es la forma propia que tiene de vivir el orgullo.

El orgullo tiene una especial significación en la categoría del ser. Reprime y niega sus necesidades a través de la falsa abundancia y del falso amor.

♦ *Hay una prohibición interna de la necesidad.*
♦ *Además, lo de necesitar es una vergüenza, un pudor interno muy grande.*

Distorsiona sus capacidades al eliminar los límites, lo que conlleva una idea de grandeza y de superioridad a través de una idealización de sí mismo.

• *La mirada amplia sobre el mundo, el pensar a lo grande.*
• *El confundir posibilidad de hacer con capacidad.*
• *Sí, reconocer que me cuesta es admitir la no-omnipotencia.*
• *Fobia a la debilidad, al límite...*

El orgullo es vivido desde la característica del propio subtipo. Por ello, acentúa características distintas, que no son sino diversas facetas de la misma realidad.

♦ *Sexual: Desde mi subtipo es importante ser elegida por los hombres frente a las demás mujeres.*
• *Social: La ambición de ser único y de poder hacer siempre la diferencia es indudablemente la parte dominante de mi subtipo.*
■ *Conservación: El orgullo en el 2 conservación asume un aspecto con menor redundancia respecto a los dos subtipos: cada manifestación histriónica está comprendida y puesta en sordina.*

Las fijaciones, coloquialmente ideas locas, son distorsiones cognitivas que alimentan y justifican la pasión dominante, situada en el centro emocional. Reconocerlas requiere una gran conciencia de sí y un trabajo paciente, ya que las fijaciones se han incorporado en la programación personal desde los inicios de la vida.

- ♦ *Hay una idea loca de que soy muy independiente, y en realidad dependo totalmente de la mirada del otro. Cualquier indicio de no gustarle me puede chafar totalmente.*
- • *No se puede vivir sin seducir.*
- ■ *Necesitar es humillante: si alguien percibe mi necesidad una vez, dejará de quererme para siempre.*

La pasión dominante, en este caso el orgullo o la soberbia —dos sinónimos de distinta fuente etimológica—, se proyecta en el ámbito de la conducta. Una comprensión profunda de los mecanismos pasionales permite observar la conexión entre pensar, sentir y actuar, que son los tres ámbitos propios de un ser tricerebrado.

- ♦ *Estar siempre al máximo, estar dispuesto a satisfacer las necesidades del otro.*
- • *La compra compulsiva.*
- ■ *Prometo mucho más de lo que puedo cumplir: por la dificultad de decir que no, que está sostenida por el deseo de una generosidad espléndida.*

Los mecanismos de defensa se orientan a mantener bajo mínimos la conciencia de sí, cuyo despertar exige desactivarlos. El E2 utiliza especialmente la represión.

- ■ *Represión: de sentimientos provocados por situaciones que de tenerlos en cuenta me pondrían en contacto con mi carencia, necesidad, abandono, soledad...*
- ♦ *Racionalizo aquellas emociones que no llego a gestionar, y esto manifiesta al contrario la necesidad de ser libre para expresarme.*

Subyace en el carácter orgulloso una necesidad imperiosa de amor. Al no atenderla genuinamente, la reprime, la transmuta, la idealiza. Utiliza las estrategias más diversas, como la seducción, la manipulación, la autoglorificación y la generosidad, para mendigar un amor sin quebrantar su imagen de abundancia en la que el E2 vive inmerso. Esta necesidad de amor puede acentuar la conquista sexual, la ambición social o el privilegio infantil, pero la estructura de fondo es la misma.

- ■ *«Cuando me plantean un problema, antes de admitir que soy incapaz, utilizo todas las energías psíquicas e intelectuales para resolverlo lo mejor posible y evitar la vergüenza emocional, como no querer sentir la incapacidad».*
- • *Si una cosa me está prohibida, de cualquier modo me tomo la libertad de hacerla y la justifico como acto de libertad.*
- ■ *Durante el embarazo de mi primera hija, al no aceptar con naturalidad los vómitos y el cansancio, no me cuidaba adecuadamente.*

REPERCUSIONES DEL ORGULLO EN LAS RELACIONES CON LOS DEMÁS

Se desglosa aquí el ámbito de las relaciones con los demás en dos subámbitos: a) el amor vivido en la pareja y en la amistad; y b) el trabajo. ¿En qué afecta el orgullo a estos dos subámbitos?

Amor (pareja y amistad)

El orgullo imposibilita uno de los órdenes básicos del amor de la pareja, tal como lo entiende Bert Hellinger (2002), es decir, el intercambio, el compartir, el dar y recibir. Afrontar el problema amoroso, incluso con la multiplicidad de relaciones, sin ser consciente de las necesidades propias, desemboca en el desierto sentimental. Debido a que si las atenciones de la otra persona ponen de manifiesto las propias carencias, miedos, necesidades y deseos, la relación es vivida como agresión. Por otra parte, se entremezclan seducción y manipulación para conseguir satisfacer las necesidades amorosas y de ensalzamiento del E2 que subyacen en las zonas de sombra.

♦ *En las relaciones, la incapacidad de abrir mi corazón, por miedo a no gestionar las emociones fuertes y VERDADERAS, el motor de todo es el hambre de amor y de reconocimiento.*

♦ *También soy competitiva en la pareja y, como doy, quiero que el otro haga lo que yo necesito.*

• *Exijo a mi pareja que entienda la profundidad de mi pensamiento y de mis motivaciones y se pliegue a mis caprichos y necesidades (lo mío es mucho más importante que sus «tonterías»).*

■ *En el amor, el no reconocer mi necesidad del amor del otro, y el temor a su abandono.*

■ *El orgullo alimenta mi desierto en el plano sentimental.*

El carácter orgulloso teme el riesgo de exponer sus verdaderos sentimientos y necesidades, porque pudiera darse el caso de tener que afrontar la frustración de no verlos comprendidos y satisfechos. La relación es asimétrica. El E2 es el salvador; su amigo o pareja, los salvados. Una relación madura tiene sentido en plano de igualdad, plano en el que el orgulloso se mueve de manera incómoda.

■ *En el amor, por ejemplo, hoy que mi marido está de viaje yo debo hacer un esfuerzo consciente por tomar contacto con el «echarle de menos», para no caer en la prepotencia de «poder pasar de él», lo cual me situaría cómodamente en el orgullo pero enfriaría mi corazón al amor.*

■ *Para no encontrarme con un rechazo he evitado los hombres que me agradaban realmente, yendo hacia aquellos*

*que me agradaban menos pero eran para mí más tranqui-
lizantes y adorables.*

* *Quiero que mi compañera y mis amigos me consideren y
me estimen, me consideren un protagonista. Yo os salvaré.*

Trabajo

Los indicadores de fondo, propios del E2, reaparecen en el ámbito
laboral. La búsqueda del elogio se corresponde con la huida de la
crítica, por lo que el orgullo quiere reivindicarse mediante la eficiencia. Pero corre el riesgo de aplicar en el trabajo la ignorancia de sus
límites, por lo que puede resentirse la calidad de su tarea. Se malviven
las relaciones de jerarquía, ya que la autoridad es vista como un límite a la libertad personal, excepto si a través de la seducción u otras
estrategias se consigue gobernar al jefe desde la sombra.

* ◆ *En el trabajo, el orgullo de mostrar mi extrema eficiencia y
evitar la crítica y el juicio negativo, más aún buscar sentirme
elogiado.*
* ◆ *Soy muy competitiva en el trabajo y para que se me acepte
como tal soy muy manipuladora y seductora con la gente
que trabaja conmigo.*
* *Abarco más trabajo del que puedo sostener y hacer adecuadamente (mala calidad laboral).*
* ■ *En el trabajo, el no reconocer mis lagunas, mis ansiedades,
mi necesidad de ayuda.*
* ◆ *Soy muy rebelde con mi jefe.*

Algunos ejemplos, entresacados de los hechos o las situaciones de
vida mencionados en las entrevistas, muestran cómo el orgullo funciona en la práctica, mediante la represión de las propias necesidades
(renuncia de la vida privada), la pérdida del límite en la entrega y la
incapacidad de adentrarse en las sombras para tener una visión completa de la realidad.

♦ *Me ha acaecido en el trabajo renunciar a mi vida privada, a mi tiempo y comprometerme gratuitamente con la única finalidad de mejorar las prestaciones solicitadas y satisfacerlas.*

• *He llegado a tener 12 sesiones de psicoterapia el mismo día seguido de una conferencia (y tan fresco).*

■ *Por ejemplo, en mi trabajo, al no evaluar mi trabajo atendiendo aquellos aspectos que me causan problemas, no profundizo en su desarrollo, estudio, supervisión..., agravándose el problema, o perpetuándose.*

Global: amor (pareja y amistad) y trabajo

El orgullo repercute en el ámbito de las relaciones con los demás mediante la disminución de la conciencia y la pérdida consiguiente del ser. Contribuyen a ello los mecanismos de defensa que impiden el despertar y un exagerado desarrollo de las estrategias operativas, encaminadas a mantener la situación controlada, sea en el amor y en la amistad como en el trabajo. La humildad y la verdad aparecen como ingredientes desestabilizadores, pero a la vez necesarios para un cambio en profundidad.

REPERCUSIONES DEL ORGULLO EN LAS RELACIONES CON LAS COSAS

En el ámbito de las relaciones con las cosas, se han elegido dos elementos de interés que son analizados como subámbitos: a) el dinero y la propiedad; y b) la naturaleza y la ecología. Observar las repercusiones que el orgulloso tiene en ellos no es tarea fácil y se ha dispuesto de un número menor de unidades conceptuales para su estudio, pero no por ello carentes de significado.

Dinero y propiedad

En esta área de relaciones, el subtipo conservación tiene una actitud diversa de los otros dos subtipos, especialmente el sexual. El dinero y las propiedades no pueden arrebatar la prioridad del amor sino ponerse a su servicio (subtipo sexual). Sirven para practicar la generosidad o para ponerlos en común. Son expresión de la abundancia y por tanto permiten huir de la escasez, pero no se quiere depender de ellos para mantener la libertad (subtipo social). De manera explícita u oculta, se busca el control sobre el dinero (subtipo conservación).

♦ *Soy muy desprendida con el dinero y con mi casa.*

♦ *Veo el dinero como un medio de sustento que me da la posibilidad de ciertas prestaciones, como medio y no como una necesidad real y propia.*

● *Acumulación de objetos, de comida por si hubiera escasez.*

● *Quiero ser más fuerte que las necesidades materiales.*

● *Me gusta mucho que se utilicen las cosas que tengo por parte de otras personas: sacarles provecho.*

■ *Prefiero hacer creer que siempre estoy sin dinero porque tengo el prejuicio de que tener dinero sea éticamente discutible y que haga sombra al esplendor de mi imagen no contaminada.*

■ *Como en el fondo yo tengo una fuerte sensación de carencia y escasez, controlo bien cuáles son mis reservas de dinero, comida en el congelador, ropa limpia en el armario de los niños...*

El subtipo sexual utiliza dadivosamente el dinero para comprar amor. El subtipo social busca más la acumulación y la abundancia. El subtipo conservación opta por el control. El orgullo no persigue tanto la ostentación, más propia de la vanidad, como la libertad frente a lo material y la independencia frente al dinero. Aceptar la importancia del dinero en cierto modo es poner de manifiesto la necesidad, situación que el E2 rehuye por todos los medios.

◆ *Mi madre siempre decía que lo que no perdía lo regalaba y que tengo un agujero en la mano.*

◆ *Sentía que sin el dinero me hubiese faltado un recurso, pero cuando había amor y estaban los demás, el dinero no me importaba nada.*

◆ *En relación con las cosas ha habido un periodo que fui muy celoso, posesivo de lo que era mío, y cuando alguno no respetaba estas cosas es como si me hiriera directamente, y como si mis cosas fueran parte de mí. Hoy, afortunadamente, todo esto ha desaparecido.*

• *Tengo una variada colección de objetos de decoración que he de ir guardando por temporadas, ya que no me caben todos (y compro aquello que me gusta sin importar si me va a caber o no).*

■ *Por la misma razón (me hace menos única) jamás he acumulado dinero y dispongo solo de lo necesario para vivir una vida moderada.*

Naturaleza y ecología

La naturaleza como expresión de grandiosidad y de fuerzas ilimitadas atrae la atención del carácter orgulloso porque hay abundancia, plenitud. Como se centra más en sí mismo, relativiza el valor de la ecología. Lo reconoce porque socialmente es impensable pensar de otro modo, pero no ajusta su comportamiento a las exigencias que implica respetarla.

◆ *Me gusta disfrutar de la naturaleza pero no tengo una buena relación con los animales. En el fondo de mí siento miedo.*

◆ *El respeto de las cosas y del medio ambiente ha sido siempre importante, pero se iba volviendo obsesivo. Hoy puedo decir que el respeto es libre y lo siento, hasta donde lo re- conozco.*

● *Gusto por los grandes paisajes y por las demostraciones de fuerza naturales (cascadas, amaneceres espectaculares...).*

■ *Muestro un comportamiento ecologista, que de verdad no practico.*

■ *Con la ecología y la naturaleza no encuentro relación, me gusta cuidarla.*

Existen dos posturas contrapuestas en el cuidado de las flores o de las plantas, pero la tónica global abona una cierta distancia por los intereses ecologistas. El orgullo se centra más en los aspectos personales ya que supedita la naturaleza a su servicio.

◆ *No soy muy ecologista. Soy respetuosa pero no me mato por defender la naturaleza.*

◆ *No me suele vivir ninguna planta que dependa de mí (demasiada agua, poco cuidado... son tan frágiles).*

● *Tengo un jardín lleno de plantas y de flores que cuido y cultivo con amor.*

Global: amor (pareja y amistad) y trabajo

El carácter orgulloso repercute en el ámbito de las relaciones con las cosas de manera indirecta, ya que predominan en él los indicadores de la conciencia, entre los que la falsa abundancia destaca de manera notable. No parece ser un terreno sensible a sus intereses profundos.

REPERCUSIONES DEL ORGULLO EN LAS RELACIONES CON DIOS, LO DIVINO, LO TRASCENDENTE

Este último ámbito tiene su particularidad. Cada persona entrevistada se ha podido posicionar personalmente ante Dios, lo divino, lo trascendente. Las observaciones no se enfocan desde una religión concreta o desde una confesión determinada.

a. Creer en Dios, pero desprovisto a menudo de los límites institucionales y de los ritos religiosos.

♦ *Siento y creo en un Dios, no creo en la iglesia como institución.*
● *Ante estas enseñanzas he tenido un rechazo total.*
● *Protestando contra la iglesia que representaba para mí a Dios, he protestado también contra mis padres.*
■ *Creo en Dios aunque no practico ningún rito religioso.*

b. Una idea fusional con Dios. Para el orgullo es más fácil ser uno con él que otro distinto de él, y por tanto inferior. La equiparación del amor con Dios parece fácilmente asumible para el E2.

♦ *Y sobre todo hoy creo en un Dios que está presente en cada uno de nosotros, como punto de apoyo y dueño del amor universal.*
● *En los últimos tiempos siento un mayor deseo de disolverme en Dios y, siempre, una pasión por ser poseído por su espíritu.*
● *Pienso que es de tal modo divino que está dentro de cada uno de nosotros.*

c. El respeto rehúye la confrontación. Por tanto, no se corre el riesgo de perder. Se mantiene la inefabilidad de Dios, aunque ignoramos las razones por las cuales se opta por el silencio.

● *Dentro de mí he tenido siempre un profundo respeto de lo transcendente, pero también he esperado no enfrentarme jamás con él.*

■ *Apenas hablo de ello y sobre lo cual no he escrito nunca nada, tampoco tengo la intención de hacerlo en este cuestionario («...sobre lo que no se puede hablar es mejor callar»?!)...*

■ *Soy muy respetuosa con las creencias de los demás.*

El orgullo se cierra al amor admirativo, que se encuentra en la base del amor de Dios. No puede aceptar la existencia de la gracia, en tanto que gratuidad no dependiente de la propia excelencia y del propio mérito. El carácter orgulloso se aproxima al ámbito divino por una extrema necesidad o como expresión de su histrionismo, con fuegos artificiales incluidos. La imagen de Dios como amor resulta más accesible para el E2.

♦ *Me cuesta practicar el amor admirativo y siempre existe la idea loca de que si yo me lo propongo lo consigo.*

♦ *Cuando a lo largo de mi vida han surgido las frustraciones que se han reído de esta idea loca, o situaciones extremas de salud en la familia, he rezado como una loca.*

• *Muy a menudo pienso ser el hijo mejor y pródigo, seré el elegido.*

• *Expectativas de llegar a tener experiencias sensoriales destacables, poco aprecio por la paz austera y sin fuegos artificiales.*

■ *En mi relación con Dios quizá la evolución más importante tiene que ver con el hecho de reconocer en mí, como en todos, la esencia divina del amor de Dios.*

■ *Quizá el ejemplo del orgullo o la soberbia sea que antes no me planteaba la relación con Dios.*

La emocionalidad inherente al E2 contiene un sentido antiintelectual, como afirma Naranjo (1994a): «El eneatipo II no solo es un tipo sensible, sino que es también, con frecuencia, antiintelectual» (p. 204). Por ello, existe la tendencia a eliminar de la experiencia religiosa las reglas y las verdades intelectuales en beneficio del amor. Contraposición, por otra parte, más ficticia que real. Una vivencia intensa (accidente grave) facilita la aproximación a Dios.

♦ *Cuando escuchaba predicar a los curas no me parecían congruentes, no ponían amor en las palabras, sino reglas y verdades intelectuales, no me emocionaban ni sentía nada.*
♦ *Un accidente de coche de un hermano que ha dejado a mi sobrina gravemente enferma me hizo rezar como hacía muchos años que no lo hacía.*

Los padres del desierto han hablado de la existencia del orgullo espiritual como la variante más peligrosa de todas las posibles. La soberbia del E2 busca la iluminación, las experiencias extrasensoriales o manipula la religión para provocar admiración en los demás.

♦ *Practicando meditación un pensamiento habitual es el de «Soy, o seré, el que mejor medita, el número uno, el más iluminado», es el buscar el máximo provecho posible.*
♦ *Acaeció en el 93. Durante dos días no cerré ojo y durante el día tenía la sensación de saber qué es lo que ocurriría en las próximas horas. Esta magia me ha perseguido con una llamada nocturna y guiado desde la cama a la alfombra del salón y a un cierto momento con miedo, pero plenamente entregado he oído una voz que me pedía de arrodillarme. Estaba convencido que era Dios que me guiaba; sin embargo, he visto una imagen sagrada india rodeada de ángeles que me pedía qué es lo que quería de la vida. En ese momento no me parecía verdadera tanta bondad y en una fracción de segundo he pensado: cuántos miles de cosas hubiera podido pedir.*
• *Otro ejemplo: el uso social de la experiencia trascendente, como, por ejemplo, para aumentar el grado de admiración de otros hacia mí o jerarquizar lo que es una pura experiencia personal y subjetiva.*

LA VANIDAD

E3

EL ENEAGRAMA DE LA **VANIDAD**

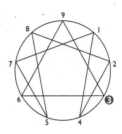

CATEGORÍA	SUBCATEGORÍA
Oscurecimiento óntico (**ser**)	Preponderancia de la **imagen** en detrimento del ser Vorágine del **vacío**, provocado por la apariencia
Degradación de la **conciencia**	**Identificación** con la máscara y con las expectativas ajenas **(Auto)engaño** y fingimiento Sustitución del amor por la **admiración** **Dificultades** diversas para ser consciente
Perturbación de la **conducta** a través de algunas estrategias operativas	Necesidad del **éxito**, atracción, prestigio y reconocimiento **Hacer** como mecanismo de huida y como conquista **Competitividad** como sucedáneo de capacidad resolutiva **Eficacia**, control, autosuficiencia, seguridad, pragmatismo **Desconexión** emocional e instintiva **Gustar** como tarea de adecuación al otro y como pérdida de sí Desarrollo de un **rol** en el gran teatro del mundo

- **Repercusión de la vanidad en el ámbito de las relaciones**

Leyenda: ■ *Conservación* ◆ *Sexual* ● *Social*

1. Oscurecimiento óntico (ser)

«Posem els titelles a la capsa i tanquem-la, perquè aquesta represen-
tació ja s'ha acabat» [Devolvamos los títeres a su caja y cerrémosla
bien. Es hora de bajar el telón.] (vol. II, p. 396), así concluye Thackeray (1984) su famosa novela por entregas *La fira de las vanitats* [*La
feria de las vanidades*] llevada frecuentemente al cine. Las personas se
reducen a títeres, muñecos y marionetas, sin vida propia y manejados
desde fuera. En el párrafo anterior, Thackeray cita la expresión latina
Vanitas vanitatum, en referencia al Eclesiastés 1, 2: «Vanidad de vanidades, todo es vanidad». La palabra griega ματαιότης traducida por
vanidad significa literalmente «golpe de viento, soplo, aliento», pero
se aplica de manera figurada a lo efímero, caduco, fútil... ¿Por qué el
E3 se aferra a la vanidad, poniendo así en juego el sentido de su
existencia?

1.1 Preponderancia de la imagen en detrimento del ser

Si la imagen y el ser se integran de forma coherente, existe unidad
personal. Cuando pierden su conexión, surge la doblez y el engaño,
porque la imagen se desvincula del ser y transmite otros contenidos.
David Lynch (1980) dirigió *Elephant man*, basado en el caso histórico de Joseph Carey Merrick, bajo cuya deformidad física latía una
personalidad dulce y sensible. La persona vanidosa traza una divisoria
entre la apariencia de la imagen y la identidad de su ser, privilegiando
a la primera.

- *Hay una membrana de acero entre el mundo interior y el
  mundo exterior.*
- *La realidad interna es diferente de la que aparece: creación
  del falso yo.*
- *Hay como una escisión entre lo que hago y lo que soy.*
- *El hecho de no pararme a ver la diferencia entre mi personalidad más auténtica y la imagen creada por mí.*

El objetivo del vanidoso es el amor, pero cae en la trampa de ponerse una máscara atractiva para conseguirlo. Solo el ser es fuente y destinatario del amor. Al aplicarse en la construcción de una imagen prefabricada, se desvincula de sí y, por tanto, obstruye el camino amoroso. El ser es autónomo pero la apariencia se alimenta de la mirada ajena, a la que busca gustar y complacer. Se cae así en la mercadotecnia de la personalidad.

- *Las emociones tienen algo de fabricadas, como en la publicidad televisiva, donde se venden productos con personas que tienen una sonrisa encantadora.*
- *Y a concentrar la atención sobre la imagen externa que les garantizaba amor.*
- *He sentido la obligación de agradar, de gustar, de complacer, todo ello basado en la imagen que tengo de mí, en mi yo-idea.*

El E3 polariza todas sus energías en la construcción de su imagen de modo que encubre su propia realidad. No hay centro sino periferia. El deseo de gustar va aparejado al miedo de ser. El trabajo se ocupa de la imagen como tarea prioritaria, pero el precio es desorbitado: «¿De qué le servirá al hombre ganar todo el mundo, si pierde su alma?» (Mt 16,26). No existe consistencia interior sino actitud camaleónica.

- *No puedo mostrarme tal como soy, no puedo perder la imagen de mí.*
- *Y a menudo uno se convierte en un camaleón, corriendo el riesgo de perderse, de no reconocer su propio centro.*
- *Se trata de poner una venda tras la que oculto lo que me está pasando por miedo a reconocer y a asumir la realidad.*

1.2 Vorágine del vacío, provocado por la apariencia

La persona vanidosa experimenta un miedo cerval a quitarse la máscara. Adivina que debajo de ella solo existe vacío. Siente la vorágine ante la insignificancia y la pérdida del ser. Se formula un interrogante trágico: si yo no soy mi máscara, entonces ¿qué soy? ¿Cómo poder definirse a sí mismo sin referencias externas? Se produce así una caída en el abismo.

♦ *Sin la máscara quedaría poco o nada para ver.*
▪ *Puedo hacer todo bien, pero «¿quién soy yo?».*
♦ *De todas estas características, con la que más me identifico es la desvalorización interna, que en el fondo me lleva a la sensación de vacío total, pues mi gran dificultad es saber cuáles son mis valores si no me son otorgados desde fuera.*

Cuanto más se concentra en la máscara, existe mayor desconfianza de sí. La imagen es protección, pero sobre todo engaño. Oculta algo que no se quiere mostrar porque si alguien descubriera lo que subyace quedaría decepcionado. Se desemboca en el culto a la apariencia. Se sustituye el amor, propio del ser, por la opinión ajena, que es irrelevante y versátil.

● *El 3 trae consigo un vacío interior con una exterioridad de mucha acción: es una personalidad exterior y alegre que actúa.*
▪ *Lo que subyace es una gran desconfianza de mí misma, como si fuera indigna, malvada e innoble.*
♦ *Existe el culto de la apariencia, del aparecer, de lo que piensa la gente, los demás.*

La máscara exhibe una belleza fría, alegre y desenfadada. Sin vínculo con el ser, no hay emoción sino mueca. Sin careta, se experimenta el vacío, la pérdida y la destrucción. Por ello, el E3 huye hacia la superficie. Se sustituye el sentimiento auténtico por el sentimiento adecuado a la función que se desempeña. El actor se diluye en el papel que representa.

- *Perdí el suelo, me sentía vacía, frágil, pequeña, inútil, perdida, dolida, destruida.*
- *El 3 es perfecto en muchas cosas, pero huye del vacío interior, huye del contacto con la emoción, una cosa que vista desde fuera se considera como superficialidad.*
- *No hay espacio para sentir el vacío, para sentir la angustia, para sentir la ira, porque esto no va con el rol de persona simpática, amable.*

2. DEGRADACIÓN DE LA CONCIENCIA

La inconsciencia, como mecanicidad, conduce a la distorsión cognitiva y es terreno abonado para que la pasión dominante, como motivación deficitaria, dificulte el despertar lúcido, sin el cual el ser queda oscurecido y el vacío que se genera pugna por llenarse a través de sucedáneos. Los mecanismos de defensa coadyuvan al mantenimiento de la inconsciencia. Se buscan soluciones falsas o aparentes para confirmar las propias capacidades o para satisfacer las necesidades profundas. Se utilizan aquí cuatro subcategorías para indicar distintos modos que tiene el carácter vanidoso de bloquear su conciencia o reducir su percepción.

2.1 Identificación con la máscara y con las expectativas ajenas

La vida para el vanidoso es un baile de disfraces. El actor griego que utilizaba su máscara, su πρόσωπον, dejaba de ser él mismo para representar un personaje teatral. Los espectadores solo advertían la rigidez de su careta, que servía a la vez de amplificador de voz. No conocían su rostro auténtico. El E3 posee un baúl de disfraces. Cada situación requiere el más adecuado.

- ■ *Una fuerte alienación de los aspectos de los instintos y una extrema atención a los criterios «externos» de comportamientos considerados «justos, correctos».*
- • *El 3 es un buen actor: nunca llega a recitar su propio rol, sino solo aquel que el otro acepta en aquel momento.*
- ♦ *Socialmente, es un carácter camaleónico, muy capaz de adaptarse a diferentes situaciones.*
- ♦ *Entonces, vienen en ayuda las máscaras, una para cada situación.*

El mecanismo de defensa, propio de la persona vanidosa, es la identificación, que Gurdjieff considera «nuestro más terrible enemigo porque penetra por todas partes» (Ouspensky, 1968, p. 204). Añade: «El hombre identificado no es más que una cosa, un trozo de carne; pierde hasta la poca semejanza que tenía con un ser humano» (p. 205). La identificación con los disfraces utilizados anula la conciencia de sí.

- ♦ *He tenido una identificación total de mí misma con la imagen que daba y vivía a su servicio.*
- • *Otra idea loca es confundirme con lo que hago: «yo soy lo que hago» es la idea loca que empuja hacia la eficiencia, pero también al estrés y a la ansiedad.*
- ♦ *Y se identifica con la pareja hasta el punto de olvidarse de sí mismo.*

2.2 (Auto)engaño y fingimiento

Relling, médico de la obra teatral *El pato salvaje* de Ibsen (2002), afirma emplear un tratamiento que consiste en que no se extinga en el paciente «la llamita de la mentira vital» (p. 176). Es decir, mantener al enfermo en el engaño. Relling es consciente de que «cuando a un hombre adocenado se le quita su mentira vital, se acaba a un tiempo con su felicidad» (pp. 177-178). El vanidoso vive instalado en un engaño existencial. Tan identificado está con su imagen que cae en el más profundo de los autoengaños y pierde su conexión con la realidad. Se trata de un embaucador embaucado.

- ■ *Los 3 se engañan a sí mismos y a los demás adhiriéndose a una imagen que suscita respeto, esta actitud es fuente de sufrimiento.*
- ■ *El engaño no es solo hacia fuera, sino que se basa en el autoengaño.*
- ◆ *Esto implica un no querer darme cuenta de lo que hay en cada momento.*

El engaño es tan sutil que dinamita a los mismos ideales. Ibsen (2002), a través de su personaje Relling, avisa sin paliativos: «¿Por qué emplea usted precisamente la palabra *ideales*, ajena a nuestra lengua, cuando tenemos una palabra propia tan buena: mentiras?» (p. 177). La persona vanidosa esconde todo aquello que puede poner en peligro su imagen. Se siente estafador. Tanto oculta sus debilidades a los demás, que deja de verlas en sí mismo.

- ◆ *Al fin y al cabo quien me ama queda un poco estafado, ha caído en mi engaño, no se ha dado cuenta de lo poco que soy.*
- ■ *Dándome a mí misma y al otro una imagen idealizada y escondiendo las partes menos bellas de mí (escondiéndolas no solo al otro sino a mí misma).*
- ● *Esconder la verdad significa también encubrirse a sí mismo y por tanto lo que siente realmente en ese momento.*

Naranjo (1993a), a diferencia de Ichazo, considera al engaño como «núcleo cognitivo o la fijación del carácter del eneatipo III»

(p. 215). Más allá de cierta sinonimia con engaño, mentira y false-dad, apuntan más a una falta de relación objetiva con los hechos. En cambio, engaño comporta «una falta de veracidad en relación a los sentimientos y una simulación» (p. 215). El fingimiento y el adornar las cosas hacen perder el contacto con la realidad.

- *Hay que hacer la diferencia entre mentira y falsedad: en el 3 es más fácil esconder la verdad que contar verdaderas y propias mentiras.*
- *Fingir interesarse por los argumentos que interesan a mis interlocutores.*
- *Soy capaz de adornar las cosas a mi antojo porque yo quiero verlas de una forma y no tal y como son.*

2.3 Sustitución del amor por la admiración

El E3, movido por la vanidad, transmuta la necesidad de amor en búsqueda de admiración que, como sucedáneo, no satisface sus necesidades más profundas. La máscara, la apariencia, puede recibir admiración, aplauso, cumplido, alabanzas… incluso afecto. Todo permanece en la superficie y refleja banalidad. No llega al fondo de sí. El amor solo se dirige al ser y desde ahí puede corresponderse. Desde esta óptica, no sorprende que Gurdjieff afirme que «escritores, actores, músicos, artistas y políticos, son casi sin excepción unos enfermos. ¿Y de qué sufren? Ante todo, de una extraordinaria opinión de sí mismos» (Ouspensky 1968, p. 206). Se refiere a un tipo de personas cuya autovaloración suele ir vinculada exclusivamente al aplauso y supeditada a la admiración de los demás. Una vez apagados los últimos ecos de las alabanzas, queda el vacío y la soledad.

- *Su vida, sus intereses, su amor, sus miradas y su sonrisa deben ser dirigidas a mí.*
- *He luchado mucho por conseguir la atención y la admiración.*

♦ *Acabo de volver de un curso de movimiento que impartía un profesor nuevo para mí. Durante los primeros días, me descubrí buscando insistentemente su mirada, necesitaba comprobar que me había visto, que yo ya era alguien para él diferente a los demás.*

El escaparate se convierte en el lugar existencial del vanidoso. Desde ahí se muestra con ostentación para ser visto y admirado. Su preocupación por la imagen le obstruye su conciencia de ser. Exhibe fulgor, pero le falta calidez. Un cristal invisible le separa de los demás. La imagen se consume en la visión, pero le falta el calor del tacto. Los transeúntes se suceden unos a otros, pero nadie queda comprometido por el amor de un maniquí, a no ser que vivan en el mismo nivel epidérmico que sus objetos admirados.

● *Necesidad de ser vista y admirada.*
♦ *Se está siempre como en un escaparate.*

2.4 Dificultades diversas para ser consciente

Esta subcategoría agrupa una serie de unidades conceptuales, presididas por la pasión dominante, que tienen en común obstaculizar la consciencia de sí, en cuyas antípodas se encuentra la mecanicidad. Las reacciones automáticas impiden darse cuenta de las auténticas motivaciones, que en el E3 echan sus raíces en la vanidad. No hay vivencia profunda del yo sino supeditación a los modelos externos.

■ *Es muy tímido en la relación íntima.*
♦ *Es tímido.*

La timidez surge más en la distancia corta, porque resulta más difícil ocultar el maquillaje. Surge el temor de que se caiga la máscara. Ante una crítica hay que mantener el tipo para lo cual se busca toda clase de subterfugios y argumentos convincentes. Reconocer el engaño implicaría afrontar el vacío.

■ *Respecto a la crítica tiendo a «cambiar las reglas del juego», encontrando atenuantes o explicaciones convincentes.*
■ *Cuando se va me siento alternativamente culpable conmigo y enfadada con ella, y me digo que es mejor estar sola que acompañada.*

3. Perturbación de la conducta a través de algunas estrategias operativas

La conducta se ve afectada por el grado de conciencia que posee una persona, pero a su vez lo genera. Aquí se entiende por obras las estrategias operativas que utiliza la persona vanidosa para conseguir sus fines y deseos. Un progreso en la conciencia y en la virtud desactiva en su misma medida los comportamientos a ellas subordinados. Se resalta, a partir de los datos obtenidos, siete estrategias operativas.

3.1 Necesidad del éxito, atracción, prestigio y reconocimiento

Más de 1000 libros de la Biblioteca Nacional de España contienen la palabra éxito en su título. El giro mercantilista de nuestra sociedad propicia la sobrevaloración del triunfo. El vanidoso lo vive como una necesidad imperiosa, ya que su valor personal reside en la calidad y cantidad de logros obtenidos. Quiere ser el centro de atención y el punto de referencia. Las decisiones se valoran en función del éxito que pueden proporcionar. No se trabaja en clave interna, sino que se calcula el impacto social, la seguridad del aplauso, el prestigio... El criterio interno cede su protagonismo a la evaluación externa, ya que la vanidad encuentra en ella su nutrición.

♦ *Quiero atención.*

• *Personalmente lo siento como un deseo de conseguir la atención y la admiración.*

■ *En el amor: el celo y el deseo de ser el centro de las atenciones.*

Las formas de atraer la atención y el reconocimiento de los demás se circunscriben a las variantes subtipológicas del E3. El subtipo sexual valora el *look* y es víctima de la tiranía del espejo. Considera el sexo como fuerza de atracción y juega sus mejores cartas en el terreno físico. El subtipo social busca el prestigio, la fama, el éxito, el brillo y el logro como caminos de sobresalir del grupo y de ser valorado por él. El subtipo conservación persigue la seguridad del resultado y la estima por la vía de la discreción y del alejamiento de las formas vanidosas, a modo de un negativo fotográfico.

♦ *Ser cuidadosos en el vestir, en el aspecto.*

• *Necesidad de tener prestigio en el trabajo, en la familia y entre los amigos.*

■ *Cuando algo se me da bien, procuro lucirme.*

La supeditación del amor al éxito, como automatismo generado en la infancia, se traduce por la convicción de que son amadas solo las personas que hacen bien las cosas y triunfan. La vanidad es la forma de obtener el amor, pero paradójicamente al alejarse del ser imposibilita el amor. El E3 vive el fracaso con auténtica angustia porque, a partir de sus criterios hermenéuticos, le supone la pérdida amorosa y la conciencia del vacío. Su acción es selectiva porque solo quiere emprender aquellas tareas que le garantizarán éxito, un éxito que no siempre está en su mano obtenerlo.

■ *Achaco todo éxito o fracaso a mis propios actos, excluyendo de mi percepción la preciosa red de coincidencias, sucesos simultáneos, inspiraciones, etc., que ahora siento que nos guían.*

■ *Es fundamental evitar los fracasos porque solo los vencedores son dignos de amor.*

■ *Eso limita enormemente la expresión de mí misma, porque durante la mayor parte de mi vida solo me he atrevido a emprender aquellas empresas que me parecían tener «garantías de éxito».*

3.2 Hacer como mecanismo de huida y como conquista

La adicción al trabajo, *workalcoholism* en expresión inglesa, constituye uno de los elementos configuradores del E3. Interesa conocer las razones que lo motivan. El hacer, desde los primeros años del vanidoso, ha sido gratificado con alabanzas y reconocimiento por las personas más importantes de su entorno. Ha sido una forma mercenaria de llamar la atención sin adquirir amor, que era su objetivo primordial. Por tanto, la acción le permite conquistar metas ambiciosas y recibir valoraciones positivas, pero tiene serias consecuencias: a) la acción obedece a motivos externos, que alimentan la vanidad, desconectándose de la dinámica interna; b) no constituye un objetivo en sí sino un precio para conseguir amor; c) se desvincula de las emociones y de la propia interioridad; y d) se genera una espiral de hiperactividad por vía de acumulación.

● *La jornada se convierte en un montón de cosas para hacer, donde no sé dónde ponerme.*

■ *Se busca entonces hacer siempre algo que sea reconocido y valorado por el otro.*

■ *Hacer bien las cosas para recibir amor y reconocimiento.*

■ *La hiperactividad que me impide la escucha de mí mismo y de mis emociones y que utilizo a veces como mecanismo para no sentir.*

Al experimentar la acción como huida, la velocidad es requisito para hacer más cosas, desapegarse del campo emocional y evitar el vacío. Honoré (2005) ha publicado recientemente *Elogio de la lentitud. Un movimiento mundial desafía el culto a la velocidad.* Todo tiene que ser rápido sin dejar tiempo para pensar ni sentir. La cultura del *fast food*, aplicada a todos los ámbitos del quehacer humano. Existe miedo a detenerse, a parar, porque habría que afrontar los problemas irresueltos, que surgirían a la superficie.

■ *La «aceleración» es una de ellas. Consiste en hacerlo todo muy deprisa para no tomar contacto con lo que hay.*

■ *Tienden a poner en práctica una idea, vida rápida, llena de actividades interesantes.*

● *¡¡¡Tengo dificultad de pararme!!! Si no físicamente, sí en lo que se refiere a mi mente.*

■ *Soy muy rápida y creo que mi rapidez tiene la función de anestesiarme respecto a mi necesidad de parar y descansar. Tengo mucho miedo a «no hacer nada» o a no hacer algo que en realidad no quiero hacer.*

La pérdida de sensibilidad que implica el desplazamiento de energías hacia la acción repercute de forma negativa en las relaciones personales. El objetivo priva sobre el afecto. El vanidoso se torna un negociador sin entrañas. El trabajo polariza su vida anulando otras posibilidades. La multiplicidad de tareas crea sensación de ocupación y activa el sentimiento de importancia, pero aleja de la propia interioridad. Eficiencia, perfección, superioridad y autosuficiencia acompañan su hacer.

◆ *Creo que es en el trabajo en donde la máscara ha interferido más en mis relaciones personales porque me esfuerzo en parecer una persona impecable y muchas veces me deshumanizo.*

■ *La «multiplicidad de tareas» sería otra forma de no contacto.*

- *Necesidad de demostrar eficiencia y buen desempeño en el trabajo, actuando con independencia, autosuficiencia y autonomía.*
- *En un periodo de mi vida, la agenda tenía un solo color, o sea trabajo, trabajo, trabajo...*
- *Sentirme en la obligación de «hacerlo todo yo», porque el otro «no está a la altura».*

3.3 Competitividad como sucedáneo de capacidad resolutiva

La persona vanidosa sustituye su capacidad resolutiva por el ansia de la competitividad. Lo primero apunta al objetivo y a su consecución satisfactoria. En lo segundo, el objetivo se desplaza a la comparación con los demás, que se convierten en rivales. El triunfo personal comporta el fracaso ajeno. El E3 detecta con facilidad a las personas que pueden hacerle sombra.

- *Estoy en un grupo de trabajo que tiene una tarea común. Noto competencia, otra gente quiere también lucirse y afirman sus ideas —que a mí me parecen pobres y peores que las mías— con energía.*
- *Quiero ser la mejor y odio si estoy delante de alguien que me amenace serlo: en todos los aspectos.*
- *En lugar de saberlo así, me he dicho toda la vida que los demás sabían menos que yo.*

La rivalidad destruye el espíritu de cooperación e intenta minar los proyectos ajenos. Nunca el vanidoso adoptará una agresividad burda ya que en ella juega también su papel la imagen, a no ser que se encuentre en situación extrema. Sabe poner zancadillas sin que se note mucho. Elimina poco a poco a sus adversarios hasta hacerse con el poder.

- *En general boicoteo los proyectos de los demás si no veo en ellos ventajas para mí.*
- *Es como hacer desaparecer al rival de forma muy inocente, decir dos o tres cosas que disminuyen el valor del otro.*
- *En la empresa logré convencer al consejo de administración y en unos pocos años expulsé a todos mis «enemigos» sin que parecieran tales.*

El éxito debe ser personal. Los demás valen y son utilizados en la medida que lo posibilitan. El crecimiento de los otros pone en peligro el predominio personal, por lo que la confianza se da a cuentagotas. Estos mecanismos reflejan el tema central del E3: asegurarse el éxito que será, según cree, su garantía de ser amado. De ahí que viva el fracaso como pérdida de amor. Los demás también anhelan el triunfo que busca. De ahí la rivalidad.

- *No puedo pedir ayuda, ni cooperar, ni aceptar de buen grado las ideas ajenas.*
- *A la gente no le gustan los «suficientes», pero no me puedo permitir confiar en nadie.*
- *Tengo que ser competente en todo y destacar en todo, no tengo que equivocarme nunca, sino pierdo el amor del otro.*

3.4 Eficacia, control, autosuficiencia, seguridad, pragmatismo

La manipulación, como la seducción, son dos estrategias con muchos puntos en común. La segunda pone el acento en la atracción y exige una cierta colaboración de la víctima. La primera, basada en la distorsión, se concentra en cambio sobre la búsqueda de los intereses propios y sobre el afán de control.

- ♦ *En el trabajo intento ser un personaje eficaz que hace las cosas bien y procuro no equivocarme.*

- *Me acaece substancialmente que evito el conflicto buscando obtener los resultados de una manera más manipuladora y no agresiva (falsedad, inautenticidad).*
■ *Tendencia a organizar.*

La espontaneidad cede su puesto al control. El vanidoso está atento al detalle porque «por un clavo se perdió una batalla». Quiere controlarlo todo para que no se le escape nada y consiga lo que busca. Una buena organización requiere no dejar nada en manos del azar ni de la improvisación. Esta actitud suele ir acompañada de autoexigencia, tensión y ausencia emocional.

■ *Hubo un momento en que dejé de confiar en la bondad y sabiduría de todo y tomé para mí la tarea de controlar el mundo.*
■ *No se puede criticar nada, es un carácter demasiado controlado, es una persona honesta y muy disciplinada.*
■ *El control de la situación es el hecho de poder dar una buena respuesta y solucionar las situaciones, evitando el fracaso.*
- *Dificultad en relajarse para tener todo bajo control.*
- *Por ejemplo, la necesidad de estar entre amigos y de ejercer un cierto poder y algún control sobre ellos, aunque de forma muy disimulada, como, por ejemplo, organizar encuentros, hacer lista de sus nombres y sus teléfonos, dar sugerencias y consejos cuando uno me confía sus confesiones más íntimas.*

El vanidoso camina por el alambre de su vida como un funámbulo. La máscara genera incertidumbre. Solo la seguridad descansa en el ser, pero el E3 la reclama desde su personaje. Quiere estar seguro de obtener el éxito, pero a veces debe correr riesgos, siempre eso sí controlados. Algunas personas vanidosas rebajan sus pretensiones para asegurarse el triunfo en un nivel inferior a lo que puede esperarse de sus capacidades.

- ■ *Me considero una persona hábil, capaz, optimista, capaz de reunir personas a su alrededor, pero también acogedora y sensible.*
- ■ *Mi necesidad de seguridad me hace aferrarme a las propiedades, que siento como una red de seguridad.*
- ♦ *Escojo compañeros débiles, en dificultad, así me siento más segura, nunca me llevan la contraria.*

3.5 Desconexión emocional e instintiva

El precio del éxito es la autoinmolación emocional e instintiva. Satisfacer las expectativas ajenas y complacer a los demás mediante el ofrecimiento de una imagen atractiva o correcta es posible gracias al sacrificio de sí. El vanidoso invierte, a costa del ser, todo su caudal en la apariencia. Al alejarse de su propio centro personal, imposibilita el amor.

- ■ *Deflexión, quitándole fuerza a los impulsos temidos a través de la autocrítica.*
- ♦ *Esto me hizo sufrir mucho hasta que me di cuenta de cómo actúo para que me quieran y de cómo me desconecto de lo que yo quiero o busco cuando me relaciono.*
- ■ *Para ser una buena chica, he dejado de lado mis sensaciones corporales y mis deseos, con tal de seguir el «camino recto».*
- • *Historias personales: historia en la cual los padres han frustrado el instinto libre con fuertes expectativas y con premios cuando el hijo respetaba estas expectativas.*

Julieta le exigió al caballero de la armadura oxidada, tras experimentar el contacto frío y rígido del metal: «Quítate esta armadura para que pueda ver quién eres en realidad» (Fisher, 1996, p. 10). Sin diálogo de piel a piel, de ser a ser, la emoción se diluye. La máscara, aunque bella, es fría como la porcelana. La misma relación sexual carece de entrega a fondo y el orgasmo puede ser un fingimiento. Un (auto)engaño más.

♦ *Aumenta la insensibilidad.*

♦ *Mi reacción fue la de mantener la normalidad, pero lo que en realidad le mostraba era distancia, frialdad, alejamiento y no supe cómo aclarar el tema, es como si no pudiera perdonarle lo que para mí fue un error, pero a la vez, me sentía muy falsa por no saber romper esa tensión.*

• *Pero es una persona que en la intimidad se queda fría, porque mira a su propia imagen y por consiguiente no se abandona.*

• *La necesidad de mantener mi autonomía me llevaba a demostrar cierta frialdad al tomar determinadas decisiones como por ejemplo cuando me separé de mi primer marido, a los 29 años.*

El doctor William Harford, interpretado por Tom Cruise en la película *Eyes Wide Shut* de Stanley Kubrick (1999), se adentra en el tabú protegido por su máscara. Quitársela pondría en juego su vida y se descubriría su identidad. No hay emoción ni contacto sexual, sino que el intruso es expulsado. Todo ocultamiento exige tensión y control, así como un enorme desgaste de energías, pese a la incertidumbre del resultado.

♦ *Guardo bajo control las emociones, también porque si me emociono mucho, quedo turbada, no escucho más lo que me dicen, me confundo. Es un desastre.*

♦ *Eso me hace perderme en el otro sin tener en cuenta mis necesidades o mis propios deseos.*

■ *Y después me encontré pensando que a lo mejor los demás no tenían tanta necesidad de mí y que había renunciado a algo que me podía enriquecer y agradar verdaderamente.*

■ *Todo este ocultamiento genera una gran tensión, hace imprescindible un control férreo, y empobrece enormemente la vida.*

3.6 Gustar como tarea de adecuación al otro y como pérdida de sí

Cualquier persona vanidosa desea gustar ya que así experimenta una devolución (*feedback*) que alimenta su propia autoestima. En este intento, la seducción juega un papel clave, especialmente para el subtipo sexual que despliega sus encantos para atraer a los demás. Su vanidad se concreta en la voluntad de ser un amante excepcional (para el otro), olvidando sus propios sentimientos.

♦ *Dudando de otras capacidades existe la idea de poder conquistar a un compañero a partir de tu atractivo sexual (sex appeal).*

♦ *Es un tipo de seducción discreta, no muy evidente, muy basada en ofrecer lo que se espera de mí, en la complacencia.*

♦ *La vanidad de ser un amante excepcional.*

El imperativo que rige al E3 se concreta en el deber de gustar a todos y de ser amado por todos. Se trata de una idea loca, de una fijación vanidosa, que aumenta su frustración, ya que cualquier rechazo o indiferencia es vivido como fracaso personal. La trampa de este planteamiento consiste en supeditar el valor personal a las reacciones de los demás.

■ *Me identifico sobre todo con la búsqueda de complacer al otro para ser amada.*

■ *En el caso de las amistades la tendencia es la de ponerme como persona en situación de ayudar, pero que básicamente no necesita ayuda.*

■ *Tengo que agradar a todos; me tienen que amar todos.*

Toda representación tiene su coste. Se vive en función del papel que se recita a fin de obtener el aplauso del público y se acaba ignorando los propios sentimientos. La acusación de Julieta al caballero de la armadura oxidada resume el drama de las relaciones de pareja: «Creo que amas más a tu armadura de lo que me amas a mí» (Fisher, 1996, p. 9). El E3 se enfrenta a la paradoja de que el temor de perder a los otros acabe en una pérdida de sí.

■ *¿Voy un poco encogida y con expresión triste? Me estiro y sonrío ligeramente como si estuviera encantada de la vida.*

■ *Otro aspecto es que, sobre todo en la relación de pareja, bajo la máscara de la buena chica (que hace o es como el otro la desea), en el fondo no hago más que amarme a mí misma y la imagen de buena chica con la que me identifico.*

■ *Esto hace que corra el peligro de encontrarme en una paradoja dolorosa: «si soy como el otro quiere, corro el peligro de alienarme, por tanto pudiera suceder que para no perder al otro, me pierda a mí mismo».*

3.7 Desarrollo de un rol en el gran teatro del mundo

Calderón de la Barca (2005) escribe un auto sacramental alegórico titulado *El gran teatro del mundo*. Denuncia en él la confusión propia del E3 entre vivir y representar: «sin mirar, sin advertir que en acto tan singular aquello es representar, aunque piense que es vivir» (p. 62). No obstante, su visión es más existencialista y universal: «que toda la vida humana representaciones es» (p. 65). El problema no es que el vanidoso desarrolle su papel, sino que lo haga en función de los demás y a expensas de su vida.

- *El 3 es un buen actor: nunca llega a recitar su propio rol, sino solo aquel que el otro acepta en aquel momento.*
- *Antes gastaba mucho en el vestir, en mi aspecto.*
- *Por la necesidad de ser visto.*

El E3 vincula su emoción al papel que desempeña y asume el sentimiento del personaje que representa. De ahí que siempre busque interpretar la emoción adecuada, por tanto construida y artificial. Al no surgir de su ser, se queda en la superficie. Como una veleta, se mueve a impulsos del viento que más sopla y las caretas que utiliza están elegidas en función del público para provocar aceptación y aplauso.

- *Siempre buscando «papeles seguros» y «adecuados» antes que arriesgarme a sufrir el rechazo de una sola persona.*
- *El control emocional no significa que no hay emoción, sino que la emoción está fabricada, es la emoción que llega con el rol.*
- *Necesito estar segura de que estoy en el lugar adecuado o recibir una señal de que así es.*

La persona vanidosa es un actor que despliega su vida en el gran escenario del mundo. El premio de su actuación se concreta en la crítica favorable y en el aplauso ferviente. Cada situación diversa puede requerir un papel distinto. Polifacético y camaleónico, el E3 persigue el calor del público a cualquier precio, incluida la renuncia al amor en beneficio de la admiración. Solo es posible corregir este planteamiento erróneo si afronta el terror del fracaso, y aún más del vacío.

- *Puede acontecer que un 3, cuando se da cuenta que realiza toda esta actividad para los demás, el esfuerzo para mantener el rol de ser persona amable, eficiente, disponible, cuanto llega a ser más consciente más despierta un deseo de alejarse para descansar. Muchos se crean un amor por la lectura... u otra cosa.*

● *Dificultad en aceptar o tener rechazo a la crítica ajena.*

◆ *En relación con el amor, el 3 social está demasiado atado al rol profesional, la mujer profesional es un poco masculina, por lo tanto condenada a renunciar un poco a su vida amorosa.*

REPERCUSIÓN DE LA VANIDAD EN EL ÁMBITO DE LAS RELACIONES

La pasión de la vanidad

La pasión del E3 es la vanidad. Se le añaden algunos matices como falsedad, autoengaño, deseo de ser visto y agradar, necesidad de conseguir atención y admiración. Se subraya la preponderancia de la imagen en detrimento del ser como indicador más valorado. La vanidad, como expresión de la apariencia, apunta a lo insubstancial, fugaz y caduco.

La vanidad es la consecuencia de huir y ocultar el vacío mediante la apariencia, que se construye de forma artificial para atender a las demandas y expectativas de los demás a fin de captar su afecto y atención. Una traición al ser en aras del fingimiento.

◆ *La desconexión con el propio ser.*

● *El autoengaño es el no conocer lo que se necesita para responder a las exigencias de los demás. Siempre me ha sucedido así en lo que a mí me atañe.*

La apariencia es externa, pero el vanidoso la convierte en criterio de valoración propia. La apuesta es nefasta: pérdida de sí por el afán de conquistar la atención de los demás, anulación de la vida interior y de la esfera de intimidad, superficialidad por miedo a revelar un fondo personal que además se desconoce...

♦ *Y por vivir muy hacia fuera.*

■ *Pero una vida centrada en el éxito exterior sacrifica por necesidad la vida interior que nace de la intimidad y de las preguntas sobre la propia intimidad.*

El subtipo social italiano afirma: «En el 3, el social parece más intelectual; el sexual, más emocional y el conservación, más activo». Son matices interesantes, pero más concretamente la vanidad sexual se alimenta de una imagen física masculina o femenina, la vanidad social se nutre del prestigio y la vanidad conservación se sustenta en la imagen de seguridad.

♦ *Sexual: Desde mi subtipo sexual, he vivido la vanidad como una seducción basada en mi imagen física con el fin de poderme identificar y reconocer.*
● *Social: Quiere el reconocimiento de su propio prestigio y por esto trabaja tanto y hace tantos esfuerzos.*
■ *Conservación: La modalidad del 3 de ser ejecutivo está vinculada a una cierta vanidad, a causa de la autoestima inducida por el reconocimiento de la propia productividad.*

Las fijaciones, coloquialmente ideas locas, son distorsiones cognitivas que alimentan y justifican la pasión dominante, situada en el centro emocional. El E3 sitúa el valor de una persona en la opinión de los demás. Por tanto, se guía por un criterio extrínseco, cambiante y fácilmente manipulable.

♦ *Al fin y al cabo quien me ama queda un poco estafado, ha caído en mi engaño, no se ha dado cuenta de lo poco que soy.*
● *Si, en un debate entre amigos, me mantengo callada y no manifiesto mi opinión, entonces me tomarán por tonta, por superficial o por vacía.*
■ *Nada irá bien si no lo hago yo.*

La vanidad implica la transmutación de un ser carente en objeto deseable mediante el engrandecimiento de su apariencia. Hay búsqueda de amor por un camino equivocado: la renuncia del ser y la sujeción a la mirada ajena.

♦ *Son comportamientos automáticos, como muestra de lo que yo creo que se debe ser, pero también es una forma de intentar caer bien a todo el mundo para no ser excluida, es decir, para que me quieran, me acepten.*

● *Quiero ser la mejor y odio si estoy delante de alguien que me amenace serlo: en todos los aspectos.*

■ *El control de la situación es el hecho de poder dar una buena respuesta y solucionar las situaciones, evitando el fracaso.*

Los mecanismos de defensa pretenden atenuar la conciencia en todos sus ámbitos o hacerla desaparecer. La identificación del E3 con su imagen le obstaculiza la conciencia de sí. Se pierde el actor en función del personaje.

♦ *Si tengo un interlocutor agresivo o que me trata con suficiencia (por ejemplo, en el trabajo) me marcho, profundamente frustrada, diciéndome que no merece que le diga nada, está fuera de mi respeto, sería un honor demasiado grande responderle.*

● *Me siento más a gusto si intento justificarme y no admito mi error o mi equivocación.*

■ *Otro aspecto importante es la identificación con una imagen ideal de sí mismo.*

Calderón de la Barca (1982) sintetiza en el soliloquio de Segismundo de *La vida es sueño* el engaño del E3 y la fugacidad del aplauso que busca: «Sueña el rey que es rey, y vive / con este engaño mandando, / disponiendo y gobernando; / y este aplauso, que recibe

/ prestado, en el viento escribe, / y en cenizas le convierte / la muerte, ¡desdicha fuerte!» (p. 76). Ante la verdad inexorable de la muerte, todo se muestra frágil y transitorio. En el fondo, el retrato que tanto se ajusta al carácter vanidoso es extrapolable a los restantes eneatipos. Calderón apunta, con esta meditación sobre lo efímero, a un principio existencial: «¿Qué es la vida? Un frenesí. / ¿Qué es la vida? Una ilusión, / una sombra, una ficción, / y el mayor bien es pequeño: / que toda la vida es sueño, / y los sueños, sueños son» (p. 77).

♦ *Soy capaz de adornar las cosas a mi antojo porque yo quiero verlas de una forma y no tal y como son.*

♦ *Tengo una visión que a veces engrandece la importancia que puedo tener en una situación y me es difícil guardar las justas proporciones de lo que yo digo.*

REPERCUSIONES DE LA VANIDAD EN LAS RELACIONES CONSIGO MISMO

El E3 cree que el ser no garantiza el amor. Como no quiere renunciar a él, pretende conquistarlo a través de la imagen y la apariencia. Las consecuencias son inmediatas: ceder la validación de sí mismo a factores externos, ajustar el propio comportamiento a cánones de corrección y desvincularse de los fondos emocionales e instintivos, que podrían interferir en la representación social de su papel, y alejarse de su propia identidad.

● *Me sucede también durante la meditación que estoy siguiendo pensamientos u otra cosa que me impiden la mayoría de las veces un contacto profundo (¡me despisto incluso en la meditación!).*

■ *Desapego de mis emociones.*

● *Existe una gran dificultad de entrar en real contacto con mi interior.*

El juego de apariencias al servicio de la imagen nutre los dinamismos de la vanidad, que se traduce en duplicidad y engaño. La pérdida del contacto con el ser aleja de la autenticidad y la máscara que se utiliza conduce al artificio. Existe identificación con lo postizo y se actúa desde el fingimiento. El resultado obtenido se concreta en el autoengaño. La primera víctima de la representación es uno mismo. La persona desaparece en beneficio del personaje y crecen de forma exponencial los problemas de identidad.

- *Cuando cumplí los 40 empecé a sentir la decepción al ver cómo el tiempo repercutía sobre mi cuerpo. De ahí fui al polideportivo y he perdido casi quince kilos que tenía de más.*

♦ *Acabo de volver de un curso de movimiento que impartía un profesor nuevo para mí. Durante los primeros días, me descubrí buscando insistentemente su mirada, necesitaba comprobar que me había visto, que yo ya era alguien para él diferente a los demás.*

■ *Y después me encontré pensando que a lo mejor los demás no tenían tanta necesidad de mí y que había renunciado a algo que me podía enriquecer y agradar verdaderamente.*

REPERCUSIONES DE LA VANIDAD EN LAS RELACIONES CON LOS DEMÁS

Se desglosa aquí el ámbito de las relaciones con los demás en dos subámbitos: a) el amor, vivido en la pareja y en la amistad; y b) el trabajo. ¿En qué afecta la vanidad a estos dos subámbitos?

Amor (pareja y amistad)

Las relaciones afectivas y amistosas del E3 están amenazadas desde su misma base. Sustituir el amor por el gustar, aunque potencie el esfuerzo, impide la entrega. Sujetarse a las expectativas del otro implica la pérdida de sí porque se desconocen los propios sentimientos. No hay compromiso personal. La pareja no es alguien a quien amar y a la vez una fuente de amor, sino alguien a quien mostrar. No hay amor sino gusto y exhibición para alimentar la propia vanidad. Se trata de un *Matrimonio de conveniencia*, tal indica el título del filme de Weir (1990). Pesan más las ventajas mutuas que los sentimientos personales. El abandono amoroso cede su protagonismo al cálculo y a la eficacia.

♦ *Quiero un compañero que sea socialmente aceptable, presentable.*

♦ *Ahí radica mi falsa entrega, porque yo no doy lo que tengo, sino lo que creo que el otro quiere.*

■ *Otro aspecto es que, sobre todo en la relación de pareja, bajo la máscara de la buena chica (que hace o es como el otro la desea), en el fondo no hago más que amarme a mí misma y la imagen de buena chica con la que me identifico.*

■ *En el ámbito de las relaciones afectivas, quiero ser como el otro me quiere para resultar amable y deseable.*

■ *Esto hace que corra el peligro de encontrarme en una paradoja dolorosa: «Si soy como el otro quiere, corro el peligro de alienarme, por tanto pudiera suceder que para no perder al otro, me pierda a mí mismo».*

Las relaciones de pareja se resuelven en un juego de apariencias en el que la acción ocupa el vacío que produce la ausencia de sentimientos auténticos. No se ama, se hace el amor. No puede haber entrega de sí, porque se ha perdido la identidad en aras de la imagen. Predominan los aspectos formales y correctos. La representación teatral no elimina la frialdad. Hasta el orgasmo puede convertirse en fingimiento. Siempre las emociones adecuadas prevalecen sobre las auténticas.

■ *Mientras está en casa estoy permanentemente «atendiéndola».*

◆ *Esto me hizo sufrir mucho hasta que me di cuenta de cómo actúo para que me quieran y de cómo me desconecto de lo que yo quiero o busco cuando me relaciono.*

● *En el amor, cualquier actitud de mi pareja que demuestre desinterés e indiferencia hacia mí o hacia mis cosas y que vuelva su atención a otras cosas o personas.*

■ *Resultado: nos estamos separando y a mi marido aquellos aspectos que he negado porque pensé que no le gustaban, le gustan mucho. ¿Paradójico?*

■ *Un aspecto se refiere a un episodio reciente: atravesando una fuerte crisis de pareja mi actitud a estar siempre disponible, acogedora y materna hacia mi marido lejano.*

Trabajo

La acción como mecanismo de huida y como conquista adquiere un gran protagonismo en la persona vanidosa. El hacer garantiza eficacia, transmite seguridad, implica autosuficiencia y necesita control. Cuando entra en juego con los demás, busca compulsivamente el triunfo y el éxito a través de la competitividad. No basta ser bueno, sino el mejor. El segundo puesto no satisface, se aspira al primero. La vanidad quiere sacudirse de las sombras que los demás puedan proyectar sobre uno mismo. Por ello, el vanidoso se convierte en un trepa, aunque a veces no ignore que camina en falso.

◆ *En el trabajo intento ser un personaje eficaz que hace las cosas bien y procuro no equivocarme.*

● *En el trabajo: desear compulsivamente que mi trabajo sea reconocido y valorado, hipervalorado, que sea lo mejor de todos.*

◆ *En el trabajo, aunque el proyecto en el que trabajo vaya mal, lo que me importa es que pueda hacer buena figura y parecer experta.*

- *Otro aspecto: la necesidad de ser competente para evitar el fracaso o la crítica.*
- *No puedo pedir ayuda, ni cooperar, ni aceptar de buen grado las ideas ajenas.*

El E3 tiene mucha autoexigencia en el trabajo. Su perfeccionismo tiene puntos en común con el E1. Valora menos el proceso que el resultado y el reconocimiento que debe cosechar ante los demás. Es capaz de eliminar a los competidores, pero guardando siempre las formas. La violencia del E3 se expresa aquí en conductas de guante blanco. La dificultad en delegar trabajos y funciones manifiesta la autovaloración vanidosa de sí, que oculta la convicción de que nadie lo puede hacer mejor. A la vez hay miedo a que el sustituto oscurezca los méritos del E3 con una actuación más brillante.

- *En el trabajo recuerdo haber emprendido batallas contra otros dirigentes de empresa para demostrar mi valor y naturalmente el poco valor de los demás.*
- *Me he confrontado con mi vanidad excesiva, imaginando poder delegar el trabajo solo a pocas personas.*
- *Debido al efecto espejo que me transmitía esa persona, pude ver que yo tampoco me permito un error a mí misma, la autoexigencia es muy grande.*

Global: amor (pareja y amistad) y trabajo

Dos indicadores destacan en el ámbito de las relaciones con los demás (pareja, amistad y trabajo): el gustar y el hacer. El gustar apunta sobre todo a las relaciones personales. El hacer, al ámbito del trabajo. Aunque ambos se mezclan. El gustar pretende complacer las expectativas ajenas y tiene en el exterior su punto de referencia. El hacer silencia los sentimientos para conseguir el triunfo y el éxito, criterios externos de valoración. Se sacrifica la realización personal, imposible de obtener al margen de la propia identidad, para ajustarse a los guiones sociales que dicta el ambiente.

REPERCUSIONES DE LA VANIDAD EN LAS RELACIONES CON LAS COSAS

En el ámbito de las relaciones con las cosas, se han elegido dos elementos de interés que son analizados como subámbitos: a) el dinero y la propiedad; y b) la naturaleza y la ecología. Observar las repercusiones que el vanidoso tiene en ellos no es tarea fácil y se ha dispuesto de un número menor de unidades conceptuales para su estudio, pero no por ello carentes de significado.

Dinero y propiedad

Imagen, éxito y seguridad son tres objetivos que la persona vanidosa busca a través del dinero en función de sus variantes subtipológicas. El dinero no es un fin sino un medio para conseguir lo que se busca, sea potenciar la propia apariencia, sea afrontar el vacío con garantías de seguridad.

El subtipo sexual quiere control del gasto, se muestra más tacaño y se inquieta ante compras importantes. Pero no escatima en vestuario e imagen. El subtipo social considera el dinero como expresión de su éxito y lo consigue mediante el trabajo. Muestra apego, aunque pueda ser generoso. El subtipo conservación valora la seguridad que proporciona así como la independencia. No se niega a prestarlo, pero calcula bien el ahorro y la inversión.

- *Tengo un cierto «apego» al dinero particularmente por dos motivos fundamentales: primero, porque es el patrón de medida adoptado por esta sociedad para verificar las capacidades y el éxito.*

- *Segundo, porque debe garantizarme el futuro, dada la gran inseguridad que siento hacia mis capacidades y el miedo que tengo de fracasar.*
- *El dinero es un medio y no un fin.*
- *No es por avaricia, sino porque el dinero, mis cosas, me dan seguridad y en cierto modo me dan un «estatus» y en el fondo, seguridad.*
- *Dinero y propiedad: me pillan un sentimiento de apego, mucha ansiedad y una inseguridad si me falta uno y otro.*
- *Mi necesidad de seguridad me hace aferrarme a las propiedades, que siento como una red de seguridad.*

El dinero y la propiedad están al servicio de la pasión dominante del E3. La vanidad como apariencia tiene su coste y en ella hay que invertir para dar una buena imagen física o social, traducida en cuidados corporales, vestuario, decoración... La vanidad como duplicidad genera vacío y superficialidad y el dinero se utiliza para neutralizarlos a través de la seguridad que proporciona su posesión y ahorro. Siempre puede surgir una emergencia.

- *Ejemplo: he escogido el mobiliario de mi aposento de modo que se convierta en un lugar familiar para mí y donde el otro pueda sentirse acogido como en casa.*
- *Me pasó igual cuando compré mi piso, me producía angustia no saber si lo iba a poder pagar.*
- *Gasto muy poco y prefiero ahorrar e invertir en bienes que, en caso necesario, podría vender.*
- *Procuro tener dinero o propiedades solo mías, para mantenerme lo más independiente posible.*
- *Referente al dinero: por ejemplo, en la situación que vivo en este momento quiero estar segura de lo que hago al ahorrar para enfrentarme a las emergencias y salir de apuros.*

Naturaleza y ecología

La naturaleza y la ecología son temas de actualidad, a los que el vanidoso se apunta por el hecho de serlo. Teme las predicciones catastrofistas que una falta de respeto puede acarrear al planeta, por lo que busca la eficacia de su conservación y el control de las conductas que causan deterioro. A momentos, puede existir pugna entre el pragmatismo, propio del E3, y el respeto a la naturaleza.

- *En el discurso me siento muy cerca de los temas de la ecología y de la naturaleza, acaso no lo esté tanto en los hechos.*
- *Sin embargo, esta percepción de la naturaleza es nueva, porque antes era muy ciega a ella y a su efecto sobre mí, del mismo modo que a mi propio cuerpo.*
- *Es como si fuera todo uno con la naturaleza, como si la naturaleza pudiera acogerme y protegerme más que los seres humanos.*
- *Con respecto a la naturaleza o la ecología, no sé si hay una manifestación tan clara de mi pasión.*
- *También me inquietan mucho las predicciones catastrofistas sobre el futuro del mundo.*
- *Además, creo que es en contacto con la naturaleza en donde me siento más viva y en donde mi mente ya no funciona tan activamente.*

La ecología representa para el vanidoso, vista al menos desde su soledad, como un ámbito de autenticidad donde no es necesario ponerse máscara alguna. De ahí que se destaca el carácter sanador y relajante que un contacto con el medio natural representa para el E3. Contempla la belleza y la armonía identificándose con ellas.

- *Creo que los momentos más intensos de mi vida los he vivido en la naturaleza: en el mar, mirando los cielos llenos de estrellas, en las montañas...*

■ *No me gusta leer cosas sobre el deterioro de la naturaleza y procuro pensar que son exageraciones.*

■ *Respecto a la naturaleza: en un momento de profundo dolor y desesperación ha sido para mí un bálsamo curativo el tumbarme en un prado para contemplar las estrellas, sintiéndome parte del universo, y abrazada a la bóveda celeste o, incluso, abrazada a un árbol.*

Global: dinero y propiedad / naturaleza y ecología

Tanto el dinero como la naturaleza entran en la esfera del control que debe ejercerse para su rendimiento y eficacia. Proporcionan además seguridad, necesaria para compensar los efectos de fragilidad que el uso de la máscara ocasiona. El culto a la apariencia lleva aparejado vacío de ser, de ahí la mayor urgencia de confirmación y apoyo.

REPERCUSIONES DE LA VANIDAD EN LAS RELACIONES CON DIOS, LO DIVINO, LO TRASCENDENTE

Este último ámbito tiene su particularidad. Cada persona entrevistada se ha podido posicionar personalmente ante Dios, lo divino, lo trascendente. Las observaciones no se enfocan desde una religión concreta o desde una confesión determinada.

a. El sentido de la divinidad permite afrontar la vorágine del vacío. La plenitud de Dios conecta con la interioridad personal y representa lo permanente frente a lo fugaz, el ser frente a la apariencia.

● *La verdad es que creo que Dios soy yo misma, mi esencia, somos cada uno de nosotros en nuestro estado más puro y esencial.*

♦ *Es en lo insignificante en donde siento más su presencia.*

♦ *Es lo que hay en mí si dejo de ser yo y lo que hay en los demás también.*

■ *Siento lo divino dentro de mí, como la más alta manifestación de mi Ser, que encuentro dentro cuando logro entrar en contacto con los aspectos más auténticos de mí, más allá de las máscaras.*

b. La identificación con lo divino produce el propio engrandecimiento y de forma paradójica permite descubrir las huellas de Dios en el propio corazón. La verdad sobre sí actúa como bálsamo contra la vanidad.

■ *Quería mucho a Jesús y a veces prefería irme a la capilla del colegio de monjas donde estudiaba antes que al recreo.*

♦ *Desde que inicié mi proceso personal, he ido sintiéndole más a medida que sentía más mi propio corazón.*

• *Dios es todo cuanto llevamos dentro y es la trascendencia de la persona misma.*

c. La presencia de Dios nutre la espiritualidad como esencia de vida, como superación de las apariencias, como apuesta por la aceptación de la propia realidad, especialmente con su aspecto sombrío disimulado por la vanidad.

■ *Contacto una parte divina en mí cuando reconozco mis miserias humanas y las acojo como expresión de mí, sin negarlas o juzgarlas.*

■ *Creo que Dios está presente en cualquier manifestación existente en el mundo.*

La vanidad dificulta las relaciones con Dios, lo divino, lo trascendente, porque promueve la apariencia en detrimento del ser, impulsa mecanismos de control y eficacia frente a la entrega, y acentúa el vacío del que se pretende huir, especialmente a través de la acción. La desvinculación del propio ser conlleva en la persona vanidosa una desconexión con la fuente óntica, entendiendo como tal al ser supremo. Por tanto, implica la negación de vida espiritual, cuyos parámetros se alejan de la confianza en los propios medios. Su relación con Dios busca la identificación con sus expectativas, la admiración como sustituto del amor y el ansia de gustar y complacer.

- ◆ *Seguramente es la acción lo que más me impide relacionarme con Dios porque en el hacer muchas veces me pierdo y no me dejo ser.*
- ■ *Hubo un momento en que dejé de confiar en la bondad y sabiduría de todo y tomé para mí la tarea de controlar el mundo.*
- ◆ *Es como si Dios hubiera estado fuera de mi atención, ya que estaba totalmente concentrada en mi «público», humano. En busca del consenso.*
- ■ *El aspecto de la complacencia y de ser buena chica (más aún vinculada a una cultura católica) ha hecho que por mucho tiempo mi relación con lo divino estuviera caracterizada por normas morales bastante rígidas, con un superyó muy castrante, en el cual el DEBER sofocaba pesadamente al PLACER.*
- ■ *Tendiendo a alejar de mí, a no acoger los aspectos espirituales que, a mi pesar, empezaba a captar en mi experiencia de vida y en mi camino de crecimiento.*
- ■ *Ahora siento que ese sueño describía la pérdida de contacto con mi parte espiritual, que huía «asustada ante el ruido de los hombres».*

En Mt 7,24-27, se establece el contraste de edificar una casa sobre roca o sobre arena. La primera resiste vientos y tormentas porque está bien fundamentada. La segunda se arruina y destruye por falta de solidez. La vanidad corresponde a esta imagen de falta de consistencia y de construcción efímera. Dios es la roca que da firmeza, porque es ser. La arena, por el contrario, no garantiza estabilidad alguna. La vanidad mira a la construcción; la autenticidad, al ser. El E3 prioriza el mérito sobre el don, porque así rige y controla; concibe la espiritualidad como espectáculo y fenómeno epifánico; y sujeta su conducta a normas externas que no se entroncan con su interioridad personal.

■ *En el SAT 2, durante un trabajo profundo, antes de una meditación, experimentando incluso un profundo sentido de proximidad con lo divino (acogiendo dentro de mí el bien que me llegaba y del cual me nutría), he sentido profundamente el «no ser digna»... no aceptando en ese momento un regalo precioso que se me hacía.*

♦ *Si he conseguido meditar durante algunos días, hay una parte de mí que espera que haya alguna manifestación, que ocurra algo.*

■ *He seguido la norma externa olvidándome de mi sentir más auténtico o sacrificándolo.*

San Juan de la Cruz (1955), en el desarrollo de los pecados capitales que lleva a cabo en el libro I de la *Noche oscura*, excluye la vanidad, que queda absorbida por la soberbia u orgullo siguiendo el modelo imperante en la época. No obstante, en diversas ocasiones habla de la vanidad. Por ejemplo, menciona las representaciones espirituales por vía de los sentidos corporales exteriores y las valora como sigue: «son muy fáciles y ocasionadas para criar error, y presunción, y vanidad en el alma» (*Subida al Monte Carmelo*, lib. II, cap. 11, 4, p. 578). La experiencia espiritual puede alimentar la vanidad del E3 cuando la enfoca como engrandecimiento de su imagen y como éxito solo al alcance de unos pocos. El otro es utilizado para nutrir una autoimagen amorosa, pero la apariencia desconectada del ser no deja de ser fría y obstaculiza la entrega personal.

■ *Sea en el hacer algo para el otro o «ser» algo importante para el otro (por ejemplo: atenta, tierna, presente, disponible, etc.).*

■ *También el dejarme llevar por los acontecimientos, aceptando un proyecto existencial que vaya más allá de cuanto uno pueda imaginar conscientemente, significa para mí acoger lo divino en mi vida.*

● *Pero es una persona que en la intimidad se queda fría, porque mira a su propia imagen y por consiguiente no se abandona.*

♦ *Pero también está desvitalizado por dentro de tanta identificación con la máscara, con la imagen que proyecta.*

LA ENVIDIA

E4

EL ENEAGRAMA DE LA **ENVIDIA**

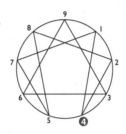

CATEGORÍA	SUBCATEGORÍA
Oscurecimiento óntico (**ser**)	**Defectos**, carencias y vacío que polarizan la propia realidad Recuperación de la **pérdida** (amorosa) a través de la envidia
Degradación de la **conciencia**	**Nostalgia** que oculta los valores poseídos **Filtro** de la visión desde el sentimiento de pérdida **Introyección** que nubla impulsos y necesidades **Dificultades** diversas para ser consciente
Perturbación de la **conducta** a través de algunas estrategias operativas	**Comparación** que conduce a la competitividad **Dependencia** y apego en las relaciones con los demás **Desvalorización** unida a la culpa y al deterioro de la autoimagen Vivencia masoquista del dolor y del **sufrimiento** **Desconfianza**, miedo, huida y alejamiento **Emocionalidad** preponderante que culmina en el odio Experimentación intensa de las **necesidades** y de ser especial

- **Repercusión de la envidia en el ámbito de las relaciones**

Leyenda: ■ *Conservación* ◆ *Sexual* ● *Social*

1. Oscurecimiento óntico (ser)

El paraíso perdido, título de la obra maestra de John Milton que profundiza sobre las primeras páginas del libro bíblico del Génesis, resume la experiencia fundamental de la persona envidiosa: la felicidad perdida y el dolor perpetuo. El interrogante se centra sobre el origen y el significado de la tara o defecto que acogota al E4: ¿por qué los demás poseen lo que a mí me falta? La nostalgia y la envidia encuentran en esta situación campo abonado. Milton escribió también otra obra que complementa, de algún modo, la anterior: *El paraíso recuperado*. En esto consiste la tarea del E4, que se siente expulsado y excluido del jardín del Edén.

1.1 Defectos, carencias y vacío que polarizan la propia realidad

La autopercepción del E4 se sustenta en la idea del defecto y la carencia, cuyos orígenes hay que remontar a la infancia. Se convierten en una constante vital de la que no se puede prescindir. La insaciabilidad es su drama porque nunca alcanza la satisfacción. La envidia actúa de sucedáneo, pero nunca consigue su objetivo. A lo más, se aproxima. La referencia ajena es la pauta, por lo que el sentimiento de disgusto es mayor.

- *Nacida con una privación.*
- *Siempre me falta algo para estar bien y ese algo que me falta tiene mucha importancia. Miro intensamente la carencia del momento y envidio a la gente que sí lo tiene.*
- ◆ *Todo empieza por sentir la carencia del afecto de mis padres, la carencia me hace sentir vacía y el dolor que siento no me gusta.*
- *Es un sentimiento de carencia que no se satisface nunca.*

Si solo el ser es objeto del amor, la carencia no puede conseguirlo. Como el envidioso reduce su realidad a lo que no tiene, la imposibilidad de ser amado es la conclusión. *Tus zonas erróneas*, obra de Wayne W. Dyer a que alude un entrevistado, confirman la inexistencia de la perfección y, por tanto, la seguridad de no gozar de la atención amorosa de los demás. El defecto en sí preocuparía poco si no estuviera en juego el amor.

♦ *Así que tenía muy claro que nadie me podría amar, que nunca en el fondo sería amada.*

♦ *A los 14 años acabé mis estudios escolares, pero comencé, si bien lo recuerdo, a interesarme por la psicología leyendo un fragmento de Wayne W. Dyer Tus zonas erróneas.*

■ *Si no soy perfecta, no me quieren.*

El E4 vive la carencia como vacío, en tanto que agujero que pugna continuamente por llenarse desde el exterior. No hay regeneración interna sino añadido insatisfactorio, porque nunca se colma del todo. La conciencia del vacío provoca voracidad y viene acompañada por un sentimiento de malestar crónico como sustituto de la propia experiencia.

♦ *Es un proceso de denigración que viene dado por la sensación de vacío, este agujero que provoca la voracidad y la insatisfacción de la envidia, que se manifiesta con la exigencia, la dependencia y el apego excesivo.*

● *Ese sufrimiento tiene cierta dosis de placer, nos manejamos bien en el malestar, es un sentimiento muy intenso y es preferible sentir eso que no sentir nada (el vacío).*

♦ *La característica principal de mi eneatipo es la carencia, el vacío que necesita continuamente ser llenado desde el exterior.*

1.2 Recuperación de la pérdida (amorosa) a través de la envidia

El símbolo del paraíso perdido es recurrente en las expresiones del E4. Añade otro matiz a lo que se puede denominar defecto de fábrica, analizado en el punto anterior. Se trata de un desposeimiento, que la persona envidiosa busca compensar a través de la nostalgia, del uso de medios excepcionales y de la ambición de lo inalcanzable.

♦ *Búsqueda del paraíso perdido: una obsesión a buscar siempre sensaciones especiales y buscar siempre personas o situaciones fuera del ordinario o de todos modos fuera de mí.*

■ *Todo lo que se siente inalcanzable se convierte en el carburante de la pasión, «el ideal» nunca está en el presente.*

♦ *El paraíso perdido donde habría equilibrio entre la vida, los hombres y los seres vivos.*

El sentimiento de pérdida está vinculado al amor, como instancia primera y última del E4. La seguridad de amar y de ser amado se ve resquebrajada por la privación óntica que implica el tipo de pérdida que experimenta. El vacío se traduce en falta de amor y la voracidad que despierta en hambre de amor. El mecanismo que une ambos es la envidia como carencia y deseo.

♦ *Voracidad y hambre, debido a un sentimiento interno de pérdida, de falta de amor, por haber perdido nuestro propio paraíso.*

♦ *He vivido una vida practicando el «no sentirla» o no poderla sentir porque unida «la envidia» al amor, al hambre de amor, tiende a culpabilizarme por el amor no sentido o no recibido de mis padres.*

■ *La envidia se esconde en la parte más amorosa de mi carácter.*

Este doble juego de la envidia adopta múltiples expresiones. El impulso cleptómano encuentra ahí una razón de ser. No busca colmar un deseo sino recuperar una pérdida, compensar un déficit, solucionar una injusticia y restablecer un equilibrio. El robo tiene sus riesgos, pero la envidia puede utilizar otros mecanismos menos evidentes y más sutiles mientras se confirma como motor existencial.

♦ *Mi envidia me ha llevado a robar, de niña hasta cuando tuve unos 20 años, sentía una necesidad de robar, de quitarle al otro lo que yo no tenía.*

♦ *Tengo que decir que la envidia ha sido el motor de mi vida, de forma más o menos consciente me ha llevado hasta donde estoy.*

■ *Para vivir no tengo que sentir envidia por el amor que no tengo.*

2. Degradación de la conciencia

La inconsciencia, como mecanicidad, conduce a la distorsión cognitiva y es terreno abonado para que la pasión dominante, como motivación deficitaria, dificulte el despertar lúcido, sin el cual el ser queda oscurecido y el vacío que se genera pugna por llenarse a través de sucedáneos. Los mecanismos de defensa coadyuvan al mantenimiento de la inconsciencia. Se buscan soluciones falsas o aparentes para confirmar las propias capacidades o para satisfacer las necesidades profundas. Se utilizan aquí cuatro subcategorías para indicar distintos modos que tiene el carácter envidioso de bloquear su conciencia o reducir su percepción.

2.1 Nostalgia que oculta los valores poseídos

La pérdida genera tristeza y melancolía. La nostalgia pone el acento en lo que no se posee. Por ello, el E4 huye del aquí y del ahora para refugiarse sobre todo en el pretérito: «Cualquiera tiempo pasado fue mejor» (*Coplas de don Jorge Manrique por la muerte de su padre*). El presente se muestra inalcanzable. Se pierde así la conciencia de los valores poseídos.

- *Todo lo que se siente inalcanzable se convierte en el carburante de la pasión, «el ideal» nunca está en el presente.*
- *La importancia del pasado respecto a la idea de inalcanzabilidad del presente, la nostalgia como huida del aquí y ahora.*
- ◆ *Nos domina la nostalgia y la melancolía, somos propensos a llorar, a lamentarnos y quejarnos; somos pesimistas, con frecuencia amargos y en ocasiones cínicos.*

Las pautas de conducta se centran en el lamento y la queja, que ni siquiera se apoyan en algo tangible sino en una sensación difuminada, a la que resulta difícil ponerle nombre. La envidia, en una segunda fase, se desvincula del deseo concreto para transformarse en una actitud estructural de la persona. De este modo, se torna inconsciente.

- ■ *Melancolía: experimento esta sensación de que me falta algo para ser feliz.*
- ◆ *Algo muy normal en mí es la queja, como reclamo.*
- ■ *Melancolía: algo falta y no se sabe qué es.*

2.2 Filtro de la visión desde el sentimiento de pérdida

El carácter del E4 actúa con efecto zoom, por lo que repercute plenamente sobre la conciencia de sí y de los demás. Actúa de filtro de visión a través del cual se empequeñece lo propio y se engrandece lo ajeno, se focaliza sobre la carencia y se pierden de vista los logros personales… En definitiva, refleja la dinámica de la envidia. A diferencia del iracundo que se instala en la perfección y pugna por no perderla, el envidioso se excluye de ella, la considera inalcanzable y desemboca en la parálisis.

- *El eneatipo 4 tiene la conciencia de la «carencia», del «paraíso perdido», esta conciencia viene a ser el filtro a través del cual observa cada aspecto de la realidad.*
- *Empequeñezco los logros personales de la misma manera que engrandezco los logros ajenos.*
- *Es como focalizar excesivamente la mirada. Así no puedo ver el campo de lo que hay.*

El filtro de la envidia impide captar las coloraciones alegres, los valores reales y las características positivas. Solo da acceso a la melancolía, a las carencias y a los aspectos negativos. Si la realidad, como es lógico, se resiste a ser interpretada de esta manera, el E4 actúa de tal forma que cumple sus expectativas catastrofistas mediante el boicot a sus propias posibilidades. Se confirma así en la dinámica de su carácter.

- *Este eneatipo también tiene características positivas, pero apenas les damos importancia, como se ha demostrado en este mismo escrito al no ser mencionadas.*
- *Nos entregamos al amor, pero tarde o temprano lo estropeamos para cumplir la propia expectativa catastrófica.*

La valoración de lo ajeno viene acompañada aquí por la desvalorización de lo propio. Lo primero puede ser virtud y perspicacia, pero junto a lo segundo la envidia está servida. Este proceso contiene un odio soterrado hacia sí mismo, que tarde o temprano desemboca en un descrédito general, incluido el objeto admirado: «Las uvas están verdes», según reza la fábula de Samaniego.

- *Un odio soterrado hacia mí misma que me costó mucho verlo como tal.*

■ *Desprestigiar todo y desacreditarle.*

2.3 Introyección que nubla impulsos y necesidades

Naranjo (1994a) considera la introyección como el mecanismo de defensa dominante del E4: «Podemos decir que la mala autoimagen que tiene el tipo IV es la expresión directa de haber introyectado un padre o una madre que se rechazaba a sí mismo, y que del odio a sí mismo que implica dicho introyecto resulta una necesidad envidiosa de aprobación externa y de amor, como necesidad de compensar la incapacidad de amarse a sí mismo» (p. 125). Este mecanismo distorsiona la consciencia de los propios impulsos y necesidades, identificando a quien lo utiliza con una imagen degradada de sí.

Alberoni (1999) explica la caracterización de la envidia: «La clave de bóveda no es el deseo de obtener algo en concreto, sino la insoportabilidad de una diferencia. Una diferencia del ser» (p. 41). La introyección busca suprimir esta diferencia angustiosa. No hay distancia —esa distancia que oprime—, sino pura identificación, pero así se cae en la trampa ya que se produce la pérdida del otro al asimilarlo a sí mismo. La anulación de la alteridad implica una condena a la soledad. El círculo vicioso continúa.

- *Por otro lado, se introyectan también figuras externas muy valiosas de manera que nunca conseguimos sentirnos «a su altura».*
- ♦ *Introyecto lo negativo de mis padres creyendo que es mío y aprendo a negarme a mí misma.*

La separación del otro consagra la diferencia, por tanto, resultan factibles el amor, el reconocimiento, el respeto y la consideración. La introyección busca eliminar la diferencia para no tener que sufrirla, ya que es motivo de envidia. En el contraste, el E4 observa mejor sus carencias, que le horrorizan. Por ello, se esfuerza por aniquilar la discrepancia mediante la introyección. No resuelve el problema, sino que introduce el enemigo en casa. Rechaza al otro asimilándolo a sí mismo con lo que garantiza su propio repudio.

- *El 4 tiene mucho deseo de amor y se satisface imaginativamente «incorporando» al otro: «no tengo necesidad de ti, te tengo dentro» y si algo falta se incorpora el rechazo.*
- *Es tan doloroso aceptar el rechazo del otro o incluso la separación, que se «incorpora» el rechazo.*

2.4 Dificultades diversas para ser consciente

Esta subcategoría agrupa una serie de unidades conceptuales, presididas por la pasión dominante, que tienen en común obstaculizar la consciencia de sí, en cuyas antípodas se encuentra la mecanicidad. Las reacciones automáticas impiden darse cuenta de las auténticas motivaciones, que en el E4 echan sus raíces en la envidia. No hay vivencia profunda del yo sino supeditación a los modelos externos.

- ♦ *Cuando he empezado este recorrido SAT y he oído hablar de la envidia como pasión, no conseguía sentirla bien, aunque otras cosas de mi eneatipo las he compartido desde el principio.*
- ♦ *Por tanto, es muy importante en los primeros años del proceso estar alerta a cuando aparecen las respuestas automáticas.*
- ♦ *He aprendido a distinguir aquellas que son fruto de mi deseo y necesidad de aquellas que aparecen de forma automática, que se repiten como mecanismo de defensa, imitando modelos familiares y negando a mi propio yo, a mi propio deseo.*

El deseo de realizar algo a favor de los demás choca con su autismo porque el envidioso se repliega sobre sí mismo partiendo de las referencias externas. Los otros pierden su entidad para convertirse en espejos donde el E4 refleja sus propios defectos e insatisfacciones.

♦ *Otra cosa extraña es aquella de pensar que haré algo por los demás en el futuro, pero ¿cómo tendré éxito en esto si no logro desapegarme de mi piel?*

3. Perturbación de la conducta a través de algunas estrategias operativas

La conducta se ve afectada por el grado de conciencia que posee una persona, pero a su vez lo genera. Aquí se entiende por obras las estrategias operativas que utiliza la persona envidiosa para conseguir sus fines y deseos. Un progreso en la conciencia y en la virtud desactiva en su misma medida los comportamientos a ellas subordinados. Se resaltan, a partir de los datos obtenidos, siete estrategias operativas.

3.1 Comparación que conduce a la competitividad

No existe envidia sin comparación y sin relación de asimetría «que juega a favor del envidiado, [y que] es vivida por el envidioso como intolerable, porque no se acepta, porque se tiende a no reconocer y a negarla» (Castilla del Pino, Tubert, Mates, Valcárcel, Camps, Aranguren y Fraijó, 1994, p. 21). No es necesaria una relación empírica. Basta una presencia virtual, la mera existencia del envidiado. Esta asimetría, expresada en los textos seleccionados como desnivel, es vivida siempre por la persona envidiosa desde una posición inferior que, si se reconoce, aunque no es probable, se argumenta de manera falaz.

♦ *Debido a mi falta de valor hacia mí, lo que hago es compararme con los demás.*

♦ *Mis padres me mostraban a menudo a los otros niños como diferentes de mí en cuanto más inteligentes y si eran hijos de alguna persona importante el desnivel era advertido por mi corazón de niño.*

■ *En una ocasión de trabajo con una pareja terapéutica, entré en un miedo absolutamente paralizante al compararme al otro.*

La competitividad es la respuesta del envidioso para compensar la asimetría o desnivel. La superación personal no está en función de uno mismo, sino que busca, por todos los medios, compensar mediante logros el sentimiento de inferioridad. La corrección del desequilibrio no escatima en el precio a pagar, sea un esfuerzo excesivo de mejora personal, sea una racionalización dolosa de los hechos, sea el hundimiento del adversario usando todo tipo de triquiñuelas. La envidia, en este contexto, suele caer en el juego sucio, aunque se maquille de buenas intenciones.

♦ *En el trabajo soy competitiva, una competitividad basada en la comparación, por sentirme desvalorizada, menos que el otro, devaluada.*

♦ *La competición es la característica más fuerte, por supuesto sin competidores, y es de ahí que nace la arrogancia de sentirse superior en algo donde soy el único en seguir ese camino.*

■ *Cueste lo que cueste, porque lo que cuenta es lo que uno quiere, no lo que hay que pasar para conseguirlo.*

El adversario, la persona envidiada, no tiene valor en sí mismo. Se le utiliza como trampolín para salir de la inferioridad y conseguir reconocimiento. La dinámica del trampolín consiste precisamente en esto: el impulso de exaltación (propia) se corresponde con la fuerza del hundimiento (ajeno).

◆ *Es un acto que me lleva al rencor y a la competitividad para conseguir reconocimiento.*

3.2 Dependencia y apego en las relaciones con los demás

Castilla del Pino (1994) afirma: «El envidioso necesita del envidiado de manera fundamental, porque, a través de la crítica simuladamente objetiva y justa, se le posibilita creerse más y mejor que el envidiado, tanto ante sí cuanto ante los demás» (p. 23). De ahí, su dependencia, ya que sin el referente externo el E4 no sería nadie. La introyección y la fusión son los recursos para convertirse en el ideal a que se aspira, pero implican la pérdida de sí mismo y a la vez, dramáticamente también, la pérdida del otro. La misma relación sexual expresa mejor esta fusión, no tan asequible en el campo de los sentimientos.

◆ *La dependencia que de ello se deriva puede manifestarse como un aferrarse a relaciones frustrantes y a un abuso de contacto que proviene de la necesidad de amor y de un aplazamiento a la separación.*

■ *Existe una idea en la relación de pareja de búsqueda total de unidad hasta el punto de anularme y llegar a ser para el otro lo que desea que yo sea, hasta olvidarme de mí.*

■ *Estar muy atenta al otro con actitudes de disponibilidad hasta el punto de meterme en situaciones dolorosas y comprometidas, cargándome y olvidándome de mí misma, de mis necesidades.*

◆ *Decir que mis relaciones de pareja se han basado en relaciones de sexo, para mí era lo único que importaba, el saber que poseía al otro y que el otro me poseía a mí.*

■ *En el amor y la amistad, la excesiva dependencia, el temor al abandono y la dificultad para la confrontación.*

La relación de la persona envidiosa adquiere tintes parasitarios. La vida está fuera y hay que apegarse a ella. La conciencia de existir solo es posible a través del reconocimiento ajeno. El envidioso no tiene autonomía porque la solución al problema de su vida está en manos de los demás. Solo el hombre (o la mujer) de su vida puede asegurar el futuro feliz, es decir, la recuperación del paraíso perdido. Solo sus caricias permiten recobrar la conciencia del propio cuerpo.

- *Esto conlleva un apego dependiente del otro, el cual asume un puesto y un pensamiento prioritario.*
- *Por una parte, pensaba que si encontraba al hombre de mi vida, me salvaría de mi situación, me amaría y me haría sentir feliz, y así me alejaría de mis padres.*
- *Solo tengo conciencia de mi cuerpo cuando él me acaricia; solo me siento válida si tengo su reconocimiento y, si no lo tengo, ya no valgo nada.*
- *Sentir en lo profundo una gran desvalorización en relación con los demás, y a pesar de ello, la envidia me crea dependencia.*

La ruptura, la separación y el abandono no suponen una normal experiencia de duelo, que toda privación comporta. En el E4, estas experiencias provocan una pérdida de ser. Por este motivo, se les tiene pavor. No existe sentimiento hacia el otro, sino que se abre un vacío interior, un agujero, irrellenable. No se reduce a un conflicto de relaciones. Va más allá, una pérdida óntica que reafirma su infravaloración y estimula de nuevo a una envidia que estaba parasitariamente adormilada.

- *Vivo con la esperanza que él se haga cargo del desastre que soy.*
- *En la primera había mucha inocencia y mucha ilusión, por mi parte; cuando terminó sentí como se destrozaba mi corazón.*
- *La dificultad de separarme de lo que tengo, incluso si a veces es evidente su inutilidad.*

- *Un miedo consecuente del abandono y de la separación.*

3.3 Desvalorización unida a la culpa y al deterioro de la autoimagen

El afán de absorber las capacidades ajenas a través de la envidia viene aparejado a un deterioro profundo de la propia imagen. El E4 se considera inadecuado, inútil y carente de valor, de modo que incluso las infidelidades de la pareja encuentran justificación en la falta de valores propios. Un autoconcepto pobre abona esta consecuencia.

- *Un autoconcepto pobre de mí misma fomenta más todavía el empobrecimiento y la consiguiente desvalorización.*
- *Una característica es el concepto pobre de uno mismo, la baja autoestima, el sentimiento de ser inadecuado, inútil, sentimiento de ser feo, repulsivo...*
- *En medio de mi desesperación lo que pensaba era «no me extraña que se vaya con otra, seguro que es más guapa y más inteligente que yo».*

Esta desvalorización del envidioso va ligada a un sentimiento de culpabilidad. Dos personas entrevistadas citan haber sufrido experiencias de violación sexual durante su infancia. En vez de imputar la responsabilidad al adulto de turno, se autoatribuyen la culpa sea por no impedir nuevos intentos, sea por tener una belleza tal que sedujo al padre.

- *Cuando era niño fui abusado sexualmente por un adulto. Mi madre intuyó esto y me culpabilizó para que no recayera en ello. Por esto me he construido en el tiempo una espina venenosa que durante treinta años me ha infectado la sangre.*
- *Si no hubiese querido ser a los tres años la niña guapa de papá, él no me hubiera violado.*

EL ENEAGRAMA DE LA ENVIDIA • 161

■ *Estaba furiosa porque me preguntaba por qué sentía emociones tan fuertes de rabia hacia los demás, y sentir el deber de expiar una culpa, el peso de ser vista y echar sobre mí las culpas de todo.*

El E4 concreta la desvalorización y la culpabilidad en conductas (auto)destructivas. La fantasía negativa adquiere entonces visos de realidad, aunque haya que tirar «piedras contra el propio tejado». Masoquismo, anorexia, bulimia, sacrificios excesivos… son comportamientos demoledores que confirman la carencia de valor. Destruir también a todos los que están por encima como medio para neutralizar la envidia.

■ *Autodestructiva: conocer la tenacidad en hacer las cosas, jamás estar contenta de mí, hacer y después encontrar siempre algo que no va, incluso el sacrificio excesivo y el dolor y destruir todo.*

■ *El masoquismo y la autodestrucción unidos en mí en los retos más arduos, a mi cuerpo con ayunos o voracidad incontrolables y después castigados por mí con vómito.*

• *La autodesvalorización permanente, estar tirando piedras contra el propio tejado.*

3.4 Vivencia masoquista del dolor y del sufrimiento

Sentirse maltratado y humillado a través del dolor y el sufrimiento es una forma de mantener vivos los presupuestos de la envidia, así como de encontrarle una justificación. Se buscan situaciones dolorosas como un medio para captar el reconocimiento y la atención ajenos. Aquí puede observarse el sentido dramático del envidioso.

• *Suelo buscarme parejas difíciles, justo aquellas personas que no van a darme el reconocimiento que ando buscando y así consigo seguir pegada al dolor de la infancia.*

■ *Buscar a través del dolor un reconocimiento, un derecho de un lugar también para mí.*

♦ *Me acuerdo de haber deseado la muerte, querer estar muerta todos los días, durante muchos años de mi vida.*

♦ *«Sufro, luego existo», «cuanto más sufra, más me querrán», «yo valgo porque soy capaz de sufrir mucho». Estar mal es una manera de estar en el mundo.*

La otra cara de la moneda correspondiente a la búsqueda del dolor y del sufrimiento se concreta en la dificultad para disfrutar del placer, que se considera como realidad prohibida. La insaciabilidad del envidioso compagina mal con la satisfacción aparejada a toda vivencia placentera. El dolor insiste en el agujero existencial.

■ *Yo tengo la culpa, por este motivo busco alejarme del placer, de los deseos, y persigo la pureza a través de pruebas y experiencias dolorosas.*

• *Nos cuesta mucho el disfrute, el placer o sencillamente, estar bien.*

■ *Sentir en lo más hondo una prohibición del placer.*

El vacío, tan presente en el E4, está vinculado al sufrimiento porque nunca se puede satisfacer del todo, nunca se puede llenar hasta los topes, resulta insaciable, y porque el dolor distrae de la conciencia del propio vacío, al que se le tiene auténtico pavor. El daño, a veces, es provocado por los demás, pero la solución solo puede ser personal.

• *Perseguimos el amor y nunca es suficiente, tenemos una insaciabilidad que genera mucho sufrimiento interno.*

■ *Me han hecho daño.*

• *Ese sufrimiento tiene cierta dosis de placer, nos manejamos bien en el malestar, es un sentimiento muy intenso y es preferible sentir eso que no sentir nada (el vacío).*

3.5 Desconfianza, miedo, huida y alejamiento

La carencia de ser que subyace en la envidia cuartea la seguridad que el E4 puede tener en sí mismo e incluso en los demás. Por ello, la desconfianza adquiere proyecciones diversas sobre los otros o sobre el futuro y va más allá de las apariencias o de los aspectos superficiales. Se trata de una desconfianza de fondo.

- ■ *La desconfianza.*
- ■ *En el fondo desconfío de los gestos del otro respecto de su disponibilidad hacia mí; y como si tarde o temprano me lo pueda echar en cara.*
- • *Vive una desconfianza de fondo en la relación con el otro y con el futuro.*

La envidia se filtra a menudo a través de las expresiones del miedo. Dos ejemplos: a) el aislamiento como forma de desvinculación de la persona envidiada se vive como una tragedia por la pérdida de ser que implica, y b) la necesidad de estar a la altura de las expectativas ajenas para no experimentar el sentimiento de inferioridad contenido en el rechazo.

- ■ *Miedo del aislamiento: estar sola me hace perder el sentido de pertenencia.*
- ■ *Ansiedad por las pruebas de que no soy rechazada. Por ejemplo, en un examen médico, preguntar al final «¿lo he hecho bien?» (cuando sé que he respirado como me decían que hiciera), con aire de niña buena.*
- • *El miedo de no conseguirlo.*

La intensidad emocional del E4 juega muchas ambivalencias. La envidia potencia la atracción por lo inalcanzable y lejano que, cuando se acerca, pierde su encanto porque amenaza la actitud nostálgica, que se lanza a nuevos sueños. Vive la fuga como inadaptación al

presente. El pasado, sobre todo, y el futuro favorecen mejor la tristeza y la ensoñación.

- *Me retiro, «cierro» el sentir para no tener dolor.*
- *Para confirmar la idea de que no hay, es atraído por lo inalcanzable y por lo lejano.*
- *Que Dios y lo divino están demasiado lejanos.*
- *Una huida para sobrevivir, para encontrar la fuerza de vivir y sentirme que formo parte del mundo, al sentir la belleza en algo más grande que nosotros.*

3.6 Emocionalidad preponderante que culmina en el odio

El E4 puede verse sintetizado en la expresión que Goethe (2002) pone en boca de Fausto cuando dialoga con Margarita: «Todo es sentimiento» (La tragedia, parte I, p. 156). La emoción está en todas partes. La intensidad es una de sus características más valoradas. El sufrimiento, a menudo dramatizado, es deseable justamente porque mantiene la prioridad emocional.

- ♦ *La cualidad emocional se refiere a los sentimientos románticos, a la dramatización del sufrimiento y a la característica de adicción al amor y a los demás.*
- *Búsqueda y valoración de la intensidad en las emociones y sentimientos.*
- *La emoción está por todas partes.*

Castilla del Pino (1994) sostiene que la envidia es una relación de amor: «La compulsión del envidioso respecto de la persona del envidiado procede del hecho de que ama a quien odia (por ser lo que él no es)» (p. 37). Este entronque entre amor y odio se refleja en el título de la canción *I hate you darling* en *T'odio amor meu* (Dagoll Dagom, basado en los relatos de Dorothy Parker y en las canciones de Cole Porter): *T'odio amor meu perquè t'estimo tant.*

◆ *Es una cosa un poco extraña porque mientras otros no han tenido mucho contacto con el amor, y por tanto no saben lo que es, para mí es como si sintiera que existe un lugar donde reina el amor de una manera muy fuerte y no encontrar este lugar me tiene continuamente en búsqueda.*

◆ *Yo terminé desquiciada, me dominaba el deseo de odio y al mismo tiempo el deseo de amor.*

● *Pienso que la curación sea el Amor.*

Castilla del Pino (1994) afirma: «El envidioso odia al envidiado, por no poder ser como él, pero también se odia a sí mismo por ser quien es o como es» (p. 36). Odio revestido de admiración hacia el otro. Odio tejido de rechazo hacia sí mismo. No todo queda aquí, sino que el odio se generaliza y abarca a todos los destinatarios posibles.

■ *O crítica y juicio hacia mí misma en aquello que siento... rabia, odio, cólera hacia el otro.*

◆ *Solo cuando yo soy capaz y me permito darme cuenta del deseo de querer matar a mis padres y darme cuenta de lo que esto significa, puedo empezar a deshacer y desligarme de aquello que había tragado y que se había convertido en odio hacia mí, hacia mis padres, hacia el mundo y hacia Dios.*

◆ *Al poco tiempo apareció el odio y la destrucción, el deseo de querer matar al otro, estuvo muy presente en nuestras relaciones sexuales; la agresividad y la violencia estaban presentes.*

3.7 Experimentación intensa de las necesidades y de ser especial

La necesidad del envidioso tiene que ver con la carencia. Si consigue satisfacerla podrá ser plenamente. Concluye a impulsos de su pasión dominante que los demás tienen aquello que le hace falta. Intensifica la necesidad para obtenerlo, aunque este proceder le provoque un dolor más agudo.

■ *Necesito siempre emociones fuertes para sentir el amor y gestos especiales en relación conmigo para confirmar el amor hacia mí.*

♦ *Aprendemos a conseguir una atención negativa, mediante la intensificación de la necesidad, encaminándonos a situaciones dolorosas en nuestra vida.*

♦ *La concentración se fija mucho en mí, en lo que necesito.*

Persigue la alquimia, como transmutación maravillosa e increíble. Desea transformarse en lo que sugieren sus sueños porque esto supone incorporar el objetivo idealizado, suprimir la asimetría angustiosa en que vive y abandonar su posición de inferioridad. El arte, los símbolos y la belleza le permiten crear este mundo de magia donde todo es posible.

♦ *El rellenarse del cual hablo no es muy material, aparte del embellecimiento de la casa, sino que se basa en la búsqueda de algo que forma más parte del mundo mágico, en el cual a través de un filtro se transforma de plomo en oro.*

■ *Lo que sí necesito y lo procuro es tener cosas bellas estéticamente, pero no necesariamente de un valor material.*

♦ *Una idea loca recurrente es la de experimentar muy a menudo la exigencia de hacer cosas grandes y únicas.*

Una forma sutil de evitar la comparación es situarse fuera de las reglas de juego, es decir, considerarse especial e incomprendido. El valor radica en no ser como los demás. Lo cotidiano no posee ninguna relevancia. Ser una *rara avis* permite escapar de la desvalorización personal y recabar la máxima atención de los demás. Se trata de dar a los demás motivos de envidia.

◆ *Envidio al que, según mi parecer, es un ser especial; el pensamiento de no serlo me hace sufrir.*

■ *Incapacidad de aceptar la cotidianidad.*

● *A veces tenemos la sensación de ser muy especiales (una especie de antídoto frente a tanta desvalorización personal).*

REPERCUSIÓN DE LA ENVIDIA EN EL ÁMBITO DE LAS RELACIONES

La pasión de la envidia

La pasión del E4 recibe el nombre de envidia, cuya raíz es la pérdida, el defecto y la carencia de ser. La dependencia del otro permite cubrir este vacío porque se identifica con su plenitud. Pero el precio es una nueva pérdida de sí.

La envidia es una forma dolosa de llenar el vacío a través de los demás. Busca con angustia la razón de su defecto existencial y pone la clave de solución en las cualidades ajenas que se admiran.

● *Es un sentimiento de carencia que no se satisface nunca.*

◆ *La característica principal de mi eneatipo es la carencia, el vacío que necesita continuamente ser llenado desde el exterior.*

El retorno al paraíso perdido es el propósito de la envidia. En vez de usar los recursos propios para restablecer la vuelta, se concentra en las dificultades que paralizan. Disponer de las cualidades y valores ajenos no pasa de ser una utopía. Solo es posible arar con los bueyes que se tienen.

◆ *Voracidad y hambre, debido a un sentimiento interno de pérdida, de falta de amor, por haber perdido nuestro propio paraíso.*

♦ *La envidia es una de las características que nos define como personas con un intenso deseo.*

Cada subtipo vive a su modo la pasión de la envidia. El sexual, desde la intensidad del sentimiento y del odio. El social, desde la vergüenza. El conservación, desde la tenacidad y el aguante.

♦ *Sexual: Aprendí a odiar en silencio desde muy niña.*
♦ *Social: Por tanto, la consecuencia es una vergüenza por esta carencia, lo que comporta un retirarse del mundo externo que tiene más que yo y que pide lo que yo en mi «fantasía» no tengo y no puedo dar, a través de la mirada se apodera de nosotros.*
■ *Conservación: Tengo que espabilarme sola.*

Las fijaciones, coloquialmente ideas locas, son distorsiones cognitivas que alimentan y justifican la pasión dominante, situada en el centro emocional. El E4 busca compensar el defecto a través de los delirios de grandeza. La carencia, a los ojos del envidioso, imposibilita el éxito mediante la anticipación de malos resultados y, lo que es más grave todavía, el amor.

♦ *Lo más evidente son mis delirios de grandeza.*
● *«Seguro que si yo lo intentara, me saldría mal. Mejor ni lo intento».*
■ *Si no soy perfecta, no me quieren.*

La pasión de la envidia se nutre de la comparación con los demás. Se deja de ser uno mismo para intentar ser como otro. No hay descanso que valga. En este contexto, lo genuino y espontáneo pierden vigencia.

♦ *Debido a mi falta de valor hacia mi, lo que hago es compararme con los demás.*

- *No exponerme directamente, o mejor «construyo» (con mucha fatiga) mi exposición, tengo poca confianza en mis comportamientos espontáneos.*
- *Pedir tanto a mí misma no me permite descansar.*

Los mecanismos de defensa pretenden atenuar la conciencia en todos sus ámbitos o hacerla desaparecer. La introyección es el más importante para el E4. Anula la distancia que genera la envidia. Se vive desde el otro.

- *Introyección es aquello que trago sin masticar y que me lo hago mío, negando lo que es mío hacia fuera.*
- *Sus necesidades son las mías y atiendo sus deseos olvidándome de los propios.*
- *Enemiga de mí misma en el desearlo todo y sentir no merecerlo me aboca a la nada.*

Unamuno (1998) escribió la novela *Abel Sánchez*, que la psicoanalista Silvia Tubert considera como «una de las aproximaciones psicológicas más ricas e interesantes al tema de la envidia» (Castillo *et altri*, pp. 50 ss.). Cabe observar que el personaje envidioso es Joaquín Monegro, pero no da nombre a la novela porque él no existe ni es nadie sino a través de Abel, que es su ideal del yo: «Tú el simpático, tú el festejado, tú el vencedor, tú el artista… Y yo…» (Unamuno, 1998, p. 95). Se quiere resarcir del defecto, la carencia y la pérdida mediante la comparación de alguien que disfruta de una relativa plenitud. El desequilibrio se hace insoportable. El envidioso renuncia a vivir su vida para introyectar el guion de un personaje ajeno.

- *Debido a mi falta de valor hacia mí, lo que hago es compararme con los demás.*
- *Sentir en lo profundo una gran desvalorización en relación con los demás, y a pesar de ello, la envidia me crea dependencia.*

REPERCUSIONES DE LA ENVIDIA EN LAS RELACIONES CONSIGO MISMO

Se parte de la convicción de poseer una tara, un defecto, vinculado al ser. Se pasa la vida buscando definir en qué consiste y en intentar solucionarlo. La consecuencia es inmediata: la desvalorización propia junto con la necesidad de superarla mediante la recuperación del ser. El camino sensato de ser uno mismo, con límites inevitables, se ve suplantado por la voluntad impulsada por la envidia de ser como otro. El vacío se hace abismal.

♦ *Todo gira alrededor de llenar el vacío, desde la infancia hasta hoy.*

• *La autodesvalorización permanente, estar tirando piedras contra el propio tejado.*

■ *No acepté nunca el aspecto de mi cuerpo, nunca estaba bien, busqué formas delgadas para seguir con la idea que siendo delgada sería aceptada, vista, amada, deseada.*

En la envidia no existe alegría sino tristeza y sufrimiento. Siempre se pierde la guerra, aunque se ganen batallas. La competitividad puede dar triunfos, pero reafirma el mecanismo de comparación sobre el que se sustenta la envidia. Esta pasión dominante comporta un sentimiento de inferioridad y desvalorización que causa mucho dolor. Hay amputación de ser, por lo que el impacto sobre uno mismo es de incalculables proporciones. Se busca la soledad para evitar la comparación, pero se cae en el vacío.

♦ *Hay un hecho muy importante en mi vida que es el pasarme horas y días sola, en casa, aprovechando que no hay nadie, a solas, en silencio, con dolor.*

• *Dificultad en realizarme en un hacer concreto, es como si una parte de mí se quedase pequeña y necesitara cuidados, limitando mi autonomía, mi fuerza y mi poder.*

■ *En definitiva, me hace rígida y dura conmigo; siento mucho el daño de mi dureza.*

REPERCUSIONES DE LA ENVIDIA EN LAS RELACIONES CON LOS DEMÁS

Se desglosa aquí el ámbito de las relaciones con los demás en dos subámbitos: a) el amor vivido en la pareja y en la amistad; y b) el trabajo. ¿En qué afecta la envidia a estos dos subámbitos?

Amor (pareja y amistad)

La relación de pareja y amistad se concreta en la dependencia y el apego como formas parasitarias de vivir el amor. La envidia cifra sus pretensiones en suprimir la alteridad y la diferencia, al menos cuando estas son vividas desde la inferioridad. Esta tarea justamente dinamita las bases del amor, porque tanto la alteridad como la diferencia son sus ingredientes básicos. La ruptura o la separación, en tanto que pérdida del referente envidiado, condenan a la soledad y al vacío. No hay amor al otro sino utilización. No se busca al *partner*, con quien se establecen relaciones de simetría, sino un salvador que se enfrenta a la tarea imposible de proporcionar felicidad a un E4. El autoboicot del envidioso invalida cualquier intento.

■ *El hambre de amor me ha llevado a perderme y anularme para estar con el otro, buscar la unidad.*

♦ *Mis relaciones de pareja se han basado en el hecho de conseguir que el otro me haga feliz, de que me salve de mi sufrimiento, de mi tristeza.*

■ *En el amor y la amistad, la excesiva dependencia, el temor al abandono y la dificultad para la confrontación.*

♦ *En el amor como en la amistad me doy cuenta de que no ofrezco mucho o, mejor dicho, ofrezco poco a los demás mientras siempre espero algo.*

♦ *Como yo soy incapaz de ser feliz, el otro lo tiene básica-mente imposible, entonces la relación no existe.*

• *Es tan doloroso aceptar el rechazo del otro o incluso la se-paración, que se «incorpora» el rechazo.*

El E4 exhibe una gran variedad de registros amorosos en los que inocula grandes dosis de manipulación. Existe sentimiento e intensi-dad, pero la envidia invalida el amor a través del odio, la disponibilidad como moneda de conquista, la asunción de los propios defectos y ca-rencias por la pareja, la posesión del otro en la relación sexual, el uso de tácticas victimistas para despertar conmiseración, el predominio de las necesidades ajenas sobre las propias...

♦ *Yo terminé desquiciada, me dominaba el deseo de odio y al mismo tiempo el deseo de amor.*

• *Casi todas las relaciones afectivas, de pareja o de amistad han puesto en marcha este mecanismo; en particular duran-te mi infancia sentía que tenía que prodigarme mucho a través de la complacencia y la disponibilidad.*

• *Vivo con la esperanza de que él se haga cargo del desastre que soy.*

♦ *Decir que mis relaciones de pareja se han basado en rela-ciones de sexo, para mí era lo único que importaba, el saber que poseía al otro y que el otro me poseía a mí.*

• *Y tengo que decir también que utilizo el victimismo como manipulación para conseguir lo que quiero.*

Trabajo

La comparación envidiosa en el ámbito laboral se transforma en competitividad, indicador valorado con alta frecuencia. El sentimien-to de inferioridad, presente en el E4, busca la superación poniéndose como mínimo al mismo nivel que los demás. No hay que ser menos. La desvalorización es tan corrosiva que los propios logros no tienen demasiada importancia, ya que se está más pendiente de la carencia. De ahí su insatisfacción crónica. Puede haber mucha lucha, esfuerzo y exigencia, pero poco contentamiento. Cualquier cosa es susceptible de mejora y siempre es posible encontrar a alguien que supere las propias prestaciones.

♦ *En el trabajo soy competitiva, una competitividad basada en la comparación, por sentirme desvalorizada, menos que el otro, devaluada.*

■ *Ponerme competitiva por no saber o temer confrontarme.*

■ *En el ámbito del trabajo, el no creerme nunca preparada, la vergüenza de que eso se descubra (dificultad por compartir, por tanto), situarme en la comparación.*

● *En el ámbito del trabajo, no darle importancia a mis logros y estar siempre pendiente de lo que todavía no sé hacer.*

■ *Envidio las atenciones, el reconocimiento, el valor y la fortuna sin esfuerzos.*

La persona envidiosa experimenta grandes dificultades a la hora de compartir una tarea o de realizar un trabajo en equipo. La dependencia aleja de la simetría, propia de una relación laboral entre compañeros. La competitividad se centra en la amenaza de sentirse inferior y en el intento continuo de comparación. El esfuerzo no encuentra reconocimiento y el hecho de jugarse la vida en el desempeño de cualquier oficio produce parálisis. Cuando se trabaja no hay abstracción de sentimientos, sino profunda implicación en los mismos.

■ *Me ha sucedido con mi socia, yo envidiaba sus capacidades creativas, envidiaba el perdón de sus errores con: «ella es así»; al contrario, mi carácter agresivo venía cuestionado y mi modo de hacer nunca era gratificado o visto.*

■ *En una ocasión de trabajo con una pareja terapéutica, entré en un miedo absolutamente paralizante al compararme al otro.*

- *En mi trabajo, como en muchos otros, hay dos bandos. Después de muchos enfados ya sé que lo que más me está doliendo es una falta de reconocimiento hacia mí por parte de la otra gente.*

Global: amor (pareja y amistad) y trabajo

El indicador que más destaca en el ámbito de las relaciones con los demás (pareja, amistad y trabajo) es la dependencia y el apego. La carencia de ser quiere suplirse a costa de vivir del ser de otro. La desvalorización, unida a la culpa y al deterioro de la propia imagen, surge de una comparación envidiosa que desemboca en la competitividad. La comparación, por su parte, confirma en la desvalorización. Es el pez que se muerde la cola. Los otros son indispensables porque sin ellos la comparación es imposible y no existe competitividad alguna. Un resultado previsible es la desconfianza, la huida y el alejamiento.

REPERCUSIONES DE LA ENVIDIA EN LAS RELACIONES CON LAS COSAS

En el ámbito de las relaciones con las cosas, se han elegido dos elementos de interés que son analizados como subámbitos: a) el dinero y la propiedad; y b) la naturaleza y la ecología. Observar las repercusiones que el envidioso tiene en ellos no es tarea fácil y se ha dispuesto de un número menor de menos unidades conceptuales para su estudio, pero no por ello carentes de significado.

Dinero y propiedad

Cabe señalar tres aspectos en relación con el dinero: la dependencia, la satisfacción de necesidades y el nivel de comparación, que encubren la búsqueda de seguridad, la prioridad de las necesidades estéticas y la pertenencia a un nivel de calidad. Para el subtipo sexual, no le resulta fácil conseguir una estabilidad económica, debido quizás a que sus criterios de gasto no priorizan las necesidades básicas. El subtipo social tiene una actitud desprendida y manirrota, le cuesta separarse de los objetos por el valor sentimental que poseen y concibe el dinero como una forma de ejercitar poder. El subtipo conservación se relaciona con el dinero desde la culpa y la austeridad, se permite comodidades, pero huye del lujo y el despilfarro.

♦ *También quiero decir que en algunos momentos de mi vida he tenido dinero y me lo he gastado comprando cosas para mí, especialmente vestidos, perfumes, zapatos...*

♦ *Tengo envidia de las personas que tienen un nivel económico más alto y seguro que el mío, que tienen una buena casa, un buen coche...*

■ *Creo que soy austera y quizá solo es una expresión de la culpa.*

♦ *Desde que todos los días apunto en una agenda mis gastos, me doy cuenta mejor de cómo contrarrestar los gastos imprevistos en la compra.*

• *Con el dinero la cuestión es más compleja, es fuente de gratificación, autonomía y fuerza, además de gran movilidad y posibilidad.*

• *A pesar de procurarme los medios para mi subsistencia, tengo siempre la impresión de no disponer de lo que necesito o que puede de improviso hacerme falta, me siento sin defensas.*

La nostalgia del paraíso perdido donde todo se da en abundancia relativiza en la mentalidad del E4 y para el momento presente el valor del dinero. La envidia puede generar el deseo de tener más que los demás o, mejor aún, tener lo que los demás poseen. No es de extrañar que se produzcan robos como manera de rellenar el vacío objetual del E4. Se trata de una forma de introyección. Falta sentido de realismo y tener los pies en tierra.

- ■ *Que tiendo a ir «ligera de equipaje», que no guardo «por si acaso», que doy fácilmente ropas o muebles o cosas que no necesito.*
- ♦ *Gastaba así pensando tener dinero a mi disposición hasta que el banco me ponía los pies en tierra.*
- ♦ *En algunas ocasiones he robado a familiares, a amigos de mi familia y en tiendas.*
- • *En cuanto al dinero, puede ser la típica situación de salir a tomar algo y empeñarme en pagar siempre, incluso cuando me está molestando que el otro se aproveche de mi «buena» disposición.*
- ♦ *Me daba cuenta que no era mi camino.*

Naturaleza y ecología

La naturaleza y la ecología poseen para el E4 un valor nostálgico (paraíso terrenal) y se vincula a ellas de forma emocional (me fascina, siento admiración). Significan para el envidioso un entorno de paz adonde puede huir para evitar a los demás, ya que las relaciones humanas le resultan problemáticas. Sintoniza con la belleza y se preocupa de su conservación. No hay indicios de un compromiso, pero simpatiza con los movimientos ecologistas.

- ■ *Respecto de la naturaleza, me doy cuenta ahora de que la naturaleza es para mí el paraíso terrenal.*
- ■ *Así que me duele casi físicamente cada mancha de petróleo en una playa o cada palmo de cemento ganado al bosque o a la hierba.*
- • *La naturaleza me fascina y siento admiración al contemplar un paisaje, me conmuevo con facilidad.*

■ *En relación con la naturaleza, huir hacia ella para no vivir con los demás.*

● *La naturaleza es mi inspiración, el ejemplo constante que me lleva a lo esencial de la vida en su sencillez y en su poder... es un «ser».*

■ *No sé, todavía no me he apuntado a ninguna Plataforma por el Desarrollo Sostenible, pero son los movimientos que tienen toda mi simpatía, al menos en el planteamiento inicial.*

La interacción con la naturaleza favorece la afirmación de lo que existe, de la realidad. El ambiente acogedor de un paisaje compensa de los sinsabores de la convivencia humana. La experiencia estética consolida la capacidad simbólica del E4, que es una forma sutil de presentarse sin arriesgar la aceptación personal.

■ *Busco en la observación de la naturaleza las respuestas de la vida.*

■ *Me ha ido bien, todavía estoy viva y, de todos modos, me conmuevo ante a la belleza de la naturaleza.*

■ *Para fortalecerme he practicado mucho y he desafiado la naturaleza para ver mis capacidades.*

Global: dinero y propiedad / naturaleza y ecología

La naturaleza representa, más allá del toque nostálgico de un paraíso perdido, la imagen del ser sin carencias ni vacío. No se busca la productividad, desde la óptica del E4, sino la belleza. Se constituye en refugio, pero la actuación de los hombres puede deteriorarla. El dinero está en función de cubrir las necesidades, sean estéticas o reales.

REPERCUSIONES DE LA ENVIDIA EN LAS RELACIONES CON DIOS, LO DIVINO, LO TRASCENDENTE

Este último ámbito tiene su particularidad. Cada persona entrevistada se ha podido posicionar personalmente ante Dios, lo divino, lo trascendente. Las observaciones no se enfocan desde una religión concreta o desde una confesión determinada.

a. El amor admirativo del E4 encuentra en Dios el ideal que busca y la plenitud que anhela. Al introyectar la fuerza divina, hay identificación con el trascendente y elevación personal. El amor es el rostro de Dios.

■ *Ahora sé que hay algo superior y grande dentro de cada uno de nosotros.*

♦ *Se está haciendo espacio en mi corazón. No sé si es él que quiere entrar en mí o yo en él.*

■ *Sospecho, creo, percibo, intuyo… que es una presencia que engloba todas nuestras presencias, la de todos los seres vivos, así que no sé si es como el del Valle de los Pájaros o un espejo donde cada uno de nosotros se reconocería, así que seríamos, en el fondo, de la misma naturaleza.*

■ *Nunca lo he formulado así, pero me ha surgido decir que Dios es el testigo de mi vida y alguien que me devuelve, a mí, la referencia.*

♦ *¿Por qué digo esto? Porque en el último año he notado que al atenuarse las pasiones he tenido una subida en el amor de Dios.*

b. Una relación de exigencia con Dios, especialmente en el subtipo sexual, puede desembocar en una actitud de odio hacia Él. Solo una comprensión más profunda de su realidad abre nuevas perspectivas.

- ◆ *Más bien odié a Dios sobre todas las cosas por haberme abandonado.*

- ◆ *En algunas ocasiones me acuerdo que le pedía, que le exigía a Dios que me hiciera sentirme feliz, que me diera muestras de su amor hacia mí, pero nunca lo conseguía, entonces sentía tanta rabia hacia Él que prefería pensar que no existía.*

- ● *El infierno, los pecados, el purgatorio, trascender el ego, desarrollar tu virtud específica... ahora entiendo.*

c. La espiritualidad da sentido a la vida. Resulta atractiva para el envidioso porque desplaza la centralidad a un mundo lejano, adonde puede huir. Un criterio para discernir su calidad: el compromiso activo aquí y ahora.

- ● *La vida adquiere otra dimensión, incluso diría que la vida adquiere sentido.*

- ● *Pero claro, una cosa es lo que haga la Iglesia y otra cosa es que la espiritualidad no exista.*

Tres indicadores sintetizan las relaciones con Dios, lo divino, lo trascendente: la dependencia, el vacío y la nostalgia. En el primero, se busca la seguridad del amor; en el segundo, la plenitud de la vida; y en el tercero, la añoranza de la divinidad y del paraíso perdido. Otras subcategorías reflejan también la relación con Dios desde los presupuestos estructurales de la envidia: la necesidad de sentirse especial por la calidad de la búsqueda llevada a cabo, el desafío competitivo con Dios con quien se mantiene una lucha a brazo partido, la desvalorización que acentúa la asimetría con el mundo divino, el reconocimiento de la iniciativa de Dios en la propia existencia...

- ◆ *Siempre he buscado a Dios para confirmar su amor hacia mí. Pero el tiempo pasaba en espera de esta respuesta.*

■ *Buscar lo divino me servía también para sentirme diferente y especial.*

● *La necesidad de una unión con lo que me transciende.*

◆ *Mis delirios de grandeza que me permiten cortar la cabeza a Dios, a los maestros, a todo lo divino.*

● *No soy suficiente para Él.*

◆ *Hace unos meses es Él quien me ha buscado, yo no pensaba más en Él.*

Según la biblia neotestamentaria, Dios rescata al hombre de la pérdida (amorosa) mediante la misericordia: «Cristo Jesús vino al mundo para salvar a los pecadores» (1Tm 1,15). En el E4, la envidia motiva la recuperación. El retorno a Dios, desde la óptica de la parábola del hijo pródigo (Lc 15,11-31), se vive desde la misericordia y nunca desde el juicio, desde la alegría y nunca desde la envidia. El padre propone al hijo mayor que se goce por el bien de su hermano. La perspectiva no es la competitividad sino el bien del otro, que jamás debe vivirse como mal propio. Este es el antídoto de la envidia.

■ *Cuando surge el automático de que ese testigo me está juzgando por lo mal que me porto, ahí pierdo la conexión, vuelvo a la ansiedad.*

■ *He empezado muy pronto a plantearme una vida a través de la práctica de la búsqueda de lo divino.*

■ *Como buscar de salvarme de un sentimiento de condena.*

San Juan de la Cruz (1955) agrupa la envidia y la acedia en el mismo capítulo, dedicando a la primera solo el primer punto. Cabe resaltar que se trata del texto más breve con gran diferencia que escribe sobre uno de los vicios capitales en la *Noche oscura*. Aplica la envidia en el campo del espíritu y apunta a su núcleo, la comparación: «suelen tener movimientos de pesarles del bien espiritual de los otros, dándoles alguna pena sensible de que les lleven ventaja en este camino, y no querrían verlos alabar; porque se entristecen de las virtudes ajenas, y a veces no lo pueden sufrir sin decir de ellos lo contrario, deshaciendo aquellas alabanzas como pueden, y les crece, como dicen, el ojo de no hacerse con ellos otro tanto, porque querrían ellos ser preferidos en todo» (p. 775).

- *He pedido con rabia, con la idea de que en mi vida había una injusticia.*
- *«Seguro que no soy nunca su elegida».*
- *Llevo mucha carga emocional a la meditación y pongo muchas expectativas en ella.*
- *Buscar lo divino me servía también para sentirme diferente y especial.*

LA AVARICIA

E5

EL ENEAGRAMA DE LA **AVARICIA**

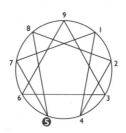

CATEGORÍA	SUBCATEGORÍA
Oscurecimiento óntico (**ser**)	**Cueva** (caverna) como lugar de reclusión, seguridad y refugio Percepción del **vacío** como realidad abismal
Degradación de la **conciencia**	**Aislamiento** que desplaza al reino de las sombras **Desconfianza** como clausura que obnubila la conciencia **Compartimentalización** como reflejo de la escisión interior **Dificultades** diversas para ser consciente
Perturbación de la **conducta** a través de algunas estrategias operativas	**Escisión**, desconexión y desapego patológico **Desenergetización**, escasez e inacción **Hipertrofia mental** en perjuicio de instintos y sentimientos **Incapacidad** de compartir (de dar y de recibir) **Retención** como forma de atesorar y de burlar el vacío **Autonomía** en los recursos propios y negación de necesidades **Culpa** derivada del superego

- **Repercusión de la avaricia en el ámbito de las relaciones**

Leyenda: ■ *Conservación* ◆ *Sexual* ● *Social*

1. Oscurecimiento óntico (ser)

El símil de la cueva se ajusta a las características principales del E5. Se trata de un lugar de reclusión, seguridad y refugio, pero a la vez de desconexión con el mundo externo. Platón (1979) utilizó de forma magistral la alegoría de la caverna en *La República* (pp. 778 ss.) para reflexionar sobre la naturaleza humana y su relación con el proceso educativo y el conocimiento. Scherezada protagoniza en *Las mil y una noches* (1999) la narración de cuentos, entre los que se encuentra *Alí Babá y los cuarenta ladrones*. La cueva aquí sirve para almacenar riquezas y adquiere otras connotaciones, diversas del texto platónico, pero coherentes con la personalidad del avaricioso, que atesora para colmar el vacío. Alí Babá usa la riqueza con moderación, pero su primo Cassim, que era avaro, solo recuerda la fórmula para entrar en la cueva del tesoro y queda prisionero de su ambición sin poder salir de ella. En vez de poner las monedas al servicio de la vida, perdió la vida por su amor al dinero.

1.1 Cueva como lugar de reclusión, seguridad y refugio

La cueva simboliza el mundo interno del E5, escindido y separado del mundo externo. Su carácter esquizoide le impulsa a la soledad y al aislamiento. Permanecer en la caverna le proporciona seguridad y le dificulta el hecho de mostrarse. Su objetivo es gozar de un espacio exclusivo, aunque se pelee con sus propias sombras de matiz platónico. Se siente protegido de posibles invasiones y miradas indiscretas. Vive en zona de privacidad.

- *De modo que trato de disfrutar de mis cosas en soledad. El resultado es el aislamiento.*
- *La dificultad para mostrarme, para salir a escena también me duele.*
- *Para mí es importante la casa. No tanto por tenerla arreglada y cuidada sino por tener un espacio para estar solo.*

♦ *Sentimiento acentuado del propio espacio personal y de la privacidad, con la facilidad para sentirse invadido.*

■ *El desinterés por el mundo exterior, aunque pueda pasar desapercibido a simple vista, es ese no estar con el alma ahí. Ese estar fantasma.*

La avaricia constituye una forma de miedo a la vida, entendido como temor por perderse y a ser engullido por los demás. Se promueve así un carácter defensivo para no precipitarse en el abismo de la nada. Las posesiones y las riquezas, en sus vertientes material y cualitativa, facilitan la supervivencia. La vigilancia impide la pérdida y fortalece el refugio. Atesorar asegura ante los vaivenes de una imprevisible escasez.

♦ *Recordar que la avaricia es una forma de miedo de la vida.*

■ *Necesidad de levantar defensas por miedo de ser aniquilado o absorbido por los demás.*

♦ *Creo que he estado en situaciones de supervivencia la mayor parte de mi vida.*

● *Mis amigos se quejan mucho de que no salgo, tienen mucha paciencia. No me llaman para la acción.*

El E5 se instala en su mundo interno, que se abstrae de los avatares externos. Se rige por sus leyes propias y pugna por el autoabastecimiento. Los pensamientos nutren la mente del avaricioso, que se aleja de sus sentimientos y relaciones. Mientras el pez nada dentro de la pecera, todo funciona, pero asomarse al exterior puede convulsionarle radicalmente. El reparo que los otros tienen de cruzar el dintel de la caverna para entrar se corresponde con el temor de los que están dentro por salir.

♦ *Compensar la realidad frustrante incluso (hasta casi sustituirla) con un mundo interno donde las cosas tienen un significado particular personal, simbólico, poético, metafísico.*

• *En la adolescencia pasé mucho tiempo leyendo cómics, era la forma en la que yo me creaba mi propio mundo, con la música. Me nutría de eso a nivel interno, no de relaciones. Tenía algún amigo, pero sobre todo mi mundo interno giraba en torno a esto.*

♦ *Evasión de la realidad en un mundo propio donde parece que nadie pueda (¿o quiera?) entrar.*

• *Luego una tendencia muy fuerte a buscar en mi mundo interno mis propias fuentes de vida.*

1.2 Percepción del vacío como realidad abismal

La nada y el vacío han arrancado profundas reflexiones antropológicas y espirituales a lo largo de la historia. San Juan de la Cruz, místico perteneciente al E5, utiliza el binomio «todo-nada» (nada: 373 veces; todo: 274 veces en el conjunto de su obra). Su nada está en función del todo. En el avaricioso el vacío es tan profundo que nada resulta suficiente para colmarlo, ni conocimiento ni bienes materiales.

♦ *En el primer caso había un sentimiento de vacío interior que no se podía colmar.*

♦ *Es la sensación de vacío sin tener claro lo que estoy echando de menos.*

• *He pensado a veces morir y no dejar ningún rastro de nada.*

■ *Dentro no hay nada, solo hay curso de la vida por un lado y por otro todo aquello retenido para llenar ese vacío.*

El E4 pretende llenar su vacío con sentimientos. En cambio, el E5 los sacrifica para dar prioridad a los contenidos mentales. Existe contención emocional y supresión de la alteridad. De ahí la relación consigo mismo como principal o casi exclusiva. El miedo a soltarse protege de la pérdida y de la nada. La acumulación desactiva los mecanismos de angustia ante el vacío, pero no lo resuelve. El aislamiento lo acentúa.

◆ *Si suelto lo pierdo todo, me quedo sin nada, se me va la vida.*

● *No veo muy clara la respuesta porque yo me relaciono mucho conmigo mismo, la cosa es cómo me afecta. Me cuesta ver esto. Me relaciono fundamentalmente conmigo mismo.*

● *Doy vueltas entonces al pensamiento de la muerte a lo mejor porque pienso que no merezco haber vivido.*

■ *«Si muestras tu emoción, desapareces». Es algo así como si me pongo vulnerable delante del otro me veo más humana y me siento torpe, ridícula, los pensamientos de «vaya número estás dando».*

Se trata de un vacío existencial. No poseer es desposeerse. Por tanto, aniquilarse y dejar de existir. Ser poseído implica desaparecer al ser engullido por una fuerza extraña. Por ello, el avaricioso es celoso de su intimidad porque a través de ella se agarra a la existencia. El aislamiento garantiza su empeño, pero le sustrae recursos inapreciables. A la vez, el E5 busca adquirir y acumular para defenderse de la nada que gravita sobre su conciencia.

◆ *Está presente el miedo a quedarme sin nada, y por tanto, a no ser nada, y también a ser absorbido por el otro. Por tanto, la consecuencia de esto es el aislamiento.*

■ *«Si no le encuentro significado a la vida, no existo». Es como si la vida de por sí en cada situación presente no tuviera significado.*

■ *Es una forma de no sentir el vacío. Este sentimiento de vacío surge de la no existencia.*

2. Degradación de la conciencia

La inconsciencia, como mecanicidad, conduce a la distorsión cognitiva y es terreno abonado para que la pasión dominante, como motivación deficitaria, dificulte el despertar lúcido, sin el cual el ser queda oscurecido y el vacío que se genera pugna por llenarse a través de sucedáneos. Los mecanismos de defensa coadyuvan al mantenimiento de la inconsciencia. Se buscan soluciones falsas o aparentes para confirmar las propias capacidades o para satisfacer las necesidades profundas. Se utilizan aquí cuatro subcategorías para indicar distintos modos que tiene el carácter avaricioso de bloquear su conciencia o reducir su percepción.

2.1 Aislamiento que desplaza al reino de las sombras

El aislamiento propicia un retorno a la cueva o un regreso al útero materno. Se obtiene así la seguridad, incluso la pócima mágica del conocimiento más sublime, pero se pierde la conexión con el amor y el instinto. No hay contacto y sin él la conciencia reduce su espectro a lo puramente mental. La palabra saber tiene relación etimológica con sabor. Sin la colaboración de los sentidos, la sabiduría puede ser gélida.

- *Un deseo de vivir en una isla desierta.*
- *La base de mis ideas locas tiene que ver con la sensación de estar aislado.*
- *Un compañero pasó por mi lado, me miró con cara tierna y a la vez con pena, y me rozó con una caricia un brazo. Rompí a llorar desconsoladamente al sentir lo aislada que estaba.*
- *Esta tendencia tiene diferentes matices: uno de ellos es el de aislarme literalmente. Puedo pasarme días sin ver a nadie y sentirme bien así.*

Leibniz utiliza el concepto de mónadas para indicar los componentes de la realidad. Afirma que «no tienen ventanas». Se trata de una imagen sugestiva para indicar la incomunicación, que tanto atañe al avaricioso. Desea no ser visto, no mostrarse ante un auditorio, rehuir el trabajo en equipo y evitar pertenecer a un grupo.

- *Deseo de no ser vista y de no hacer ruido.*
- *Me aterra mostrarme delante de un auditorio y el poco espíritu de trabajo en equipo, es lo que más resaltaría.*
- *Incomodidad constante por pertenecer a un grupo.*

La estación final de cualquier empeño de la persona avariciosa es la soledad. Todo intento de relación, tarde o temprano, desemboca en ruptura. Existe un pesimismo existencial. La utopía del todo se resquebraja. Se exalta la soledad como un valor cuando en realidad es un destino. La convivencia implica ponerse en juego. Sin riesgo, se permanece en la soledad.

- *Se podría vivir bien solo, haciendo mi vida con mis libros, mi música, mis cómics... Como mucho ir a trabajar porque es necesario.*
- *Ella se echó un novio y yo sentí que nuestra relación se acababa y me hizo sentir muy triste al pensar que todo en esta vida se acaba y que al final siempre regresaba a mi soledad, a mí misma, que era al fin y al cabo lo único seguro que tenía.*
- *Luego, por otro lado, hay un darse cuenta muy profundo de la inmensa soledad del ser en relación con otro.*

2.2 Desconfianza como clausura que obnubila la conciencia

La seguridad del E5 radica casi exclusivamente en los recursos propios. Constituye un precio inevitable del aislamiento. La desconfianza aparece como una consecuencia natural. Se pierde así la visión objetiva de los demás, al anticipar mediante creencias infundadas el resultado final de la relación. En el prefijo de esas dos palabras hay un punto en común: la desconfianza implica desconexión. Las dos se complementan. Vivir la una sin la otra conduciría a la contradicción interna.

♦ *Esto va unido a la creencia, a la idea loca de «no puedes fiarte de nadie», o «el otro al final te la juega».*

♦ *Vergüenza, sentido de ser inadecuado socialmente, con la sensación que las propias cualidades no pueden ser apreciadas o acaso ni siquiera percibidas.*

♦ *Fuimos a un bar que estaba en el Tibidabo, en Barcelona. Había bastante gente, por lo que le perdí de vista durante unos instantes. Me quedé sorprendida de mi desconfianza y de lo que me pasó por la mente en esos momentos (se irá sin esperar a encontrarme) y cómo me empecé a poner en marcha (llamaré a un taxi para volver a casa).*

La avaricia implica posesión y atesoramiento. La presencia ajena es vivida como amenaza, ya que las riquezas, cognitivas y materiales, despiertan la codicia. Por tanto, hay que mantener una actitud vigilante para que nadie las arrebate. Toda relación cae bajo la suspicacia y la tensión que comporta se disuelve con el aislamiento. El ser pierde sus conexiones, la conciencia se perturba y el avaricioso regresa a la cueva de su soledad, donde como Alí Babá podrá regodearse en la contemplación de sus tesoros.

♦ *No puedo fiarme de nadie, solo de mí misma, así que más vale que me las apañe sola.*

● *Renunciar a las personas porque no me comprenden/me abandonan.*

La desconfianza tapa la consciencia de la dinámica autodestructiva de la avaricia. Para la desconfianza, el problema son los otros que pueden arrebatar las propias riquezas. Vivir con este sentimiento causa tensión y angustia. Se busca una confianza total, casi imposible de encontrar. El refrán popular «La avaricia rompe el saco» indica que el exceso de retención es la causa de pérdida de los bienes acumulados.

♦ *La avaricia aquí cobraría la forma de una búsqueda de «total confianza», de «total unión con el otro», de «total entrega», de sentir que el otro se entrega a mí totalmente y de yo darme al otro.*

♦ *La desconfianza me mantiene alerta, me origina tensión, y, por tanto, rigidez, esfuerzo y contención. Y ahí viene la avaricia.*

2.3 Compartimentación como reflejo de la escisión interior

La compartimentación permite vivir una aparente unidad porque se suprimen todas las contradicciones. De este modo, se difumina la complejidad y se amputan dimensiones significativas de la persona, tales como las emocionales e instintivas. Se piensa, pero no se siente. Este mecanismo de defensa coincide con el aislamiento, pero añade connotaciones importantes. Se vive la existencia en compartimentos estancos. Vida personal y trabajo son dos mundos distintos y desconectados. Las amistades del avaricioso se regulan por el mismo criterio. Todas conocen al E5, pero este no les sirve de puente de conexión. Las consecuencias se dejan adivinar: pérdida de una identidad estable, descomposición interna, falta de conciencia integral...

• *La compartimentación es en el que mejor me he visto. En mi trabajo la vivo mucho.*

■ *La división es una disociación interior. Un no acabar de tener una identidad estable.*

■ *Entonces una parte sigue con la relación con uno mismo y la otra parte sigue en relación con el exterior.*

La conciencia de la complejidad personal, sin la omisión de ninguno de sus elementos integrantes, desemboca en la percepción de las contradicciones. Por tanto, se inicia la pelea interior. La paz del carácter del E5 radica en la sumisión del mundo emocional e instintivo, así como en la pérdida de sus reivindicaciones. Diversificar las apuestas comporta un deterioro inicial de la acumulación y entraña una dificultad para el avaricioso, que prefiere la coherencia de un pequeño sector al laberinto de la realidad concreta.

■ *Remarcar que, antes de entrar en crisis y empezar mi proceso personal consciente, no había pelea interior.*
● *He desarrollado un sentido de mí mismo muy contradictorio.*

2.4 Dificultades diversas para ser consciente

Esta subcategoría agrupa una serie de unidades conceptuales, presididas por la pasión dominante, que tienen en común obstaculizar la consciencia de sí, en cuyas antípodas se encuentra la mecanicidad. Las reacciones automáticas impiden darse cuenta de las auténticas motivaciones, que en el E5 echan sus raíces en la avaricia. Sin conciencia no hay cambio profundo.

♦ *Bueno, todo lo expuesto antes, ahora ya no es así. Ahora soy más consciente y lo voy trabajando y algunos de estos aspectos han cambiado bastante.*

Las dificultades se diversifican: incapacidad de mirar la realidad a la cara, ignorancia en la interpretación de los propios sentimientos, desconexión con el aquí y el ahora, ausencia de diagnóstico referente al enfado y a la agresividad… Todas ellas impiden de algún modo la toma de conciencia sobre la propia existencia y sobre el propio mundo emocional e instintivo. La avaricia valora el ahorro energético que todo acto de conciencia implica.

♦ *Lo que ocurre es que, claro, no siempre la [neurosis] quiero mirar a la cara.*

• *Una cosa que es muy cinco pero que creo que es muy mío es estar triste y no darme cuenta de que estoy triste.*

♦ *Dificultad de estar presente y sentir lo que se experimenta en el momento.*

• *A uno también gestaltista le mandé a tomar por el culo, cosa que no había hecho antes en mi vida después de una hora y media de hablar por teléfono de mis emociones. Al final es lo que me salió. Muy flojito, muy suave, una cosita así porque me cuesta un montón notar qué emoción tengo, sobre todo la de enfado y agresividad, me son muy difíciles.*

3. Perturbación de la conducta a través de algunas estrategias operativas

La conducta se ve afectada por el grado de conciencia que posee una persona, pero a su vez lo genera. Aquí se entiende por obras las estrategias operativas que utiliza la persona avariciosa para conseguir sus fines y deseos. Un progreso en la conciencia y en la virtud desactivan en su misma medida los comportamientos a ellas subordinados. Se resaltan, a partir de los datos obtenidos, siete estrategias operativas.

3.1 Escisión, desconexión y desapego patológico

La avaricia se enfrenta a un dilema de cara a los bienes atesorados: arriesgarlos o mantenerlos. Las relaciones humanas interfieren de tal modo que dinamitan la seguridad. El E5 identifica donación con

pérdida y recepción con deuda. Una y otra desestabilizan sus posesiones. Por ello, opta por la retención y paga el precio del desapego
y la desconexión con los demás. Niega o reduce al mínimo sus necesidades para poder prescindir de la contribución ajena. Como el
sacrificio es sustancial, ya que del amor se trata, intenta empeque-
ñecerlo devaluándolo. La distancia enfría y se deja seducir por el
aislamiento.

- *Estar desapegada de la vida.*
- *Relacionado con lo que he descrito anteriormente, está el desapego patológico, el no dar.*
- *Una que oí a Claudio en un SAT y que es total es: «El amor no es para tanto». Esta es la fijación.*

Las relaciones humanas, pese a su dosis de gratificación, se
tornan incómodas. Implican transacciones que el avaricioso no
está dispuesto a realizar. Se anticipan exigencias insostenibles que,
si no se satisfacen, serán fuente de frustraciones y desilusión. La
distancia adquiere a esa luz un carácter defensivo. Retirarse del
juego asegura evitar la derrota, pero jamás hay ganancia. Se adopta entonces la mentalidad de la zorra ante las uvas. Si no las alcanza, es que están verdes. Las relaciones son consideradas como
prescindibles. Incluso, como molestas. Se justifica así la escisión y
el desapego.

- *Si me acerco a los demás, me plantearán exigencias insos-tenibles o, de todos modos, los decepcionaré.*
- *En amor: si el otro me hiere o no me cuida me retiro, me desapego, lo «elimino» de modo que, si me abandonara, ya estoy preparada.*
- *Si tengo un problema con un amigo, si pierdo la relación pienso que no pasa nada. Me parece como que puedo prescindir de cualquier relación.*

La desconexión constituye una respuesta del avaricioso ante las demandas de una persona concreta y aún más de un grupo numeroso. Refugiarse en las propias abstracciones es un recurso siempre a mano. También, adoptar la postura del observador que contempla un espectáculo que no le concierne o en el que no se siente implicado. El desapego refleja insensibilidad, característica que lo facilita. La soledad es el resultado.

◆ *Eso me pasa cuando estoy en grupo numeroso, pero también me pasa a veces cuando estoy con otra persona y a veces desconecto y me pierdo por momentos en mis abstracciones.*

■ *La insensibilidad es una sensación fría y seca como una desconexión profunda entre el exterior y el interior. Como un desapegarse de ambas cosas.*

◆ *Soy una persona más bien solitaria y habitualmente cuando estoy con gente, sobre todo si son grupos, tiendo a aislarme, a desconectar de lo que sucede en el grupo, aunque en realidad lo observo casi todo.*

3.2 Desenergetización, escasez e inacción

El ahorro, como una de las expresiones de la avaricia, se encamina a evitar el gasto y a favorecer la acumulación. El E5 escatima todo lo que puede el gasto de energía que se produce en el trabajo y que, aún más especialmente, ocasionan las relaciones sociales. Esta sensación de pérdida de energía alimenta la creencia de la escasez y conduce a la inacción. Subyace el miedo a caer en el vacío y a quedarse sin nada, ya que el gasto de energía se vive como pérdida. Salir de sí mismo, abandonar la cueva donde el avaricioso se aloja, requiere una dosis considerable de esfuerzo. Como los recursos son limitados, hay que dosificarlos al máximo.

- *La avaricia también es un ahorro de energía. Vivo muy fuertemente la avaricia en las acciones concretas...*
- *Lo cotidiano, con mis alumnos, varias veces al día. Están fastidiando, noto un bajón de energía y cabreo.*
- *Las relaciones sociales en realidad me suponen un esfuerzo y un gasto de energía (ahora mucho menos que antes), y a menudo me siento torpe e inadecuada, aunque ahora ya no me sucede tanto.*
- *Me siento a menudo apática.*

Un donante de sangre queda bloqueado si percibe que la extracción le dejará desangrado. Para el avaricioso, dar no es compartir sino una forma de quedarse sin nada. Le persigue la idea de la escasez, de ahí que se haya definido su carácter como mezquino, pendiente excesivamente del gasto. Retener es un modo de evitar el vacío. Hay que dosificarse. No se valora el esfuerzo, ni las relaciones humanas, ni la vida emocional.

- *La avaricia es yo en lo mío o bien el esfuerzo me jode. Si salgo bastante tarde, al día siguiente estoy hecho polvo y lo pierdo. Salir poco.*
- *Si la relación que tengo es de mucha confianza entonces se crea una relación intensa y de complicidad. Pero esto sucede solo con una persona, no con varias.*
- *Al tener carencia de relaciones íntimas, o muy pocas, hay muy poca vida emocional.*
- *Siento como que no tengo y de este sentimiento de escasez me digo: ¡Cómo vas a dar!*

Con estos ingredientes, la inacción constituye una consecuencia lógica. Actuar consume energías. Dejar de hacerlo las ahorra. La parálisis es una constante. Los impulsos se desintegran cuando quieren traducirse en acción. Postergarla crea la ilusión de control cuando en realidad comporta un gasto mayor. No hay implicación ni compromiso. Los objetivos alimentan la teoría, pero escasamente motivan la acción.

- *Me retiro de las situaciones desagradables, en vez de luchar por lo que quiero.*
- *Con el tiempo, me da la sensación de que puedo hacer pocas cosas, las hago muy lento, estoy pensando todo el rato, y me cuesta mucha dificultad la concentración y las cosas de acciones concretas, como lavar los platos, preparar las cosas para ir al trabajo, las carpetas...*
- *Soy poco impulsiva y postergo la acción, no digo lo que siento para no exponerme.*
- *Si hay que actuar, quedarme parado en un momento dado. Si me apetece entrar a una chica, me quedo parado. Si una persona me ofende, me quedo parado.*

3.3 Hipertrofia mental en perjuicio de instintos y sentimientos

La avaricia de conocimientos conduce a la hipertrofia mental en detrimento de emociones e instintos. Nunca son suficientes para llenar el vacío de la cueva. Su acumulación no busca una preparación personal o profesional como objetivo primero, sino que está en función del abismo existencial que pretende rellenar. Pese a la adicción, la tarea resulta imposible de llevar a cabo. Todo se desplaza a la cabeza. Se observa el mundo desde el ático.

- *La avaricia de conocimientos es mi pasión más fuerte.*
- *La orientación al conocimiento y al estudio y acumulación de estos, como si nunca fuera bastante porque nunca estoy preparada lo bastante.*
- *He descubierto que conducir sola por la autopista me gusta mucho porque me lleva a alguna parte y me da ocasión de pensar.*

- *No fumo, pero comprendo muy bien la adicción del fumador, del drogadicto, porque la sensación que experimento cuando estoy leyendo es imparable, yo no puedo hacer nada, es como tener el mono.*

La escisión del E5 se produce también dentro sí. Intelecto y emoción actúan en compartimentos estancos. El desarrollo excesivo del primero va en detrimento del segundo. El contrato de Shylock, personaje de *El mercader de Venecia* de Shakespeare (2000), solo funciona en el papel, en la mente. Resarcir el préstamo con una libra de carne de Antonio resulta imposible sin derramamiento de sangre: «En este pagaré no se te da ni una pizca de sangre» (p. 203). La vida tiene otros parámetros que la pura abstracción. Adentrarse en el sentimiento sería descender de la cabeza, donde el avaricioso está cómodamente instalado.

- *Al ser una avaricia que está enfocada más en lo mental, tengo mucha dificultad para notar mis emociones. Este sería el aspecto más fundamental.*
- *La intelectualización, yéndome a racionalizaciones o abstracciones mentales para escaparme de lo que me toca emocionalmente.*
- *No logro vivir plenamente (emocionalmente) una experiencia intensa cuando estoy con alguna persona, aunque puedo vivir en solitario la misma experiencia de una manera muy fuerte, tanto que deseo compartirla con la persona que amo.*
- *El razonamiento para llegar a la comprensión de algo sin experimentarlo.*

El cuerpo es el gran desconocido para el E5. Una escisión más —y no menor— que vive el avaricioso. Mente e instintos permanecen incomunicados. Las elucubraciones mentales alejan del dolor y del placer, pero se muestran incapaces de llenar el vacío existencial. Existe conocimiento, pero falta experiencia, que engloba más dimensiones de la persona. No es lo mismo escribir un libro sobre el tacto que experimentar físicamente una caricia.

- *No existe comunicación entre la cabeza y el cuerpo. Ahora un poco más.*
- *Y claro, si tengo dificultad para experimentar el dolor, también el placer, pues ambos van en el mismo lote. Aunque esto está cambiando notablemente.*
- *Múltiples situaciones en las que me siento cerrada, en las que el miedo está presente y solo hay oscuridad, confusión, en las que no hay contacto con mi corazón, con mi instinto y el plano mental lo ocupa casi todo.*

3.4 Incapacidad de compartir (de dar y de recibir)

Las relaciones simétricas —pareja, amistad— implican dar y recibir, por tanto compartir. Para el E5 dar choca con su avaricia de afecto. Recibir tampoco le resulta fácil porque crea deuda y puede exigir respuesta. Desposeerse significa agrandar el vacío que tanto teme. De ahí que retenga. No obstante, la entrega sexual puede alcanzar su culminación, si no interfiere el pensamiento.

- *Por una parte, las demandas excesivas de mi pareja me agobian y me crean alejamiento.*
- *Una relación muy fuerte es la avaricia con el afecto. Me cuesta un montón dar afecto y pensar qué recibo a cambio.*
- *Vacilación y dificultad en compartir pensamientos y sensaciones.*
- *Es a nivel sexual donde esa entrega es total, donde mejor puedo darme al otro.*

Soltarse es camino de sanación para el avaricioso, pero a la vez constituye el mayor impedimento de su pasión dominante. Le cuesta dar, sea tiempo, espacio, objetos, información, dinero... Más difícil todavía le resulta darse porque implica entrar en el campo de las emociones, compartir la intimidad de la cueva y mostrar el vacío existencial que le atormenta.

- *No he tenido nunca pareja. ¿Cómo obedece esto a mi pasión dominante? Una cosa que me dificulta tener pareja es la necesidad de ahorrar el tiempo.*
- *La confusión entre la avaricia entendida como codicia (que reconozco poco en mí) y aquella entendida como escasa disponibilidad a dar a los demás.*
- *El no darme es sobre todo a nivel emocional, pero también en otros aspectos como puede ser compartir mi tiempo, o mi espacio, o información o mis objetos (libros, prestar dinero...).*
- *En el pasado, en el terreno amoroso, nunca me he abierto del todo para no descubrirme y revelar lo que yo era realmente.*

La persona avariciosa boicotea la donación de múltiples formas. Desplaza la implicación emocional al plano del sexo, se siente dominado por la pérdida cada vez que intenta darse, marca distancias para no ser invadido o engullido en sus relaciones con los demás, se resiste a compartir las cosas más íntimas... El aislamiento le atenúa el problema, pero le impide resolverlo a fondo. Refugiarse en las ideas no soluciona la vida.

- *El desplazamiento hacia el campo sexual de la implicación emocional, privado de la capacidad de intercambio relacional a nivel afectivo.*
- *Esto era antes, cuando estaba más neurótica y menos consciente. Ahora estoy experimentando otra forma de relacionarme y de amar, o, más bien, estoy aprendiendo a amar, a darme sin perderme, y aceptando al otro tal cual es.*

- *De pequeña disminuí la amistad con una amiga cuando se volvía demasiado estrecha y cotidiana.*
- ◆ *Probablemente es de esta segunda sensación que deriva sobre todo una actitud de clausura en la que sí hay el placer de recibir afectos (atenciones-miramientos-calor), pero existe la resistencia a compartir las cosas propias más íntimas.*

3.5 Retención como forma de atesorar y de burlar el vacío

El E5, como buen carácter anal, busca retener. El cuerpo, incluso la voz, refleja a menudo esta conducta, que llega a ser perniciosa porque es fruto de un desorden. Atesorar no resuelve su vacío existencial, sino que lo agranda porque la conservación de las riquezas aísla al avaricioso de sus relaciones. Entiende la retención como sinónimo de seguridad y autonomía.

- *Hay un tipo de avaricia mía que yo he comprendido hace poco a través de un amigo mío, también cinco. La define muy bien el personaje Frodo de* El Señor de los Anillos: *una avaricia de conservar algo bello, y guardarlo, y agarrarme a ello, y quedarme en mi cuarto disfrutando del tesoro al margen del mundo.*
- *Voz moderada.*
- ■ *Contenerse por miedo de sufrir en la implicación emotiva.*
- ◆ *El afán de retener, la tendencia a no soltar, como pueden ser cosas materiales, tiempo, información, conocimientos, implicación emocional, que me lleva a una huida del compromiso, ya que no me gusta sentirme atada.*

La retención está paradójicamente unida al desapego patológico. El E5 se distancia de los demás para asegurarse la conservación de las cosas a las que está apegado. Cuanto más atesora, mayor es la necesidad de aislamiento. Dar(se) le produce sufrimiento y dolor.

202 • EL ENEAGRAMA DE LAS PASIONES

La identificación con el planeta debe interpretarse como apego a su lugar de residencia.

- ■ *Apego: dificultad o sufrimiento por dejar personas, relaciones.*
- • *Me apego a mis cosas (libros, vestidos, material de estudio), me agrada conservarlas a mi modo y me desagrada que, si las presto, me las devuelvan en mal estado.*
- ■ *Pienso que el trato que damos a nuestro planeta es incomprensible.*

El concepto tradicional ha reducido la avaricia al ámbito del dinero y de las riquezas. La visión del eneagrama ofrece un panorama mucho más amplio y diversificado, pero no menosprecia la importancia del dinero, ya que es garantía de seguridad y permite afrontar las contingencias e imprevistos. Las cosas crean decorado. En consecuencia, intimidad y confianza.

- • *Puedo ser avaricioso con el dinero, pero no es este mi núcleo de avaricia, sino con el tiempo y la energía.*
- ♦ *Me gustaría tener mucho dinero y me parece que no tengo nunca bastante.*
- ♦ *Con las cosas. Hay cosas, objetos que están conmigo desde hace muchos años y me siento bien con mis cosas. Me dan seguridad.*

3.6 Autonomía en los recursos propios y negación de necesidades

Si el E5, por la dinámica dominante de la avaricia como su pasión específica, abandona o menosprecia las relaciones nutritivas, tendrá que afrontar la vida solo con sus propios recursos. La autonomía implica apañárselas solo y atender sin ayuda de los demás sus necesidades. La distancia genera soledad. En este contexto, la supervivencia exige autoabastecimiento.

♦ *Por eso, la decisión de no necesitar a nadie y arreglármelas yo sola; yo soy autónoma e independiente y me las apaño sola.*

• *Deseo de libertad y de independencia.*

♦ *Dificultad para pedir al otro lo que necesito, porque está la creencia de que en el fondo, las necesidades si no me las cubro yo no me las cubre nadie.*

Dos temores surgen en el avaricioso: el miedo de una invasión y el pavor de ser engullido. De la invasión se defiende mediante el alejamiento. No busca la confrontación. En juego están la intimidad, el espacio propio y los bienes atesorados. Ser engullido comporta sumergirse en el vacío de su propia desaparición. Luchar por su autonomía significa conseguir la supervivencia.

• *Puedo alejarme de alguien si veo que se me invade demasiado en mi autonomía.*

♦ *Sentimiento acentuado del propio espacio personal y de la privacidad, con la facilidad para sentirse invadido.*

♦ *En el fondo hay mucha fragilidad y vulnerabilidad y mucho miedo a que el otro pueda hacerme daño.*

■ *Miedo a ser engullido.*

La autonomía y la independencia del avaricioso presentan, a menudo, conflicto con la autoridad —personas, imposiciones doctrinales, reglas férreas…—. El E5, especialmente el subtipo social, cuando no ejerce de Dios, no quiere ponerse al menos por debajo de él. El pensamiento otorga un sentimiento de superioridad, pero puede carecer de consistencia existencial, como le sucede a la estatua soñada por Nabucodonosor: «La cabeza de esta imagen era de fino oro; sus pechos y sus brazos, de plata; su vientre y sus muslos, de metal; sus piernas, de hierro; sus pies, en parte, de hierro, y en parte, de barro cocido» (Dn 2,32-33). Comprender el mundo, para el avaricioso, es una forma de dominarlo.

- ♦ *La rebeldía, a pesar de que a veces puedo comportarme de forma obediente, sin hacer cuestionamientos, la mayoría de las veces puedo ser muy rebelde.*
- *Hay un punto como de no ponerme yo por debajo, muy curioso, no parece muy cinco, pero yo intuyo que esto es muy cinco: no ponerme por debajo de Dios.*
- ♦ *Nunca he querido trabajar como médico o psiquiatra, incluso cuando no ganaba bastante, para las estructuras estatales que me habrían garantizado un óptimo estipendio.*
- *Soy intolerante a las imposiciones doctrinales, a reglas férreas.*

3.7 Culpa derivada del superego

La culpa está presente en el E5, como se ha visto anteriormente en el E4. De las 45 unidades conceptuales atribuidas a este apartado, 24 corresponden al subtipo conservación. Entendiendo al E5 como la sombra del iracundo, el E1, se detecta en el avaricioso la voz de un juez interno. Existe un superego potente que, en la medida que no es obedecido, genera sentimiento de culpa.

- ■ *Estoy intentando buscar otro ejemplo. Me viene uno en particular y empiezo a describirlo, lo rechazo, me parece demasiado íntimo. Me viene otro y me parece demasiado extenso. Acabo de borrar uno por ser demasiado abstracto.*
- ■ *Es como una continua voz que siempre está exigiendo que aquello tiene que ser mejor hecho sin saber muy bien qué cosa.*
- *Leí u oí por algún lado que la sombra del cinco es el uno. En mi caso es total. Es como un juez interno muy potente que proyecto fuera. A mí me afecta mucho a la expresión.*

Como el E1, el E5 experimenta las exigencias del perfeccionismo. Naranjo (1994a) matiza la forma en que cada uno de estos dos eneatipos lo viven: «el eneatipo I es más externamente perfeccionismo y el eneatipo V lo es más internamente» (p. 92). Se produce un alto nivel de exigencia, que resulta casi imposible satisfacer. En la medida que esto ocurre, surge la culpa.

◆ *El impacto con el mundo ha suscitado desconfianza en mí mismo y en mi capacidad de estar a la altura de las exigencias externas.*

◆ *Si no eres perfecto no te quiero, algo así. Claro está que esta perfección es en base a mis cánones.*

■ *Es una exigencia que parece que nunca esté contenta con nada. Muy desorientadora.*

La culpa crea un vínculo entre responsabilidad y daño causado. No siempre obedece a datos objetivos. Se crean fantasmas tales como «algo va mal cuando todo va bien». En el avaricioso, la culpa es el resultado de la idea de no estar a la altura de las circunstancias, dado su notable nivel de exigencia. Se expresa a través de replanteamiento continuo de sus acciones o la búsqueda de algún mal como justificante del sentimiento culposo.

■ *No puedo ser feliz, porque si lo soy, me sentiré culpable o sucederá algo terrible.*

■ *La culpa es como un replanteamiento continuo de lo actuado, sea desde el haber hecho o desde el no haber hecho.*

● *En cualquier situación busco esto malo para justificar la sensación de culpabilidad. No sé si es una idea loca o un componente emocional.*

REPERCUSIÓN DE LA AVARICIA EN EL ÁMBITO DE LAS RELACIONES

La pasión de la avaricia

La pasión del E5 corresponde a la avaricia, que para el subtipo conservación en castellano equivale a desapego patológico. Se presentan diversas subcategorías de similar puntuación y cuyo conjunto traza un amplio espectro de la pasión dominante. Las estrategias operativas, siempre numerosas y variadas, adquieren relevancia a la luz de los componentes ónticos de la persona avariciosa.

La avaricia privilegia la cueva como lugar donde atesorar riquezas y apunta al intento de rellenar un vacío que aparece abismal. El aislamiento, la desconexión y la confianza en los recursos propios permiten retener sin experimentar la amenaza en demasía.

- *El desinterés por el mundo exterior, aunque pueda pasar desapercibido a simple vista, es ese no estar con el alma ahí. Ese estar fantasma.*
- *Está presente el miedo a quedarme sin nada, y, por tanto, a no ser nada, y también a ser absorbido por el otro. Por tanto, la consecuencia de esto es el aislamiento.*

El afán desordenado, ínsito en la avaricia, se expresa en la ruptura y el aislamiento en vistas a la retención y a la autonomía de recursos. La hipertrofia mental manifiesta el desequilibrio interno de la persona. *Cap-gros* es la palabra catalana para indicar renacuajo. Expresa la descompensación de la cabeza sobre el resto del cuerpo. Imagen sugerente para el E5.

- *Por la misma sensación de escasez se puede desarrollar una necesidad de no apegarse a las cosas (y personas), sea por miedo de perderlas o de sufrir, sea por miedo de crear una dependencia y perder la libertad.*

♦ *La intelectualización y racionalización de la experiencia. El evadirme de la realidad yéndome a la cabeza.*

Cada subtipo vive a su modo la pasión de la avaricia. El sexual sale de la cueva en búsqueda de la total confianza. El social pretende la acumulación de conocimientos, tributo obligado para la admiración del tótem. El conservación permanece aislado, sin salir de la caverna.

♦ *Sexual. La avaricia aquí cobraría la forma de una búsqueda de «total confianza», de «total unión con el otro», de «total entrega», de sentir que el otro se entrega a mí totalmente y de yo darme al otro.*

• *Social. La avaricia de conocimientos es mi pasión más fuerte.*

■ *Conservación. Por ahora no he encontrado una palabra mejor que autismo para definir una cierta característica que a la vez siento como una parte importante de mi pasión.*

Las fijaciones, coloquialmente ideas locas, son distorsiones cognitivas que alimentan y justifican la pasión dominante, situada en el centro emocional. El E5 justifica con ellas su desconexión y comportamiento esquizoide. De este modo, evita sufrir, pero pierde su contacto con el amor.

♦ *También es: si al otro le muestro mis sentimientos, me va a dejar o me hará daño.*

• *Fantaseo hacer algo grande, llegar a ser una especie de gran sabio.*

■ *«No vale la pena decírselo». La fijación o idea loca se acrecienta si me quedo ahí.*

Los demás son una amenaza para los tesoros que guarda celosamente el avaricioso, porque pueden engullirlo o desposeerlo. La distancia, el aislamiento, incluso la fuga, garantizan la retención de las riquezas.

- ◆ *Evito comunicar cosas y experiencias, informaciones, incluso indicaciones de lugares entrañables, a personas en las cuales no confío del todo, por miedo a que se «estropeen».*
- • *Es lo que más me caracteriza en mi conducta: detenimiento, paralización antes de actuar.*
- ■ *Huida.*

Los mecanismos de defensa pretenden atenuar la conciencia en todos sus ámbitos o hacerla desaparecer. El aislamiento, resultado de la desconfianza, que se expresa en la escisión del yo y en la creación de compartimentos estancos es el más significativo. La proximidad del otro amenaza las posesiones propias.

- ◆ *Y el más importante, aunque los dos anteriores son producto de este, es la separación de los demás, la distancia que interpongo entre yo y los otros.*
- • *La compartimentación es en el que mejor me he visto. En mi trabajo la vivo mucho.*
- ■ *Escisión del ego.*

El criado Flecha habla así a Frosina de Harpagón en *El avaro* de Molière (2000): «Tú no conoces todavía al señor Harpagón. El señor Harpagón es el hombre menos humano de todos los hombres, el mortal más duro y agarrado entre todos los mortales. No hay servicio que comprometa su reconocimiento hasta hacerle abrir las manos. Alabanzas, estimación, benevolencia de palabra, y tanta amistad cuanta os plazca; pero en cuanto a dinero, no hay de qué. Nada existe más seco ni más árido que sus afabilidades y sus caricias; y dar es una palabra por la que tiene tanta aversión, que no dice jamás: *Os doy*, sino: *Os presto los buenos días*» (p. 47). El afán de posesión y atesoramiento, no solo crematístico, alimenta en el avaricioso su incapacidad para compartir. Su dureza y aridez son el precio de ignorar los sentimientos. Se pierde a sí mismo en el intento de retener los bienes que posee.

♦ *Al dar me digo que no tengo nada, que se están aprovechando de mí, que puedo dar poco o dar solo si he recibido mucho. Solo puedo dar si siento que estoy nutrido.*

■ *La sensación de libertad proviene de un circuito del debe-haber por el cual tengo un sentido de recelo en cuanto lo veo no desinteresado y como área potencial de chantaje moral.*

REPERCUSIONES DE LA AVARICIA EN LAS RELACIONES CONSIGO MISMO

El E5 persigue colmar su vacío existencial a base de conocimientos o de alguna relación muy exclusiva. En el empeño, se distancia de sus emociones e instintos. Sin conseguir llenar el primer vacío genera uno nuevo, debido a la aridez de sentimientos y a la mezquindad en los recursos. Rompe el puzzle de su personalidad en mil trozos, que luego no encajan en el nuevo cuadro. Desconfía de sí mismo y se aísla de los demás.

♦ *El impacto con el mundo ha suscitado desconfianza en mí mismo y en mi capacidad de estar a la altura de las exigencias externas.*

♦ *El aislamiento. Me duele mi aislamiento, esa dificultad para darme, para la entrega, para recibir al otro. En definitiva, para sentir, para vivir.*

● *Al ser una avaricia que está enfocada más en lo mental, tengo mucha dificultad para notar mis emociones. Este sería el aspecto más fundamental.*

■ *El razonamiento del superego es el caballo de batalla. Es decir, para cualquier acción o salida de la cueva, el razonamiento siempre surge.*

El avaricioso no busca la unidad interior a través de la armonía de los diversos componentes (mental, emocional y visceral), sino por la hipertrofia de uno de ellos (mental) y la anulación de los otros dos (emocional y visceral). Estos desequilibrios internos —toda hipertrofia los provoca— amenazan las relaciones consigo mismo y le impulsan a vivir desde la parcialidad. Será capaz de definir el amor, pero no de sentirlo y expresarlo físicamente. Su pasión le conduce a la castración de sí.

♦ *Era orgulloso solo de mis capacidades intelectuales con las cuales filtraba y «ponía en orden» el mundo que percibía.*

● *Tengo que ponerme en actitud de ver si estoy cabreado en lugar de sentirlo instantáneamente y expresarme sin más.*

■ *En dos ocasiones he estado a punto de abandonar [este cuestionario] para no seguir escuchándome.*

REPERCUSIONES DE LA AVARICIA EN LAS RELACIONES CON LOS DEMÁS

Se desglosa aquí el ámbito de las relaciones con los demás en dos subámbitos: a) el amor vivido en la pareja y en la amistad; y b) el trabajo. ¿En qué afecta la avaricia a estos dos subámbitos?

Amor (pareja y amistad)

¿Cómo se pueden vivir relaciones de pareja y de amistad desde la profundidad de una cueva? Se prescinde de ellas o se busca una relación perfecta y fusional como la que el feto tiene dentro del útero a través del cordón umbilical en calidad de vínculo exclusivo. La escasez permite intensidad y ahorro de energías, ya que una relación requiere tiempo y dedicación. La autonomía se defiende de los contactos invasivos; la desconexión, de las implicaciones afectivas. La subcategoría más destacada es la incapacidad de compartir. La donación y la entrega exigen salir del refugio. El miedo a agrandar el vacío y a perder la seguridad frenan los tímidos intentos del avaricioso. A menudo, sacrifica el amor por el aislamiento y la comodidad de su caverna.

- ◆ *Si la relación que tengo es de mucha confianza, entonces se crea una relación intensa y de complicidad. Pero esto sucede solo con una persona, no con varias.*
- • *Salgo muy poco, me quedo enclaustrado, en casa, escuchando música. Por esto pensaba que podía ser conservación. Si para salir, para ligar tuviera que adaptarme a lo que quieren las mujeres...*
- ◆ *Surge la búsqueda de la relación perfecta, que, claro está, no la encuentro.*
- • *En la amistad, guardo siempre un poco la distancia, prefiero ir yo a estar con los demás, de manera que puedo marcharme cuando quiero, antes que sufrir por tiempo indeterminado su presencia.*
- ■ *Si me siento vinculada al otro pierdo mis límites y mi deseo queda confundido con el del otro.*
- • *No he tenido nunca pareja. ¿Cómo obedece esto a mi pasión dominante? Una cosa que me dificulta tener pareja es la necesidad de ahorrar el tiempo.*

El E5 vive el amor como revelación, por lo que el componente admirativo es sustancial, aunque vive con fastidio su desvelamiento íntimo. La hipertrofia mental establece como deseables el amor protector y el amor erótico, justamente por tenerlos relegados. No obstante, puede actuar sus apetencias sexuales desde la escisión, situando en otro compartimento estanco la implicación emocional o las consideraciones teóricas. Cada subtipo presenta sus peculiaridades.

♦ *Por una parte, las demandas excesivas de mi pareja me agobian y me crean alejamiento.*

• *En el pasado, en el terreno amoroso, nunca me he abierto del todo para no descubrirme y revelar lo que yo era realmente.*

♦ *Busco un ideal de perfección y en el conocimiento cotidiano esta perfección no la encuentro y me desilusiona y me retiro.*

■ *Por ejemplo, estuve yendo a esquiar durante años y, aunque era una afición de mi pareja, acabé pensando y sintiendo que a mí me gustaba y casi disfrutándola. En mi primera relación de pareja me puse de tal modo a guiar la relación que al final resultó una situación que no conseguí llevar adelante por más tiempo.*

Trabajo

La característica fundamental del E5 en el ámbito del trabajo es la autonomía, entendida como prioridad de las actividades intelectuales, centramiento en las propias expectativas, desconexión con los otros, dificultad de trabajar en equipo, relaciones ambivalentes con la autoridad... A eso hay que añadir, como derivadas de la actitud avariciosa, la inacción y la escasez energética empleadas en la dedicación laboral. Debido al predominio del centro mental, suele actuar con lentitud. Se observa un sentido de exigencia muy alto, proveniente de las voces del superego.

♦ *En realidad, me he dado cuenta de que me gusta ir a mi aire y a mi bola y hacer lo que quiero.*

- ◆ *También he visto que la autoridad me crea conflictos y me relaciono con ella a veces, desde la sumisión (para evitar el conflicto) hasta la rebeldía, diciendo lo que pienso y creo que es justo.*
- ● *Trabajar por trabajar me es muy ajeno. Trato de trabajar lo menos posible, aunque lo hago bien.*
- ■ *En el ámbito del trabajo soy muy exigente, como si el trabajo fuera sagrado. Sea cual sea el trabajo.*
- ◆ *Tiendo siempre hacia lo nuevo porque la repetición me aburre mucho, pero me resisto a modificar la organización cuando parece que esta elimina y hace perder alguna cosa importante que existía antes.*

La persona avariciosa busca profundidad y perfección en el desempeño del trabajo. Prefiere actividades solitarias que ejercicios de grupo, porque favorecen su desconexión, su aislamiento y su autonomía. Dentro de una gran organización, se ajusta al compartimento que le corresponde sin deseos de interferir en los demás. Puede buscar también posiciones de poder, aunque no le entusiasma la responsabilidad por sus implicaciones. No obstante, en ese caso, prefiere ejercer el poder a distancia. Si no existe identificación con lo que hace, entenderá el trabajo como una pérdida de tiempo o como un impedimento para dedicarse a sus verdaderos intereses.

- ◆ *También el sentido perfeccionista y autoexigente.*
- ◆ *Veo en mi trayectoria laboral una evolución que va desde trabajos más solitarios y de poca responsabilidad a otros con más responsabilidades e implicación, y también más creativos y lúdicos, sobre todo en esta última etapa.*
- ● *Trabajo de profesor. Con esto de la lentitud y hacer las cosas bien, con el sentido de perfección tan fuerte, con el punto de dedicarle menos tiempo para leer y cosas que me*

interesan más, hacemos muy pocas cosas de los programas que llevo a los alumnos.

■ *Verdaderamente no he colaborado jamás con alguien en el trabajo.*

● *No hay un rendimiento, yo no rindo.*

Global: amor (pareja y amistad) y trabajo

El indicador que más destaca en el ámbito de las relaciones con los demás (pareja, amistad y trabajo) es la incapacidad de compartir. La pareja se resiente, ya que sin donación y entrega resulta inviable. El trabajo, siempre que requiera colectividad y colaboración, choca con su indisposición a la realización de tareas participativas. En ambos casos, se refuerza la característica principal mediante los indicadores siguientes, tales como la autonomía en los recursos propios, la escisión y el aislamiento. La desconfianza del avaricioso, que ve en el otro una potencial amenaza y un posible competidor a la hora de disfrutar su tesoro, consolida su postura.

REPERCUSIONES DE LA AVARICIA EN LAS RELACIONES CON LAS COSAS

En el ámbito de las relaciones con las cosas, se han elegido dos elementos de interés que son analizados como subámbitos:

a. el dinero y la propiedad;
b. la naturaleza y la ecología.

Observar las repercusiones que el avaricioso tiene en ellos no es tarea fácil pero se ajusta mejor a su imagen tradicional de apego al dinero y a las riquezas.

Dinero y propiedad

La imagen tradicional de avaricioso que cuenta el dinero o amontona piezas de oro en un cofre no refleja los mecanismos estructurales de su pasión. El subtipo sexual es austero, se apega a objetos de valor personal, no posee cosas de cuantía, no le gusta sentirse en deuda ni gastar para situaciones de placer, busca el dinero suficiente preocupándose sin excesos y valora como humillante la condición social de la pobreza. El subtipo social no es generoso dando cosas, le cuesta prestar libros, valora la casa como espacio de soledad y también sus cosas propias y salda cuanto antes sus deudas. El subtipo conservación valora el dinero como seguridad y autonomía, sufre cuando experimenta limitaciones y concede gran importancia al nido, donde adquieren relevancia sus objetos más preciados.

- ◆ *En realidad, soy, he sido, austera, y no he tenido en mi vida muchas cosas de fundamento, como las llamaba mi madre (o sea, caras o de gran valor material), ni tampoco dinero.*
- • *Aunque es verdad que he puesto mi avaricia más en cosas de conocimiento y energía, no soy generoso con mis cosas.*
- • *Me apego a mis cosas (libros, vestidos, material de estudio), me agrada conservarlas a mi modo y me desagrada que, si las presto, me las devuelvan en mal estado.*
- ◆ *Por ejemplo, prefería contentarme y renunciar a muchos gastos antes que sentirme sometido en el trabajo a una situación de dependencia incluso ideológica por un «patrón».*
- ■ *El dinero me preocupa en cuanto a seguridad con respecto principalmente a la autonomía. Al no tener que depender de otro para este tipo de subsistencia.*

El indicador más sobresaliente del E5 es la retención, al servicio de la autonomía personal. El afán de poseer culmina en el hecho de atesorar. En la caverna se acumulan mejor las riquezas, ya que están bien resguardadas. Se atenúa la percepción del vacío mediante el acopio, que permite afrontar futuras contingencias y afianzar el sentimiento de autonomía. No depender de los recursos ajenos facilita la desconexión y el aislamiento.

- ■ *Me desanima hacer cosas ante el gran consumismo en el cual estamos inmersos.*
- • *Me siento casi culpable si tengo demasiado y busco hacer beneficencia.*
- ■ *Siempre he tenido dificultad en ahorrar con libros y aparatos, incluso en los momentos en los que no tenía dinero.*
- ■ *Con respecto a la propiedad, vivo en un piso de alquiler.*

Naturaleza y ecología

Se repiten aquí los mismos mecanismos de retención que el avaricioso muestra respecto del dinero y de la propiedad. La naturaleza y la ecología son consideradas por el E5 como una riqueza inapreciable que conviene conservar. Las aportaciones que recibe de ellas son notables: favorecen su capacidad contemplativa, descubren su belleza, no reclaman exigencias como sucede en las relaciones humanas, permiten continuar su aislamiento, provocan disgusto cuando son maltratadas y ejercen un influjo benefactor.

- ♦ *No nos damos cuenta de que es la Tierra la que nos acoge y nos permite vivir y podría barrernos de un soplo.*
- ♦ *En la naturaleza me siento pequeña y grande a la vez, y me siento integrada en la vida.*
- • *No soporto a quien destruye el patrimonio de todos (sea la ciudad como la naturaleza).*
- • *Flipo mucho, disfruto mucho de la naturaleza. Me encanta ver los bosques, las montañas. Me vuelvo un contemplativo.*

■ *La naturaleza, entendida también como espacio y ausencia de relaciones ordinarias, cambia radicalmente algo en mí, los problemas se desvanecen y se mantiene el deseo de perderse en aquel ambiente.*

■ *La naturaleza ha sido una parte importante a lo largo de mi vida en cuanto a estar cercana y próxima o alejada y desconectada de ella.*

No se advierte en las respuestas que la avaricia busque un lucro en el maltrato de la naturaleza y de la ecología. La postura inicial es de respeto, como si ambas formaran parte de la gran caverna donde la humanidad se encuentra.

♦ *En contacto con la naturaleza, me siento más natural y espontánea.*

• *Sufro cuando veo el mar sucio, una playa llena de basura.*

■ *Con respecto a la ecología, intento reciclar o bien lo que tengo o bien comprando objetos de segunda mano.*

Global: dinero y propiedad / naturaleza y ecología

La persona avariciosa no experimenta dificultad en su relación con las cosas, pero considera que los demás pueden interferir al amenazar su posesión pacífica o al formular determinadas exigencias. La naturaleza ofrece, los hombres piden. La productividad cede ante la contemplación, el usufructo frente al respeto.

REPERCUSIONES DE LA AVARICIA EN LAS RELACIONES CON DIOS, LO DIVINO, LO TRASCENDENTE

Este último ámbito tiene su particularidad. Cada persona entrevistada se ha podido posicionar personalmente ante Dios, lo divino, lo trascendente. Las observaciones no se enfocan desde una religión concreta o desde una confesión determinada.

a. El concepto de Dios es variado a tenor de las respuestas obtenidas: silencio, demiurgo/creador, ser superior... Existe una visión personal, panteísta, patriarcal... Incluso en al ateísmo late la idea de Dios.

■ *Dios es silencio.*
♦ *Este dios-todos-y-todo se parece más a la idea del demiurgo, creador de nuestro universo, que no ha hecho el trabajo una vez por todas, sino que, a mi parecer, continúa trabajando y creando minuto a minuto incluso ahora.*
● *Existe alguien, alguna cosa por encima de los hombres, alguien o algo a quien me gustaría acercarme.*
● *He visto incluso que tratando de ser ateo, la figura de Dios permanecía de algún modo latente.*
● *Es mucho un Dios patriarcal, esta sombra del cinco la pongo bastante en Dios. Desde ahí tengo bastante enfado con Dios.*

b. La relación con Dios del E5 experimenta ambivalencias, desde el rechazo hasta la fe. Persiste en la persona avariciosa la defensa de su autonomía ante lo divino.

● *Hay un cabreo con Dios y a la vez un anhelo de unión. Más que cabreo, la palabra sería rencor.*
● *Que yo tengo mi espacio, que no me lo coma ni Dios tampoco.*
■ *Fe.*

c. Dios se hace presente desde la perspectiva del E5 a través de la propia vida, del paisaje, de las demás personas... Existen muchos signos de su presencia, a la cual es muy sensible su amor admirativo.

- ◆ *Dios es algo que está presente en mi vida desde que yo era pequeña.*
- ■ *Lo divino, puede ser un amanecer o una puesta de sol, que es especialmente diferente al resto de los días.*
- ◆ *Yo lo siento ahora como una presencia cálida, que me da fuerza, luz y confianza.*

Los indicadores de la avaricia que más afectan a las relaciones con Dios, lo divino, lo trascendente son la hipertrofia mental entendida como acercamiento abstracto, la autonomía que problematiza la sumisión a Dios, la incapacidad para compartir que dificulta la entrega y la donación como expresiones de la generosidad, la desconfianza al entender la presencia divina como invasión y la compartimentación como vivencia fragmentada de la espiritualidad. Cada eneatipo tiene sus vías de sanación espiritual. En el E5, la medicina exige salir de la cueva y afrontar la nada como vía para llegar al todo.

- ◆ *Y la desconfianza. Mi desconfianza, por supuesto, me impide abrirme y por consiguiente tomar conciencia, darme cuenta de lo divino (de lo divino que hay en mí y lo divino del otro).*
- ● *Si por relacionarnos con Dios entendemos darnos a nosotros mismos, esto ya no lo veo tan claro. Ahí me cuesta.*
- ● *Sin embargo, reconozco que ciertas cosas no se pueden explicar de modo simplemente racional.*
- ● *Tengo la sensación de que lo divino en ciertos casos pueda estar presente también en nosotros, los humanos, si somos espiritualmente evolucionados y abiertos.*
- ◆ *El sentido de carencia que arrastraba me ha llevado durante años a odiar a Dios con una intensidad impresionante.*
- ◆ *Cuando lo hago [soltarse] puedo dejar que entre también la presencia de Dios.*

Tanto la Biblia como el Corán recogen aspectos claves de la avaricia. En la sura ix del texto islámico, se destaca la retención, la incapacidad de compartir y el aislamiento: «Entre ellos hay quienes han pactado con Dios diciendo: "Si Él nos da algo de su favor, daremos limosna y estaremos entre los justos". Pero cuando les ha llegado algo de su favor, son avaros y se alejan: ellos están apartados» (ix, 76-77). En la Biblia, se desactiva la escisión y la compartimentación: «¿De qué le servirá al hombre ganar el mundo entero, si arruina su vida?» (Mt 16,26). La pérdida, que agranda la percepción del vacío, es la vía de sanación: «Quien quiera salvar su vida, la perderá, pero quien pierda su vida por mí, la encontrará» (Mt 16,25). Se trata de afrontar el *horror vacui* (el horror al vacío).

- ♦ *Para sentir lo divino hay que estar consciente, ser consciente y estar abierta.*
- ♦ *Creo, por lo menos en esto, haber ido más allá de mi posición caracterial, que no podía ser otra cosa que la blasfemia.*
- • *A Dios se le entiende mejor como mística.*

San Juan de la Cruz (1955) escribe sobre la avaricia como segundo vicio capital tras la soberbia. La descripción de la misma en el campo del espíritu es precisa y esencial: apego a los instrumentos visibles, atesoramiento de los mismos, deseo de un conocimiento desproporcionado respecto a lo necesario para obrar y curiosidad: «Muchos no se acaban de hartar de oír consejos, y aprender preceptos espirituales, y tener y leer muchos libros que traten de eso» (p. 766). La sanación se traduce en agradar a Dios cifrando en eso su codicia, en actuar con gran largueza dando cuanto tienen, cosas espirituales o temporales, y en abrirse a la pasiva purgación. La pobreza de espíritu sintetiza, prescinde de lo accesorio y apunta a la sustancia de la devoción.

- ◆ *Sentí que lo divino está en lo simple de la vida, en la sencillez de las cosas, y no tanto en complicadas abstracciones.*
- ● *Cuando ha habido una relación con Dios me ha venido también el reivindicar mi propio ego.*
- ● *Deseo de algo grande, de algo espiritual, de «Conocimiento».*
- ● *Hacer las cosas con generosidad por el mundo me cuesta, no lo hago. Y si lo hago, con esfuerzo. A poquitos.*
- ■ *Dios es silencio.*

EL MIEDO

E6

EL ENEAGRAMA DEL **MIEDO**

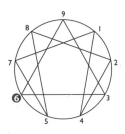

CATEGORÍA	SUBCATEGORÍA
Oscurecimiento óntico **(ser)**	Fragilidad en los **fundamentos** que genera inseguridad **Miedo** resultante de la pérdida de contacto con el ser real
Degradación de la **conciencia**	**Proyección** al exterior de los atributos rechazados de sí Polarización por la **razón** de los procesos vitales Sustitución de la falta de confianza por el **control** y la suspicacia **Dificultades** diversas para ser consciente
Perturbación de la **conducta** a través de algunas estrategias operativas	**Ambivalencia** (sumisión – rebeldía) respecto a la autoridad **Contención** de los impulsos emocionales e instintivos **Ataque** como búsqueda de defensa y seguridad **Calidez** como precio para obtener protección y fuerza **Institucionalización** como marco normativo de seguridad **Búsqueda** exterior de recursos que proporcionen consistencia **Cobardía**, parálisis, culpabilidad y sentimientos de incapacidad

- **Repercusión del miedo en el ámbito de las relaciones**

Leyenda: ■ *Conservación* ◆ *Sexual* ● *Social*

1. Oscurecimiento óntico (ser)

La estatua, contenida en el sueño del rey Nabucodonosor, interpretado por el profeta Daniel, puede simbolizar la característica óntica del E6: «La cabeza de esta estatua era de oro fino; su pecho y sus brazos, de plata; su vientre y sus muslos, de bronce; sus piernas, de hierro; sus pies, en parte, de hierro y en parte, de barro cocido» (Dn 2,32-33). El centro mental es áureo, pero fallan los fundamentos, y una piedra caída en los pies, los desmenuza y provoca el hundimiento de toda la estatua. La percepción de la fragilidad genera inseguridad, duda, desconfianza... En definitiva, miedo.

1.1 Fragilidad en los fundamentos que genera inseguridad

La famosa frase que Shakespeare (2000) pone en boca de Hamlet: «Ser o no ser, éste es el dilema» refleja la ambivalencia y el problema existencial del E6, que se interroga, duda, titubea. Siente la vida de tal modo que se cuestiona sobre sus propios fundamentos, en los que no confía. Cuando los fundamentos son inestables, surge la inseguridad y el miedo, que en su forma más radical consiste en miedo de ser. No hay punto de apoyo interior sino búsqueda de referencias externas.

- ♦ *El diálogo de ser o no ser (eterno dilema).*
- ■ *Para mí el miedo es principalmente el miedo de ser.*
- ♦ *Miedo a la vida y, aunque más sublimado, también un permanente miedo a la muerte.*
- ■ *No me permito ser yo misma, porque pienso que no seré aceptada.*

El dilema clásico de construir la casa sobre roca o sobre arena (Mt 7,24-25) proporciona resultados contrapuestos. La roca da seguridad. La arena aboca a la descomposición y a la ruina. Cualquier viento adverso supone peligro. El problema del miedoso es no sentirse bien fundamentado. Vive su fragilidad con desazón. No es extraño que vaya siempre en búsqueda de un punto de apoyo firme. Por ello, la autoridad es un referente ineludible, sea para darle consistencia al obedecerla como conciencia de sí al rechazarla.

♦ *Paranoia con el peligro.*

● *Me identifico, en mi biografía (ahora ya no tanto), con inseguridad.*

■ *Hay una inseguridad muy grande en el propio juicio y en las propias capacidades.*

■ *Soy una persona tímida, discreta, que habla poco, y es muy evidente esta inseguridad interna.*

El E6 huye de la inestabilidad de los fundamentos hacia la cabeza, como si pudiera resolver en el ámbito del pensamiento la desazón emocional de sentirse inseguro. Esta huida hacia lo mental tiene precios de desconexión emocional e instintitva. A la vez, la persona miedosa se pierde en elucubraciones mentales que le generan confusión, temor a equivocarse, pánico de la caída e incapacidad de tomar decisiones.

■ *Agotamiento mental por exagerada calibración de la parte práctica y rentable con poco o ningún contacto con el gusto, el deseo, generándose mucha tensión por el miedo a la equivocación y donde siempre se ve algo que podría ser mejor, con lo que poco a poco, el decidir, el elegir, es un calvario.*

■ *Y es tal la presión que otra vez se recurre al mundo de la idealización paja mental, donde la confusión mental filosófica es tal que no se llega nunca a nada claro y la inacción otra vez está presente.*

● *Miedo de equivocarme.*

1.2 Miedo resultante de la pérdida de contacto con el ser real

Al desconfiar de su propia consistencia óntica, el E6 se encuentra inseguro y experimenta miedo. «La creciente sensación de desconfianza en los propios recursos hace crecer, también, el miedo, que gradualmente se generalizará convirtiéndose en la percepción dominante de la realidad» (Nardone, 2004, p. 25). Cualquier situación es susceptible de provocar miedo: equivocarse, decidir, actuar... La razón llega a un paroxismo tal que se transmuta en miedo de perderse a sí misma a través de la locura.

■ *Es muy difícil tomar decisiones porque existe un gran miedo a cometer errores que serán fatales para la vida.*

■ *El miedo a la acción, como acto agresivo de ir a por lo que quiero y confrontar con el exterior mostrando lo que soy o quiero de verdad.*

• *Tengo miedo a la locura.*

♦ *Obsesión por superar los miedos como si estos fueran límites.*

Un miedo razonable, dentro de los límites adecuados, estimula y favorece la prudencia. Cuando es compulsivo y caracterial, se desvincula de la realidad y del ser, generando dificultades de todo tipo a la persona que lo experimenta. Las consideraciones mentales bloquean la acción e imposibilitan un futuro sin angustia. Se siente miedo y no se sabe cómo neutralizarlo.

• *Más que de la dificultad de tomar conciencia del miedo como mi pasión dominante, hablaría de la dificultad de actuar contra él.*

• *Dificultad de proyectar el futuro.*

■ *Como mediador de conflictos, no tomando bando o parte, queriendo el aprecio de los dos bandos siendo aséptico y bueno en los dos lados.*

La desvinculación del ser que lleva a cabo el E6 está en la raíz de su sentimiento de miedo e inseguridad. Se enfrenta a él para intentar vencerlo o huye de él, lo ignora, lo reprime. En ambos casos, los riesgos son numerosos, ya que la vida se construye en función del miedo. La tarea consiste en desactivarlo, pero resulta imposible de llevar a cabo sin una restauración del ser y, por tanto, de la confianza.

- *Adormecerme cuando hay conflictos pensando que todo será un mal sueño o emborrachándome en algunas ocasiones para escapar.*
- *Miedo del rechazo, en mi caso escondo este miedo a través de la vergüenza e incluso de la pereza.*
- *Me sucedió que regalé un ramo de flores a mi mujer y fui criticado por no haber acertado los colores y por no darme cuenta de que no eran frescas; a partir de ahí ya no he tenido el coraje de comprar más ramos de flores.*

2. Degradación de la conciencia

La inconsciencia, como mecanicidad, conduce a la distorsión cognitiva y es terreno abonado para que la pasión dominante, como motivación deficitaria, dificulte el despertar lúcido, sin el cual el ser queda oscurecido y el vacío que se genera pugna por llenarse a través de sucedáneos. Los mecanismos de defensa coadyuvan al mantenimiento de la inconsciencia. Se buscan soluciones falsas o aparentes para confirmar las propias capacidades o para satisfacer las necesidades profundas. Se utilizan aquí cuatro subcategorías para indicar distintos modos que tiene el carácter miedoso de bloquear su conciencia o reducir su percepción.

2.1 Proyección al exterior de los atributos rechazados de sí

El escritor Sánchez Piñol (2003) describe de forma gráfica la proyección como mecanismo de interpretación de la realidad: «La meva descripció no és fiable. Això és el que jo podia veure. Però el paisatge que un home veu, ulls enfora, acostuma a ser el reflex del que amaga, ulls endins» [Mi descripción no es fiable. Eso es lo que podía ver. Pero el paisaje que un hombre ve, ojos afuera, acostumbra a ser el reflejo de lo que esconde, ojos adentro] (p. 25). Los miedos internos y la propia desconfianza se proyectan en el rostro de los demás sin advertir que en la pantalla aparece la diapositiva colocada en nuestro proyector.

- ♦ *Proyección de mi propia paranoia en el mundo.*
- ♦ *Me identifico mucho con el mecanismo de defensa de la proyección.*
- ■ *Todo el mundo de proyecciones de celos, al poner la propia desconfianza y los deseos no reconocidos en el otro.*

«En la proyección la persona atribuye a los demás los atributos que rechaza de sí y se muestra absolutamente crítico, intolerante e hipersensible hacia estas características» (Sinay y Blasberg, 1998, p. 108). Pese a que se seleccionen solo tres, se citan en las entrevistas numerosos atributos, objetos de proyección, tales como falta de reconocimiento, responsabilidad del bienestar o malestar, decisiones, exigencia de cuidar y ser cuidado, celos, reproches, resentimiento-enfado, etc.

- ■ *Pongo en el otro la falta de confianza en mí mismo y en los demás.*
- ■ *Pongo en el otro todos los deseos insatisfechos.*
- ■ *Pongo en el otro los pensamientos de culpa que tengo sobre mí, culpándole además por esto.*

2.2 Polarización por la razón de los procesos vitales

El discurso final de Charlie Chaplin (1940) en su famosa película *The Great Dictator (El gran dictador)* incluye una denuncia que se ajusta al E6: «We think too much and feel too little» [Pensamos demasiado y sentimos demasiado poco]. La hipertrofia del pensamiento se produce a expensas de sentimientos e instintos. Este carácter vierte en el intelecto sus vivencias y desarreglos. Desplaza al centro mental sus miedos e incertidumbres para ahogarlos en la lógica aplastante de su discurso. El control racional proporciona una falsa seguridad y representa una vía de escape a sus emociones maltrechas. Para el miedoso, la comprensión anula el peligro.

♦ *Si entiendo no corro peligro.*

♦ *Recurro a la lógica del pensamiento como posibilidad de salir de las dificultades y del ansia.*

● *Las únicas cosas que me dan seguridad son aquellas que consigo controlar racionalmente, como saber fechas, números, nombres, planificar con tiempo la jornada.*

■ *También mi carácter demasiado intelectual y racional pone obstáculos a esta vida espiritual, que considero ahora un aspecto muy importante y que aportará una gran riqueza y plenitud a mi vida.*

La relación personal no se basa en la entrega sino en la desconfianza y la suspicacia que exigen ser desactivadas —o confirmadas— por el análisis de los detalles y pormenores que nos llegan del interlocutor. No se resuelven los problemas en el centro donde se producen, el emocional en muchos casos, sino que se trasladan al centro mental. El miedo se intelectualiza. El E6, en vez de trabajar sus emociones, elabora sus ideas y busca en ellas la seguridad que no encuentra en su ámbito afectivo.

♦ *Al conocer a alguien hay que saber con quién se está. Ello requiere de un análisis exhaustivo.*

♦ *Esto es una proyección del continuo autoanálisis al que me he sometido toda mi vida, desde muy pequeña.*

♦ *Si demuestro que tengo razón no me atacarán y no me harán daño.*

La canción *Parole, parole, parole* de Mina y Alberto Lupo (1972) refleja esta tendencia al discurso propia del miedoso, así como a su falta de compromiso emocional: «parole, parole, soltanto parole, parole tra noi». Las relaciones se piensan, no se viven. Por ello, el E6 se refugia en el sucedáneo de las disquisiciones filosóficas, del discurso obsesivo y de las justificaciones racionales. La contrapartida es la anestesia corporal y emocional.

♦ *Adormecimiento y falta de claridad mental con pereza a mirar lo más inmediato, personal, perdiéndonos en disquisiciones filosóficas y cósmicas.*

♦ *Anestesiarme en lo corporal como lo emocional, perdiendo tono vital y recurriendo al discurso obsesivo hasta el agotamiento mental y así al adormecimiento y la inacción.*

♦ *Los cambios y los retos realmente suponen situaciones de angustia que se subliman en ideales, en justificaciones varias.*

2.3 Sustitución de la falta de confianza por el control y la suspicacia

La búsqueda de una autoridad exterior sobre la que afianzarse surge de la desconfianza en los propios recursos y del miedo a los propios impulsos. Estos sentimientos se proyectan en el entorno y alimentan la suspicacia. Se desencadenan así la inseguridad, el miedo, el ansia, la duda, la cobardía… No hay confianza ni siquiera en la pareja. Se cae en el engaño de creer que el miedoso confía en sí mismo, pero el afán de control lo delata. Se proyecta la propia mentira sobre los demás. Si el E6 confiara en sí mismo, no tendría mayor dificultad en confiar razonablemente en los demás. En consecuencia, se instala en la suspicacia y en la duda permanente.

♦ *No se puede confiar en nadie más que en uno mismo.*

■ *Los otros pensarán que soy aburrida y estúpida.*

- ◆ *No poder confiar plenamente ni tan siquiera en mi pareja.*
- ■ *Las palabras que más me ha costado pronunciar son creer y confiar (con fe).*
- ◆ *Pero la realidad obliga a desconfiar, me reafirma en pensar que todo es mentira, que no hay persona buena y que solo puedo confiar en mí misma.*

El miedo y la cobardía requieren sistemas de contención, ya que una expansión difusa de los mismos convierte la existencia en invivible. Por este motivo, el E6 busca afanosamente el control. Teme dejarse andar, llevar, fluir... porque anticipa resultados catastróficos. No confía en sus propios recursos ni en sus capacidades. Cree que será marioneta de sus instintos. Teme la norma porque limita sus impulsos, pero la desea porque los contiene y controla. Necesita referencias y reglas claras de juego. Se siente cobarde ante la entrega. Le aterroriza dejar el volante en manos de otro, pero tampoco sabe bien qué hacer cuando está en sus manos.

- • *No dejarse llevar.*
- ◆ *Si en algún momento pasa algo, lo mío es mío y me voy, si no la sensación de que me aprovecho o se aprovechan de mí está más o menos patente.*
- • *Para sentirme bien no tengo que culpabilizarme, tengo que ser consciente de haber cumplido con mi deber, de haberme comportado de manera correcta y leal.*
- • *Tener todo bajo control.*

La duda introduce matices, ambigüedad, ambivalencia, riesgo de equivocación... Una forma de disolverla consiste en abandonarse a una convicción ciega, donde todo funciona mientras uno se mueva solo dentro de la pecera. El miedo de estar en el error se contrarresta con el miedo a sacar la cabeza y ver nuevas posibilidades. La entrega verdadera no anula el riesgo ni la inseguridad. Solo el temor alimenta las reservas.

♦ *Aunque sea reiterativo, pero no es sencillo relacionarse desde la duda, la autodefensa, la desconfianza.*

■ *La duda constante de si es o no el ser amado, entreteniendo la relación en esta duda y lucha y temiendo de verdad el compromiso, queriendo como en todo que sea seguro y sin equivocación y temiendo sin saberlo al verdadero abandono, a la necesidad y el amor por una persona.*

2.4 Dificultades diversas para ser consciente

Esta subcategoría agrupa una serie de unidades conceptuales, presididas por la pasión dominante, que tienen en común obstaculizar la consciencia de sí, en cuyas antípodas se encuentra la mecanicidad. Las reacciones automáticas impiden darse cuenta de las auténticas motivaciones, que en el E6 echan sus raíces en el miedo y la cobardía. No hay vivencia profunda del yo sino supeditación a los modelos externos.

La deflexión, categoría propuesta por Edwin y Mirian Polster, «se caracteriza por conductas de evitación, de desviación. La persona no se involucra ni se compromete en nada y manipula para no hacerlo. Habla de otras cosas y actúa siempre al margen del mundo exterior» (Sinay y Blasberg, 1998, p. 113). La huida se vincula tradicionalmente a la cobardía y al miedo. No se trata aquí de una medida prudencial, sino de un resorte caracterológico.

■ *Siempre amenazo con que no puedo más y me voy a marchar.*

● *Miedo al riesgo, al compromiso emocional, a asumir empresas solo.*

● *Evitar la confrontación, lo nuevo, me conduce a tener poca confianza en mí misma, en mis capacidades, a preferir una posición subalterna antes que correr el riesgo de un fracaso.*

■ *La huida consciente en las relaciones donde la pereza y la exigencia se dan la mano.*

El desdibujamiento de los propios límites en relación con los demás, como una forma de confluencia, provoca en el miedoso una pérdida de conciencia de sí. La distinción puede generar enfrentamiento, pero la fusión aboca a la inconsciencia. Desaparece la interacción con los demás y con el entorno, de ese modo no se siente el miedo ni la inseguridad personales, pero se deja de ser uno mismo.

- ■ *Me costó trabajo darme cuenta de lo que me hacía.*
- ● *Me meto en relaciones amorosas sin la conciencia necesaria.*
- ■ *El no enterarme y no hacerme responsable de lo que me pasa o quiero.*

3. Perturbación de la conducta a través de algunas estrategias operativas

La conducta se ve afectada por el grado de conciencia que posee una persona, pero a su vez lo genera. Aquí se entiende por obras las estrategias operativas que utiliza la persona cobarde para conseguir sus fines y deseos.

Un progreso en la conciencia y en la virtud desactivan en su misma medida los comportamientos a ellas subordinados. Se resaltan, a partir de los datos obtenidos, siete estrategias operativas.

3.1 Ambivalencia (sumisión–rebeldía) respecto de la autoridad

El rol paterno se relaciona con la autoridad y con la seguridad. Suele adjudicarse a la figura masculina, pero no es preceptivo que así sea. Puede prolongarse esta relación a través de cualquier forma de autoridad, personal o normativa. Naranjo (1994a) considera que «el miedo del eneatipo VI surgió originariamente por la autoridad paterna y el temor a ser castigado por el primogenitor que detentaba el poder, normalmente el padre» (p. 254). Las respuestas caracterológicas del E6 tienen un amplio abanico: idealización de la autoridad, sumisión y obediencia, enfrentamiento y desafío, postura ambivalente... Pese a ser tan diversas, tienen un substrato común: nunca prescinden de la autoridad, sea para obedecerla, sea para rebelarse contra ella. El subtipo sexual, debido a su orientación contrafóbica, prioriza la lucha contra el poder y la autoridad. Los demás adoptan posturas más sumisas o, también, ambivalentes. La idealización del padre («nunca podré ser como él») tiene una dura contrapartida: el resentimiento, porque la obediencia en ese caso solo es posible a expensas de sí mismo.

■ *La «comprensión» de las actuaciones de la autoridad-padre es una de las primeras características que me encontré.*

■ *Nunca podré ser como él [padre] y en ese gesto nunca como yo mismo.*

♦ *Lucha contra el poder y la autoridad que representan a la figura del padre.*

El ejercicio de la autoridad es contemplado desde la perspectiva de quien manda o de quien obedece. La misma persona puede ser sumisa cuando ejerce funciones subalternas y déspota en el plano superior. Estar arriba o abajo no es lo mismo. En el cobarde, es frecuente ver que a mayor sumisión cuando se obedece, mayor dureza y abuso cuando se manda. El miedo se expresa a través de la sumisión. La dulzura y la suavidad son recursos, especialmente utilizados por el subtipo conservación, para congraciarse con la autoridad, de la que se depende afectivamente.

● *Dependencia afectiva y de figuras de autoridad.*

■ *Si me pregunto antes de saber lo que piensan los otros, me es difícil saber lo que pienso yo.*

■ *Soy muy obediente, y utilizo la dulzura y la suavidad del carácter como una estrategia para obtener amor de los otros.*

■ *Las principales características del seis conservación son el miedo y la sumisión a la autoridad.*

La contrafobia del subtipo sexual y la ambivalencia de los otros dos subtipos adquieren posturas contrarias a las figuras de autoridad, que se expresan a través del rechazo y de la pelea. Para aniquilar el miedo, no hay como suprimir su causa. Para cancelar el demonio, basta dejar de creer en Dios. El ejercicio de la autoridad, vivido desde el E6, se considera una forma de distancia y enemistad hacia los otros.

♦ *Dificultad en aceptar la autoridad.*

■ *Ejercer la autoridad es definirme ante mis compañeros y enemistarme.*

♦ *Cuando murió mi abuela, el ser que yo más indefenso pensaba que era y a la que entonces más quería, me enfadé con Dios, me rebelé contra él y su voluntad.*

♦ *Rechazo y pelea con la autoridad.*

■ *Además, es tal la comida de coco que el Demonio hace presencia y pasé tanto miedo con algo para mí incontrolable que un día me dije: «Si no hay Dios, no hay Demonio». Desde ese momento no fui a misa.*

3.2 Contención de los impulsos emocionales e instintivos

El E6, como la estatua del sueño de Nabucodonosor, concentra lo más valioso en la cabeza, por lo que las realidades emocionales y viscerales quedan relegadas a su segundo plano. El miedo engendra contención y el control de la mente dificulta la entrega y el abandono a los sentimientos y al placer. No es lo mismo vivir que pensar en la vida, a lo que el cobarde propende. La moral heterónoma puede acentuar la sensación de vigilancia que experimenta la persona miedosa, hasta sentirse presa en una jaula. Es más fácil ordenar las ideas que regular los sentimientos.

- ■ *Anestesiarme en lo corporal como lo emocional, perdiendo tono vital y recurriendo al discurso obsesivo hasta el agotamiento mental y así al adormecimiento y la inacción.*
- ● *Estas reglas morales eran una jaula que no permitía escaparme y me han impedido vivir mi juventud de manera alegre y despreocupada y considero que me han cortado las alas de la creatividad.*
- ■ *No dejarme en el placer al no perder la cabeza.*
- ♦ *Si muestro mis sentimientos seré ridiculizada.*

El predominio de la lógica y de la razón choca con el mundo emocional, que se resiste a los silogismos. Ilustración contra romanticismo. En esta pugna interior que experimenta, el miedoso opta por el racionalismo. Su idea loca de estar emocionalmente tarado refleja su dificultad de reconocer y de expresar sus propias emociones. No hay conciencia de un amor verdadero y se antoja casi inasequible el compromiso emocional. Las dudas, ínsitas en el E6, deshojan una margarita que nunca acaba de cristalizar en una decisión.

- ● *Dificultad de reconocer y expresar las propias emociones.*
- ■ *En las relaciones de pareja me pasa a menudo que no consigo enamorarme ni amar de verdad al otro.*
- ■ *He estado casada durante tres años y medio y ahora creo que no amaba a mi marido como compañero de vida, era un amigo.*
- ● *Creo que estoy emocionalmente tarado.*
- ● *Creo que no tengo la experiencia de un compromiso emocional verdadero y asumido (en otros aspectos sí puedo comprometerme).*

La sexualidad es importante, pero cada subtipo la vive de forma diferente. La tonalidad mental del miedoso otorga una cierta apariencia de frialdad por su alejamiento de emociones e instintos. En el subtipo sexual, por la propia característica de su subtipo, la vida sexual adquiere relevancia a la vez que el miedo al sexo y al placer es afrontado de manera contrafóbica. En el social, existe supeditación al deber y a la corrección, por lo que la entrega resulta más problemática. En el conservación, predomina un cierto miedo a las relaciones íntimas pese a sus deseos de calidez.

- ■ *Por otra parte, hay episodios en mi infancia relacionados con el placer sexual (vividos de una manera tan natural como un baño), con el amor y más tarde con el sexo, donde mi mundo no calzaba con el mundo exterior.*
- ♦ *Importancia de la vida sexual.*
- ♦ *En el miedo de dejarme llevar excesivamente por las emociones y los instintos.*
- ♦ *Negación del miedo al sexo y al placer.*

3.3 Ataque como búsqueda de defensa y seguridad

La fobia, como terror irracional compulsivo, tiende a la huida. En algunos casos, como le sucede al subtipo sexual o contrafóbico, se busca el enfrentamiento y el ataque frontal. En expresión recogida posteriormente, el miedo va directamente «a la yugular». No se trata de valentía sino de un mecanismo de choque para disolverlo. Giorgio Nardone (2004), en su propuesta de terapia breve para los ataques de pánico, invita a «enfrentar el miedo contra el miedo» (p. 124).

- ■ *La ansiedad y el miedo como motores vitales, si los niveles descienden se busca cualquier cosa que mantenga un estado de alerta.*
- ♦ *Análisis y descubrir los puntos débiles de los que me rodean por si en algún momento me hacían daño.*
- ♦ *Y ante la menor duda huida al frente o ataque frontal, a la yugular.*

238 • EL ENEAGRAMA DE LAS PASIONES

La selección de frases del desafío al miedo se concentra en el subtipo sexual, como carácter contrafóbico del E6. El miedo a las alturas, técnicamente acrofobia, se afronta mediante la pertinente escalada, cuanto más arriesgada mejor. El miedo a los toros impulsa a saltar al ruedo. Así en todas las situaciones. Se desafían los peligros de cualquier índole como medio de vencer al miedo. No hay valentía sino respuesta compulsiva en la línea que indica el miedo.

◆ *Tengo miedo a las alturas y empecé a escalar, me iba a las vías adelantadas porque las iniciales me parecían muy sencillas (menuda mentira).*
◆ *Desafío a los peligros físicos o no.*
◆ *Impulso al ataque sin sentir miedo.*

El ataque es un recurso general del miedoso, especialmente utilizado por el subtipo sexual. No se plantea como violencia gratuita sino como sistema defensivo y estrategia de supervivencia. El ataque, al dibujar en el rostro de los demás un rictus de miedo, proporciona seguridad al agresor, afianza su convicción de tener razón y disuelve sus propios miedos al verlos proyectados en otros. Se cumple el adagio popular: la mejor defensa, un buen ataque.

■ *Cualquier crítica se vive como una ofensa y vergüenza y se recurre al ataque como defensa.*
◆ *El ataque como mejor estrategia de sobrevivir.*
◆ *Ataque agresivo al otro para demostrar que soy fuerte y tengo razón.*
◆ *Mostrarse fuerte da seguridad e impone, así nadie ataca porque normalmente me creen más fuerte o me temen por mi acertado análisis.*

3.4 Calidez como precio para obtener protección y fuerza

El miedo en la esfera de la conservación se transmuta en demanda de afecto, en búsqueda de protección de alguien más fuerte y en seducción sutil para hacerse con los favores de los demás. Retiene su afán agresor en aras de la calidez y dulzura, como estrategias de su necesidad de afecto. Subyace en esta actitud un miedo de fondo. No hay amabilidad generosa sino afán de seguridad y muestras de dependencia.

- *Hay una acción compulsiva a hacer todo lo posible porque la persona o personas estén bien (contentas).*
- *La dulzura y la suavidad para ser aceptados por los demás.*
- *La búsqueda del calor, orientación y reconocimiento del exterior como apoyo y validez de mi vida con un tinte de melancolía-seriedad.*
- *Mi mujer se casó conmigo (y han pasado ya 29 años) por la seguridad, la dulzura, que encontraba en mí, por la confianza que le inspiraba.*

El E6, especialmente en el subtipo conservación, tiene conciencia de sus necesidades. Refugiarse en la mente puede dar malas pasadas, llegando a experimentar miedo a la locura, por lo que se amortigua a través del calor y del contacto como forma de salir del aislamiento y de satisfacer la voracidad afectiva, garantía de seguridad, que late en el miedoso.

- *La necesidad de calor y contacto como necesidad para salir del aislamiento y del miedo a la locura.*
- *La necesidad de compañía y calor de una persona que sé que está, sin más.*
- *Esperar que los demás adivinen mi necesidad.*

El subtipo conservación utiliza la seducción para obtener sus propósitos de ser aceptado, querido y afianzado por los demás. Presenta un rostro de fragilidad para suscitar afecto y desactivar el miedo del interlocutor. El subtipo social afirma no conseguir sus intenciones, pese a ofrecer afecto y confianza.

- **■ *En el fondo ya sé que esto es un juego de manipulación y mi seducción está tomando forma.***
- **● *En la relación de pareja tiendo a ofrecer afecto y confianza, pero no consigo seducir, conquistar, «arrebatar».***
- **■ *Uso mi imagen dulce e inocente (u otra imagen que puedo adoptar según las circunstancias) para seducir a los otros a fin de que les caiga bien.***

3.5 Institucionalización como marco normativo de seguridad

Cadena perpetua (*The Shawshank Redemption*), película dirigida por Frank Darabont (1994), aborda, entre otros, el tema de la institucionalización en un relato que discurre en la prisión de Shawshank. Brooks, el interno bibliotecario, una vez institucionalizado, advierte al ser puesto en libertad que es incapaz de vivir sin las pautas y las seguridades que le proporcionaba el correccional. Opta por el suicidio ante la impotencia de ejercer su recobrada libertad. El E6, especialmente el subtipo social, precisa marcos de seguridad y normas claras, que consigue cumpliendo con su deber y actuando con corrección y fidelidad.

- **● *Sentido del deber.***
- **■ *Y por supuesto mucha dosis de seriedad y melancolía, mostrándose suave y fiel, como un perrito.***
- **● *Tendencia a comportarse del modo acostumbrado.***

La institucionalización refleja, como indica el título de un libro que escribió Erich Frömm (2006) en 1941, *El miedo a la libertad*. El deber es vivido como una forma de evitar el error, de no equivocarse, de agarrarse a la seguridad de la norma. El cobarde social teme el cambio porque tendrá que ajustarse a nuevas pautas. Ha perdido las anteriores y aún no goza de las siguientes. Un ínterin tremendamente incómodo. Puede descuidar su deber, pero entonces le aparece el sentimiento de culpa. No hay escapatoria.

- *Es mejor mirar qué es lo que hacen los otros y hacer también lo mismo, así no me equivocaré.*
- *Dificultad de adaptarse a los cambios.*
- *Cuando estoy de viaje o en una ciudad nueva me siento tranquilo solo si tengo un mapa topográfico que me permita saber exactamente dónde me encuentro.*

El miedoso social aplica en su vida el imperativo categórico kantiano del deber por el deber. Busca la corrección en todas sus acciones. Un acto proporciona seguridad en la medida que se ajusta a una norma, a una regla. No entran en juego la creatividad y la improvisación. No hay vaivenes emocionales, sino reflexión intelectual. Por ello, existe frialdad.

- *Hay una adaptación constante a las circunstancias, hacer lo que se supone que se debe hacer en cada momento.*
- *Buscar siempre una componenda, una acomodación.*
- *En otros tiempos era un esclavo de la corrección social, de la educación (por introyecto familiar).*

3. 6 Búsqueda exterior de recursos que proporcionen consistencia

La falta de seguridad que el cobarde tiene en sus propios recursos provoca que busque en el exterior la consistencia de la que carece. Tarea que lleva a cabo de formas diferentes, a través de la idealización, de la dependencia de la autoridad y del contacto con la naturaleza.

242 • EL ENEAGRAMA DE LAS PASIONES

Salir de sí mismo constituye un modo de evitar disquisiciones mentales en las que se pierde, pero sacrifica su autonomía personal.

- ◆ *Para mí hay un exceso de idealización, de vivir más en las nubes que en la propia tierra, pero sin ser consciente de ello.*
- ■ *Estos momentos me proporcionan mucha tranquilidad y la oportunidad de descansar de esta adaptación continua.*
- ◆ *La naturaleza es una de mis grandes joyas, para mí era mi refugio y mi espacio.*

Supeditar la solidez interior a los apoyos conseguidos en el exterior propicia la búsqueda de guías, de puntos de apoyo, de dogmas, de reglas, en definitiva, de seguridades. El afán de tener un pilar sobre el que sostenerse anula la sensación de «vacío», palabra que no aparece ninguna vez en las entrevistas. El miedo se concentra en las realidades que se viven como arenas movedizas.

- ■ *La necesidad de una referencia externa para guiar la vida.*
- • *En tiempos lo viví como el punto de apoyo para mi vida, más que mi propia voluntad (fui jesuita diez años).*
- ■ *Principalmente este escaso conocimiento de mí misma, este mirar siempre fuera y no dentro, y una confusión muy grande cuando busco ver.*

La desazón que provoca la inseguridad impulsa mecanismos de huida. De este modo, se evitan situaciones incómodas en las que haya que afrontar miedos. Las estrategias son múltiples: abandonarse a la fantasía, recrearse en ideas obsesivas, adoptar actitudes soñolientas, dedicarse a la bebida, mostrar signos de vergüenza o refugiarse en la naturaleza.

- ■ *Así la fantasía, las ideas obsesivas, el adormecerme, beber alcohol sin perder el control, ponerme enfermo.*

- *También la vergüenza, digo que soy tímida para escapar de aquellas situaciones que me incomodan, es una excusa.*
♦ *Valoro la naturaleza como un refugio donde me siento yo y con el que necesito estar en contacto.*

3.7 Cobardía, parálisis, culpabilidad y sentimientos de incapacidad

Las consecuencias del miedo cristalizan en cobardía, parálisis y sentimientos de culpabilidad e incapacidad. El coraje, la valentía, como virtud correspondiente a la pasión de la cobardía o del miedo no deben confundirse con la contrafobia, ya que esta es una forma sutil de supeditación al miedo. El E6, cuando descubre su pasión dominante, se percibe cobarde y miedoso.

- *En treinta años he cambiado solo una vez de trabajo: siempre he tenido miedo de empeorar y nunca he tenido el coraje de trabajar por mi cuenta.*
- *Cobardía-duda-inacción-adormecimiento-melancolía-reproche-culpa-exigencia-queja.*
- *En esa vuelta, hice con ella un hijo que fui consciente en el momento de hacerlo de que no quería con ella y que me quedaba por cobardía.*

El miedo paraliza e impide actuar, acepta situaciones inadmisibles porque siempre puede suceder algo peor, deja las riendas de su vida en manos de los demás o de un pretendido destino, se concentra en su propia incapacidad. Esta conducta aboca a una permanente insatisfacción. No hay riesgo, por esto tampoco hay progreso. Máquina parada no descarrila, pero tampoco avanza.

- *A fin de cuentas, de una forma más o menos consciente el miedo y la culpa son primos hermanos que atan e impiden hacer, vivir.*

■ *Tengo también poco sentido de la realidad y dejo los problemas sin resolver y permito que alguien los resuelva por mí.*

• *Pero no se ha sentido jamás «conquistada» y hace algún tiempo se ha enamorado de otro. Antes que perderla he aceptado esta situación.*

■ *El autocastigo y la censura como medio de perpetuar la insatisfacción y seguir sin asumir el riesgo de la acción propia.*

La dimisión de las propias responsabilidades se convierte en sentimiento de culpa. El miedo genera impotencia, frena el riesgo y se recrea en la culpa, aunque sea por omisión. El juego de culpabilidades, en el cobarde, salpica a los demás, debido especialmente al mecanismo de proyección. Incide en dinamitar su autoestima porque el miedo le enfrenta a su incapacidad de correr riesgos.

♦ *La culpa de cuanto ocurre es mía.*

♦ *En la relación conmigo misma no hay descanso, es un juicio, un autojuicio y autocrítica constante.*

♦ *Soy un error, soy un problema.*

■ *El juego de culparse y culpar.*

REPERCUSIÓN DEL MIEDO EN EL ÁMBITO DE LAS RELACIONES

La pasión del miedo

La pasión del E6 recibe el nombre de miedo (*paura*), vinculado a la inseguridad por la fragilidad de los fundamentos del ser. Aparece en 85 unidades conceptuales. El miedo es multiforme (miedo a volar, a estar solo, a la libertad, a la vida, a lo novedoso, al cambio…), pero debe distinguirse en sus diversas variantes de contenido profundo:

como sentimiento, como patología o como carácter, perspectiva esta que es la que nos interesa para nuestra investigación.

El miedo en sus dos acepciones académicas, como perturbación angustiosa del ánimo por un riesgo o daño real o imaginario, y como recelo o aprensión que alguien tiene de que le suceda algo contrario a lo que desea, recibe diversos nombres que lo matizan: ansiedad, cobardía, duda, huida, inseguridad, paranoia, pánico, terror, indecisión, desconfianza... La contrafobia lucha contra el miedo, no dialoga con él.

- ♦ *Como 6 sexual me ha costado mucho ver el miedo. Siempre he luchado por superarlo, porque era la única forma de sobrevivir.*
- ■ *Para mí, las características más importantes son el miedo, no el miedo físico, sino el miedo de ser uno mismo.*

La entraña del miedo cristaliza en la desconfianza radical hacia la vida. Vivir sin fe en sí mismo desemboca en la angustia y en la inseguridad, en la cobardía y en la paranoia. La valentía, en su dimensión más profunda, no consiste en realizar acciones espectaculares, sino en atreverse a confiar.

- ■ *Es muy difícil tomar decisiones porque existe un gran miedo a cometer errores que serán fatales para la vida.*
- ♦ *Siempre me cubro la espalda sabiendo con quien estoy.*

El miedo es vivido de forma diferente desde cada subtipo. El sexual lo desafía con la fuerza. El social lo amortigua cumpliendo el deber y haciendo lo correcto. El conservación lo seduce a través del calor y el afecto.

- ♦ *Sexual: Mostrarse fuerte da seguridad e impone, así nadie ataca porque normalmente me creen más fuerte o me temen por mi acertado análisis.*

- *Social: Las características específicas de mi pasión dominante proporcionan un sentido de inadecuación hacia todo lo que atañe a la fantasía, creatividad, capacidad de seducción, gusto artístico.*
- *Conservación: La búsqueda del calor, orientación y reconocimiento del exterior como apoyo y validez de mi vida con un tinte de melancolía-seriedad.*

Las fijaciones, coloquialmente ideas locas, son distorsiones cognitivas que alimentan y justifican la pasión dominante, situada en el centro emocional. El E6 articula unos pensamientos automáticos que fomentan la desconfianza en sí mismo, que racionalizan una pretendida confianza y que propician una actitud insegura ante la vida.

- *No se puede confiar en nadie más que en uno mismo.*
- *Creo que estoy emocionalmente tarado.*
- *Los demás saben lo que se debe hacer mejor que yo.*

Las variantes subtipológicas del E6 enfrentan el miedo de manera diversa. El sexual lo desafía hasta traspasar los umbrales de la imprudencia. El social busca afanosamente el control, que le proporciona seguridad. El conservación quiere hacerse perdonar a través de conductas calurosas y comprensivas.

- *Dos veces a punto de morir ahogada, me obsesioné en pasar un pantano a nado y nadar largos tramos sumergiéndome.*
- *Tener todo bajo control.*
- *Excesiva comprensión de los motivos de los demás: muchas veces pienso que soy demasiado comprensiva, si alguno no se porta bien conmigo pienso que tiene motivos para ello, sea que me los explique o no, y llego a pensar que tiene razón de actuar así.*

Los mecanismos de defensa pretenden atenuar la conciencia en todos sus ámbitos o hacerla desaparecer. La proyección, como atribución a los demás de lo que uno rechaza en sí mismo, es el más destacado para el E6.

Existen otros secundarios, como la evitación, la deflexión, la confluencia, la introyección...

♦ *La proyección de mis miedos y a la vez también la introyección de la culpa son dos de los mecanismos que más repetidamente utilizo.*

• *Mecanismos de defensa: evitar los cambios.*

■ *Pongo en el otro la falta de confianza en mí mismo y en los demás.*

«¡No tengáis miedo!» (Mt 14,27) constituye una exhortación constante en los textos bíblicos. La reacción humana ante lo desconocido, ante una realidad que trasciende los estrechos límites de sus operaciones de control, es el miedo, que dinamita su confianza básica, sobre la que se asienta la fe. Sin confianza básica ante la vida, surge la inseguridad, la duda, la indecisión, la inacción, la parálisis, la huida... En resumen, la cobardía que realiza justo aquello que más teme o pierde sus mejores energías en la huida. William Shakespeare (1989) en *La tragedia de Julio César* establece un parangón significativo de la polaridad del E6: «[Los cobardes se mueren muchas veces antes de que llegue su muerte, y el valiente solo muere una vez]» (II, 2).

■ *En el terreno del amor existe la desconfianza.*

■ *Mi descreimiento, falta de fe en la vida (desconfianza).*

♦ *No confiar en nadie.*

REPERCUSIONES DEL MIEDO EN LAS RELACIONES CONSIGO MISMO

La conducta cobarde expresa el oscurecimiento del ser. El miedoso, al no poder apoyarse con garantía en sus fundamentos, genera en sí mismo inseguridad y estados ansiosos. Sin base sólida no hay confianza. Este es el drama básico del E6, que quiere suplir a través del control mental sentimientos e impulsos que, por su dinámica propia, se resisten a fáciles encuadraturas. Encauza sus energías en vez de dejarlas fluir.

- ◆ *Miedo de dejarme llevar por los instintos.*
- ● *Las únicas cosas que me dan seguridad son aquellas que consigo controlar racionalmente, como saber fechas, números, nombres, planificar con tiempo la jornada.*
- ■ *El no enterarme y no hacerme responsable de lo que me pasa o quiero.*

Los tres indicadores más valorados, tras los dos primeros, se concentran en el área de la conciencia, que se obnubila por efectos del miedo. Se pierde la conexión con la realidad para ver fantasmas, de modo que la persona cobarde se asusta de su propia sombra. La confianza propicia el abandono, mientras que el miedo busca control para sentirse seguro, sea pautando la vida, sea elucubrando sobre ella como forma de alejarse de pulsiones y emociones.

- ◆ *La duda y la culpa, creo que son las que, junto con mis hijos, me mantienen aquí a pesar del dolor que ello supone y que por momentos siento que me lleva a la muerte en vida.*
- ● *Creo que no tengo la experiencia de un compromiso emocional verdadero y asumido (en otros aspectos sí puedo comprometerme.)*
- ■ *Si me pregunto antes de saber lo que piensan los otros, me es difícil saber lo que pienso yo.*

REPERCUSIONES DEL MIEDO EN LAS RELACIONES CON LOS DEMÁS

Se desglosa aquí el ámbito de las relaciones con los demás en dos subámbitos: a) el amor vivido en la pareja y en la amistad; y b) el trabajo. ¿En qué afecta el miedo a estos dos subámbitos?

Amor (pareja y amistad)

Las relaciones amorosas, en las que no fluye la confianza, carecen de entrega y abandono a la pareja. La desconfianza favorece la contención de las emociones y de los impulsos instintivos. Al no existir seguridad, se brinda una calidez que no indica simetría, sino seducción desde quien se siente indefenso y desprotegido. La inestablidad permanente del E6 se combate a través de medidas de control, que proporcionan una aparente sensación de seguridad, pero que imposibilitan el amor. La cobardía que subyace en la falta de entrega ahonda en la duda, la suspicacia y en la ansiedad. Se viven desde la cabeza unas relaciones que tienen también sus dinámicas específicas en los centros emocional y visceral.

- ♦ *Aunque sea reiterativo, pero no es sencillo relacionarse desde la duda, la autodefensa, la desconfianza.*
- ♦ *Miedo del abandono.*
- • *Miedo a quedar atrapado en la pareja.*
- • *Me aburre leer poesías de amor, no llego a sintonizar, a coger la esencia.*
- ■ *Vivir en el mundo de la fantasía las relaciones sexuales con pereza y mucho control en la relación donde el disfrute del otro es primordial para ser reconocido, generando insatisfacción.*
- ■ *En el terreno del amor existe la desconfianza.*

El tema nuclear del E6 en las relaciones amorosas es la confianza, dinamitada por su pasión dominante, el miedo, que bloquea una entrega a fondo. Puede uno estar casado diez años sin sentirse comprometido. El amor implica donación y riesgo. El cálculo y el control, como medios para defenderse de la inseguridad y la duda, dificultan la construcción de la pareja y de la amistad. El temor de dar propicia la sospecha al recibir. La contención, la reserva, el deshojar la margarita... son elementos que, más allá de una aparente racionalidad, determinan una actitud cobarde ante el amor.

♦ *Después de seis años de convivencia con mi pareja anterior, un día, sin previo aviso y sin decírselo a nadie, le dije que todo se había acabado y le invité a abandonar mi casa.*

♦ *Meses después, en el SAT 2, fue cuando me di cuenta de qué monstruo podía llegar a ser y me asusté.*

● *He estado casado diez años sin llegar a sentirme comprometido.*

● *Mi mujer se casó conmigo (y han pasado ya 29 años) por la seguridad, la dulzura, que encontraba en mí, por la confianza que le inspiraba.*

■ *Y he pasado años de trabajo para sentir y estar con amigos y sentirme hombre como ellos.*

■ *En las relaciones de pareja me pasa a menudo que no consigo enamorarme ni amar de verdad al otro.*

Trabajo

La referencia a la autoridad es el indicador más valorado en el conjunto de este subámbito, así como en cada una de las variantes lingüísticas. El miedoso prefiere congraciarse con quien manda, pese a que pueda en otros momentos ser muy crítico con el poder. No obstante, la tónica global es la dependencia, entendida no tanto como sumisión sino como punto obligado de referencia para ajustarse o no a la autoridad, a la que convierte en destinataria de sus proyecciones y suspicacias. El miedoso busca la eficacia como seguridad y el reconocimiento como apoyo externo a su trabajo.

- ■ *En el trabajo, la eficacia y la necesidad de reconocimiento están también presentes.*
- ● *En el trabajo, hasta hace unos años, me sentía dependiente de personas que consideraba significativas, y me costaba confrontar.*
- ● *Siento no ser bastante «malo» y agresivo para tener éxito profesionalmente.*
- ■ *Yo prefiero estar a bien con todos y si puedo de su lado ante la autoridad.*
- ■ *No protestar jamás.*

La persona miedosa, debido a la falta de confianza en sí misma, prefiere ir a remolque de un compañero o de una autoridad en el trabajo. No le gusta asumir la responsabilidad, porque debe correr riesgos y afrontar situaciones problemáticas, como tomar decisiones. El miedo reduce la visión sobre las propias capacidades, indispensables para el desarrollo de un trabajo y de una profesión, y aboca a la infravaloración de las mismas. La cobardía dificulta cualquier iniciativa laboral, impide un cambio de trabajo, enaltece la seguridad del funcionario…

- ● *En el ámbito del trabajo, siempre he preferido ir de segundo, apoyarme en otros, aunque yo haga lo mío.*
- ● *En treinta años he cambiado solo una vez de trabajo: siempre he tenido miedo de empeorar y nunca he tenido el coraje de trabajar por mi cuenta.*
- ■ *En el trabajo, empezando por no estudiar lo que me gustaba en ese momento, al no creerme capaz intelectualmente y estudiar algo que me facilitara rápido independizarme de mi padre. Más tarde vi y me demostré que sí podía.*

Global: amor (pareja y amistad) y trabajo

El indicador que más destaca en el ámbito de las relaciones con los demás (pareja, amistad y trabajo) es la contención de emociones e impulsos, debido al predominio mental y al afán de control para conseguir niveles básicos de seguridad, generada por la falta de confianza radical y difusa. La necesidad de pautas y esquemas distorsiona el ejercicio amoroso y atribuye a la autoridad un rol desmesurado. Se propicia de este modo una personalidad dependiente y fiel a las indicaciones recibidas.

REPERCUSIONES DEL MIEDO EN LAS RELACIONES CON LAS COSAS

En el ámbito de las relaciones con las cosas, se han elegido dos elementos de interés que son analizados como subámbitos:

a. el dinero y la propiedad;
b. la naturaleza y la ecología.

Observar las repercusiones que el miedoso tiene en ellos no es tarea fácil y se dispone de un número menor de unidades conceptuales para su estudio, pero no por ello carentes de significado.

Dinero y propiedad

La tónica global de la persona miedosa, concretada en la incapacidad de jugárselo todo a una carta, propicia su actitud ambivalente hacia el dinero y la propiedad. Le gusta, le proporciona seguridad material, y a la vez lo minusvalora o, incluso, lo menosprecia. La cobardía, la culpa o la incapacidad de ganarlo o de ahorrarlo con facilidad explican la poca atención que el E6 presta a las cuestiones económicas, aunque valora disponer de un marco seguro que lo salve de los vaivenes previsibles.

- ◆ *Yo tengo mi casa y mi pareja la suya.*
- ◆ *Respecto al dinero soy ambivalente, por un lado me gusta y por otro lo desprecio, como sucede con el poder.*
- • *En cuanto al dinero y la propiedad, veo que siempre he trabajado mucho y no he sabido hacer que me cundiera lo correspondiente en términos económicos.*
- • *Me considero muy atento al valor de las cosas, pero sin apegarme al dinero.*
- ■ *La culpa y la desvalorización se refleja en mi relación con el dinero, siempre el tener dinero era un juicio sinónimo a no ser bueno y no ir por el camino correcto.*
- ■ *Estoy poco atenta al dinero, y no me preocupa mucho.*

Dos asuntos del dinero y de la propiedad tienen que ver con la falta de confianza del E6: las deudas y la comunicación de bienes. Ambos afectan a la dimensión crematística y material, pero a la vez también a las relaciones humanas. Se prefiere dar a sentirse en deuda, controlar a acumular, perder a ganar indebidamente, responsabilizarse de forma individual que compartirlo...

- ◆ *Tengo una gran amiga a quien le doy lo que tengo y no me gusta que me traiga cosas porque me siento en deuda.*
- • *Hace mucho que no me he cambiado de casa, a pesar de tener la sensación de que ese espacio no acaba de ser enteramente mío.*
- • *Hace años perdí a causa de la caída de la bolsa casi la cuarta parte de mis ahorros y no hice un drama.*
- ■ *Cuando me separé a la edad de 29 años, dejé todo a mi mujer y mi hijo y pasé unas verdaderas dificultades materiales y algunas penurias.*
- ■ *Me es muy difícil ahorrar y hacer cosas para ganar dinero, pienso que al fin conseguiré encontrarlo, pero no siempre es así.*

Naturaleza y ecología

La naturaleza y la ecología son recursos externos que proporcionan consistencia al E6. Salir de sí mismo, salir de sus propios pensamientos, para sumergirse en la naturaleza es sanador para la persona miedosa. No caben suspicacias ni dobles intenciones que desentrañar. Hay hermosura, incluso peligros. El subtipo sexual desafía los riesgos que entraña. El subtipo social encuentra un pretexto en ella para demostrar su tenacidad. El subtipo conservación se muestra más ideológico al militar, si cabe, en asociaciones a favor de la ecología.

♦ *La naturaleza y los animales han sido mi refugio, mi espacio vital, donde podía ser yo sin ser juzgada o castigada.*

♦ *Respecto a la naturaleza soy muy respetuosa y a menudo me enfrento a ella cuando es peligrosa: subir a la montaña, conducir durante una tormenta, etc.*

● *En cuanto a la naturaleza, me gustan las montañas, la nieve, los bosques, más que el mar.*

● *Me gustan los deportes que exigen compromiso, cansancio, tenacidad (paseos y escaladas en la montaña, mountainbike, carrera campestre).*

■ *La ecología es una militancia, una postura y una acción y esto es una implicación, un compromiso y además en grupo.*

■ *Encuentro en la naturaleza un espacio para estar conmigo, donde no hay otras personas que me puedan juzgar o condicionar mi comportamiento.*

En el protocolo de Kyoto o en la mayoría de las conferencias internacionales de contenido ecológico subyace un sentido racional del uso de los recursos naturales junto con un miedo cerval al calentamiento del planeta y a hipotéticas catástrofes que se preanuncian con reiteración. No siempre es fácil ver la línea divisoria entre racionalidad y miedo. Los escasos indicadores proporcionados por las entrevistas no entran en estos pormenores.

- *Escalar la cima de una montaña es la experiencia más satisfactoria que conozco.*

■ *Respecto a la ecología, he trabajado en una asociación ecologista durante tres años y soy miembro de dos asociaciones.*

■ *Los momentos que recuerdo más bellos de mis viajes se relacionan muchas veces con el hecho de estar en silencio o sola en un hermoso paisaje.*

Global: dinero y propiedad / naturaleza y ecología

El entorno económico o material tiene diversas utilidades desde la perspectiva del E6: espacio individual, lugar de refugio, garantía de seguridad... El predominio del pensamiento y de los valores éticos del miedoso le aleja de los aspectos sórdidos que a veces presenta el dinero y le abre a las posibilidades de la naturaleza y la ecología.

REPERCUSIONES DEL MIEDO EN LAS RELACIONES CON DIOS, LO DIVINO, LO TRASCENDENTE

Este último ámbito tiene su particularidad. Cada persona entrevistada se ha podido posicionar personalmente ante Dios, lo divino, lo trascendente. Las observaciones no se enfocan desde una religión concreta o desde una confesión determinada.

a. El miedo está presente también en las relaciones que el E6 tiene con Dios, lo divino, lo trascendente. Las relaciones paternas, en su ambivalencia, se proyectan en la imagen que el miedoso tiene de Dios a través de la sumisión o de la rebeldía.

♦ *Creo que en el fondo siempre he tenido esa sensación de estar vigilado por Dios y evidentemente tenía miedo de su castigo.*

■ *Aquí empiezan las desavenencias con el Dios infantil, ahora era adulto y ponía límites que yo no entendía y era malo, algo divertido, excitante [ciertas experiencias vinculadas a la sexualidad], y me hacía reír y además me hacía sentir muy mal cuando veía al vecino o sus padres.*

♦ *Cuando murió mi abuela, el ser que yo más indefenso pensaba que era y a la que entonces más quería, me enfadé con Dios, me rebelé contra él y su voluntad.*

b. La relación del E6 con la realidad divina, vivida también como autoridad, acentúa la importancia que le concede. Existe inquietud espiritual y apertura a los valores trascendentes.

♦ *Pero siempre he buscado, siempre estaba próxima a la espiritualidad, anhelaba saber, contactar, sentir lo trascendente.*

♦ *Creo que lo trascendente es la dimensión más auténtica de nosotros mismos y de todo.*

● *Pienso que la espiritualidad va más allá de la religión y que las distintas religiones han surgido del intento de hacer comprensible a la gente común la verdad intrínseca de la naturaleza y del sentido de la vida humana.*

■ *Las luces, el olor de la iglesia, el sonido del órgano que tocaba con toda su pasión el marianista ya mayor, me resultaba muy agradable y además no teníamos matemáticas.*

c. La recuperación de la confianza básica en la vida y en sí mismo favorece una renovada relación con Dios, que ya no se fundamenta en el miedo sino en la fe y en la convicción personal.

■ *Cuando empecé a creer en mí, empecé a creer en Dios o en lo divino, es una fe muy interna y personal.*

● *Pienso que lo divino está también dentro de nosotros en cuanto parte del todo y que cuando conseguimos sintonizar las sensaciones corporales con las emociones y con la mente racional, llegamos a percibirlo.*

El miedo, desde la perspectiva del E6, tiene efectos nefastos en la relación con Dios: reducción de la realidad a lo racional, aproximación mental a Dios carente de sentimiento, actitudes basadas en la desconfianza y en el temor, recelo de abandonarse a la fe, sentimiento de culpabilidad y de indignidad, vinculación de la idea de Dios con la relación paterna vivida de forma problemática, incapacidad de formular oraciones de petición, angustia por la injusticia divina... La sanación del miedo a través de la recuperación de la confianza básica se refleja en la eliminación del miedo al castigo eterno y a la superación de la relación con lo divino desde el temor. Surge la fe y la confianza.

♦ *Hay una frase que creo que lo resume todo y que muchas veces me he repetido. «No pido ni a Dios».*
♦ *Miedo a abandonarme a la FE.*
● *Ahora hace mucho que no me relaciono con lo divino desde el temor. Pero tal vez estaba muy presente mi autoacusación.*
● *Siento que el contacto con lo trascendente, a través de la meditación, me ayuda a liberarme de los condicionamientos del carácter y de la pasión dominante.*
■ *Las palabras que más me ha costado pronunciar son creer y confiar (con fe).*
■ *También mi carácter demasiado intelectual y racional pone obstáculos a esta vida espiritual, que considero ahora un aspecto muy importante y que aportará una gran riqueza y plenitud a mi vida.*

El temor de Dios es considerado en el Catecismo de la Iglesia Católica como un «don del Espíritu Santo». Con los seis dones restantes, «completan y llevan a su perfección las virtudes de quienes los reciben» (n.º 1831). Pero este temor no se ha vivido frecuentemente al servicio de la virtud y en función del amor. Alguna forma de interpretarlo lo ha hecho equivaler al miedo al infierno y a la represión moral, distorsionando de este modo la imagen misericordiosa de Dios. Las heridas en la conciencia moral han sido profundas. Hay que discernir entre la función pedagógica que puede tener el temor de Dios y el reforzamiento de los elementos caracteriales del miedo con base religiosa. Recuperar el vínculo amoroso (Serra, 2005d) con los padres permite redescubrir una espiritualidad basada en la misericordia.

■ *Pero ahora no me gusta para nada la aproximación científica a la vida, demasiado fría y limitada.*
● *De niño estaba obsesionado por el deseo de masturbarme, por la conciencia de que esto era pecado y por el hecho de que había reglas muy precisas que te impedían ir a comulgar si antes no te habías confesado.*
● *Fue muy importante redescubrir la espiritualidad a partir de los profundos sentimientos de compasión hacia todos y hacia mí que experimenté en el Proceso Hoffman.*

San Juan de la Cruz (1995) no incluye el miedo entre los siete vicios capitales, considerados como hábitos causantes de algunas imperfecciones espirituales que tienen los principiantes en el camino espiritual. La razón de la exclusión del miedo (y de la vanidad) de la mencionada lista obedece a razones históricas que no se tratan aquí. El lenguaje sanjuanista, en el capítulo precedente al tratado específico de cada vicio capital (o hábito), refleja una ternura extraordinaria, muy alejado de un temor patológico. El amor de Dios regala al alma que toma la determinación de convertirse a su servicio «al modo que la amorosa madre hace al niño tierno, al cual al calor de sus pechos le calienta, y con leche sabrosa y manjar blando y dulce le cría, y en sus brazos le trae y le regala» (p. 762). Expone también la pedagogía de Dios con la comparación del destete para que el alma «perdiendo las propiedades de niño, se dé a cosas más grandes y sustanciales» (p. 762).

- ◆ *Dificultad de confiar, de poder abandonarme en alguien.*
- ◆ *Miedo de dejarme llevar por la ternura.*
- ■ *Y con pensamientos locos «mi padre me odia y no quiere que viva», «mi padre no es mi padre y lo sabe y me odia», «mi madre es mi refugio, así, no soy un hombre para mi padre».*
- ● *Tener todo bajo control.*
- ● *Sentir que este amor está condicionado y que me pertenece solo si me comporto bien, si estoy a la altura de las expectativas de los demás.*

LA GULA

E7

EL ENEAGRAMA DE LA **GULA**

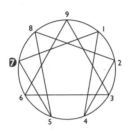

CATEGORÍA	SUBCATEGORÍA
Oscurecimiento óntico (**ser**)	Eclipse parcial de la **realidad** con cancelación de la sombra Desarraigo del **tiempo** y del **espacio**
Degradación de la **conciencia**	**Evitación** del dolor y del sufrimiento **Intelectualización** (charlatanería y superioridad) con desconexión emocional **Estímulos** en intensidad y cantidad como anestesia **Dificultades** diversas para ser consciente
Perturbación de la **conducta** a través de algunas estrategias operativas	**Hedonismo** como búsqueda compulsiva del placer **Fantasía** en tanto que huida y superficialidad **Trampa** y fraude en las relaciones sociales **Irresponsabilidad** ante la asunción de compromisos, postergación de los mismos y falta de disciplina **Rebeldía** ante la autoridad como límite **Optimismo** seductor y manipulativo **Narcisismo** autoindulgente como foco de atención

- **Repercusión de la gula en el ámbito de las relaciones**

Leyenda: ■ *Conservación* ◆ *Sexual* ● *Social*

1. Oscurecimiento óntico (ser)

Martín Heidegger acabó de redactar en 1926 su libro *Sein und Zeit* (Ser y tiempo). La relación de estos dos conceptos básicos nos recuerda que la realidad, tal como nosotros la contemplamos, se desarrolla dentro de unas coordenadas espacio-temporales. La gula, a tenor de las subcategorías consideradas, pero aún más de la lectura global de los textos, produce un eclipse parcial de la realidad a través de la fantasía y un desarraigo del tiempo y del espacio con la consiguiente pérdida del aquí y del ahora, en beneficio del futuro.

1.1 Eclipse parcial de la realidad con cancelación de la sombra

Toda luz genera sombras. La gula se centra tanto en el disfrute de los aspectos luminosos de la realidad que cancela la zona de sombras. Hay pérdida de contacto y alejamiento de la parte vinculada al dolor y al sufrimiento. Esta actitud selectiva impide vivir a fondo y favorece un maquillaje superficial de la realidad a través de la fantasía.

♦ *Dificultad para reconocer y aceptar los límites y frustraciones de la realidad.*

♦ *Reconozco en mi subtipo sexual que creo fantasías para alejarme de la realidad sobre todo cuando esta es desagradable.*

Cuando esta lectura parcial de la realidad se proyecta sobre el propio mundo interior, el goloso no sabe encontrar el alfabeto para interpretar los problemas y los aspectos negativos de sí mismo. Se ignoran o se niegan a través de actitudes que solo permiten vivir en la epidermis de la realidad. La superficialidad es el resultado que se obtiene.

♦ *Me resulta más difícil hablar de mis problemas.*

● *En efecto para mí era absolutamente impensable revelar a otras personas mi estado de ánimo negativo, pero todo venía manipulado y negado a través de la actitud de la risa, la desdramatización o la ridiculización de situaciones. Desacralizarlo todo y no tomar nada en serio.*

Si no hay sombras, desaparece la existencia del mal. Cualquier comportamiento de la persona golosa se justifica por sí mismo y uno se instala en la autoindulgencia. Se tergiversan los hechos y el mundo debe ajustarse a los propios parámetros de la fantasía y de la ilusión. La realidad queda forzada.

♦ *En el pasado, mi autoindulgencia me había llevado a no considerar mínimamente la existencia del mal.*

● *Con tendencia a vivir de ilusiones y fantasías que le pueden llevar a una posición de rebeldía frente a realidades y límites del día a día.*

1.2 Desarraigo del tiempo y del espacio

La gula distorsiona las coordenadas kantianas del espacio y del tiempo como condiciones *a priori* de la experiencia. El presente, cuando entra en contacto con aspectos dolorosos de la realidad, abandona el ahora y se proyecta hacia el futuro. El goce se transmuta en fantasía y se planifica un futuro prometedor.

♦ *La dificultad de aceptar y vivir el presente desde lo doloroso y lo frustrante.*

♦ *Dificultad para encarar el momento presente sin proyecciones e ilusiones de futuro.*

Este desarraigo del tiempo tiene efectos demoledores sobre la memoria. El pasado pierde también sus contornos problemáticos y se transforma en un período maravilloso. Como en la censura de una película, se suprimen los fotogramas que no interesan y se pierde veracidad.

- *Por ejemplo, yo tuve una pancreatitis alcohólica con 25 años. Pues bien, todavía hoy aquel período de alcohol me parece una época fantástica de mi vida en la que me lo pasaba muy bien y soñaba y reía y bebía... olvidándome de cuán a diario deseaba acabar con mi vida y qué mal la sobrellevaba.*

El aquí, expresión de la realidad en el espacio vital, se cambia por el allá. Lo cercano cede sitio a los parajes remotos. Cualquier pequeño estímulo basta para abandonarse a los nuevos paraísos, que lo son porque están lejos. Vivirlos los desmitificaría.

- *Por ejemplo, cuando conduzco el coche mi cerebro funciona de modo automático a partir de cualquier estímulo para sumergirme en realidades placenteras. Proyectos de trabajo o cambios radicales de vida.*
- *En cierta ocasión había oído hablar de Costa Rica, una tierra donde siempre es primavera y donde las flores no cesan jamás de brotar. En aquel período mi mente estaba empeñada en hacer planes para poder vivir en aquel país sin trabajar. Mi idea era sencilla, encontrar cuatro personas con un apartamento para vender en Milán y comprar un hotel junto al mar en Costa Rica. De tal modo que apenas el hotel se hubiese puesto en marcha como actividad, nosotros los socios hubiéramos estado obligados a hacer la siguiente vida: desayuno a las 10, después playa con actividades varias de vela, natación, baño de sol, etc., a las 13 comida en el restaurante del hotel, luego siesta, etc., etc. En resumen, disfrutar de la vida.*

2. Degradación de la conciencia

La inconsciencia, como mecanicidad, conduce a la distorsión cognitiva y es terreno abonado para que la pasión dominante, como motivación deficitaria, dificulte el despertar lúcido, sin el cual el ser queda oscurecido y el vacío que se genera pugna por llenarse a través de sucedáneos. Los mecanismos de defensa coadyuvan al mantenimiento de la inconsciencia. Se buscan soluciones falsas o aparentes para confirmar las propias capacidades o para satisfacer las necesidades profundas. Se utilizan aquí cuatro subcategorías para indicar distintos modos que tiene el carácter goloso de bloquear su conciencia o reducir su percepción.

2.1 Evitación del dolor y del sufrimiento

El aspecto central del E7 es la búsqueda del placer o, visto desde la otra cara de la moneda, la huida del dolor y del sufrimiento. Por este motivo, el goloso se aproxima selectivamente a la realidad para tomar lo que le gusta como un comensal en un bufet libre llena su plato de manjares apetitosos. El resto no interesa ni existe.

- ■ *Una búsqueda continua del placer para huir de las experiencias dolorosas desde mi infancia.*
- ● *Por lo que concierne a mi experiencia, considero que el aspecto central del eneatipo 7 es la evitación del dolor y la búsqueda de situaciones placenteras.*

Las maneras de evitar el contacto con el dolor son muy sutiles. El placer pirómano de incendiar unos prados no puede afrontar las consecuencias de ser acusado o hacerse responsable de los propios actos. Solo queda la huida. No hay empatía con el dolor sino fórmulas mecánicas para no llegar a él.

- ■ *De pequeño me gustaba incendiar los prados y después escapaba.*

♦ *A las parejas y amigos siempre les he aportado soluciones en lugar de interiorizar su dolor.*

Estos comportamientos obnubilan la conciencia y le impiden una visión completa de la realidad.

2.2 Intelectualización (charlatanería y superioridad) con desconexión emocional

El E7 pertenece al ámbito mental. Utiliza la racionalización como mecanismo de defensa «por cuanto funciona y se constituye como un modo de vida en el que el *explicador* utiliza la persuasión para sortear los obstáculos para su placer» (Naranjo 1994a, p. 180). Está al servicio de la idealización, que cancela las sombras. No se experimentan los propios sentimientos, sino que a través de los razonamientos se favorece una desconexión emocional. Así se evitan el dolor y el sufrimiento, pero también otros sentimientos profundos como el amor.

♦ *Donde tienden a intelectualizar aquellas situaciones que pudieran comportar dolor o frustración.*
• *Prefiere el centro mental y no consigue interactuar con las propias emociones sobre todo cuando son desagradables.*

La gula se ejercita también a través de la inteligencia, que busca conocimiento y novedades. Nutre así un sentimiento de superioridad sobre los demás.

■ *Una gula insaciable de conocimiento porque además lo considero un modo de control...*
■ *Mi comportamiento de superioridad con respecto a los otros es como un sentimiento de clase.*
• *Esto en muchos casos es también un sinónimo de superioridad respecto a los demás, en cuanto los 7 se consideran*

ricos de posibilidades y capaces de destacar en cualquier ámbito.

Utiliza el arte persuasivo de la palabra de modo que se muestra convincente. Manipula los argumentos para tener éxito. Se convierte en charlatán, que puede vender cualquier producto falso como un auténtico *elisir d'amore*, como hace Dulcamara en la ópera de Donizzetti.

- ■ *La charlatanería.*
- • *Dado que por ciertos aspectos continúo en considerarme un charlatán, con el tiempo he buscado profundizar más modelos de psicoterapia.*

2.3 Estímulos en intensidad y cantidad como anestesia

El goloso busca la emoción como sucedáneo del sentimiento: «La emoción-choque se revela como una trampa, porque no es más que un falso amigo de la sensibilidad. Su valoración excesiva conduce al abandono del sentimiento. La vida emocional actual es una mezcla de anestesia y de dopaje, de hiperactividad y de indigencia» (Lacroix, 2005). Por ello, requiere estímulos numerosos e intensos. Aparentemente le mantienen despierto, pero en el fondo actúan de anestesia porque impiden vivir la realidad del dolor y el dolor de la realidad. Existe huida hacia paraísos lejanos. Hay dependencia. Se desemboca en la droga.

- • *Muchas subidas y muchas bajadas, mucho alcohol y drogas y mucha lectura al tiempo que contactas con algo grandioso, sublime, sobrenatural, que solo tú ves y que eres capaz de transmitir con tu entusiasmo a cuantos están contigo.*
- • *Un ejemplo para indicar lo dicho antes es mi relación con la dependencia de los cigarrillos. He dejado y he vuelto a fumar no sé cuántas veces.*

■ *Durante casi 20 años he bebido muchísimo para anestesiar-me del dolor.*

● *Comida, alcohol, sexo, humo, televisión, ir por la tarde de un local a otro, eran las maneras con las que tendía a manipular mi realidad interna para no sentir el dolor subyacente.*

La palabra «vacío» no aparece en ninguna entrevista del E7. Los estímulos no lo colman, pero impiden darse cuenta de que existe. Una vez desvanecido el placer del orgasmo, no hay silencio ni quietud sino nuevas expediciones para conseguir hacer de la vida un cuento de *Las mil y una noches.* Cualquier interrupción conduciría a la muerte. Se teme entrar en contacto profundo consigo mismo. Existe el vértigo de la interioridad y por este motivo se buscan diversas maniobras de distracción.

● *En el ámbito de la pareja, la búsqueda y la necesidad de intensidad y de estar en la cúspide del amor me lleva a ser incapaz de compartir la realidad cuando se ha desvanecido «la magia» y a buscar en otras lo que he perdido.*

● *En el primer caso tiende a ser más reflexivo y tranquilo, sin renunciar a manipularse con un exceso de estímulos: alcohol, comida, cigarrillos, drogas, sexo, televisión, etc., etc., siempre con la intención de evitar entrar en contacto profundo consigo mismo.*

2.4 Dificultades diversas para ser consciente

Esta subcategoría agrupa una serie de unidades conceptuales, presididas por la pasión dominante, que tienen en común obstaculizar la consciencia de sí. No se intenta resolver una necesidad real sino satisfacer un apetito, que siempre resulta insaciable. No hay mesura ni siquiera en la realización de proyectos. Por ello, se pierde el contacto con la propia realidad y no se interpretan los signos procedentes del cuerpo, pero se paga el precio de la enfermedad.

- *Yo no sé parar, aunque eso tenga consecuencias para mi salud y además me llevo al otro conmigo; en más de un proyecto común he acabado enfermo por no saber cuándo tenía que acabar.*
- *Lucha inconsciente contra los sentimientos bloqueados por el cuerpo.*

Obrar a impulsos, desde el entusiasmo al desánimo, impide seguir las indicaciones de la brújula. Se produce dispersión porque los datos del problema no se extraen de la realidad sino de la fantasía. El estado infantil es la forma característica de aproximarse a los hechos. El adulto se comporta de otro modo.

- ♦ *Dispersión a la hora de elegir caminos y mantener un impulso constante en los mismos, no dominados por oleadas de entusiasmo y desánimo.*
- *En relación con mi experiencia, pienso haber tenido y tener una carencia de lo que en el análisis transaccional se define como estado adulto.*

3. Perturbación de la conducta a través de algunas estrategias operativas

La conducta se ve afectada por el grado de conciencia que posee una persona, pero a su vez lo genera. Aquí se entiende por obras las estrategias operativas que utiliza la persona golosa para conseguir sus fines y deseos. Un progreso en la conciencia y en la virtud desactivan en su misma medida los comportamientos a ellas subordinados. Se resaltan, a partir de los datos obtenidos, siete estrategias operativas.

3.1 Hedonismo como búsqueda compulsiva del placer

Naranjo (1994a) considera que la gula no estaría entre los pecados capitales si solo se refiriera a la comida. Sí, en cambio, entendida como pasión por el placer «en la medida en que implica una desviación del potencial del individuo para la autoactualización», ya que el hedonismo es «un obstáculo en la búsqueda del *summum bonum* y una trampa» (p. 163). Entramos aquí en su punto neurálgico: la búsqueda del placer, de cualquier tipo de placer y a cualquier precio.

- *Amo todo lo que es terrenal (dinero, propiedades, poder, sexo).*
- *Hacer todo lo que deseo.*
- *Refugiarse en los placeres hedonistas como escapatoria de una realidad a menudo asfixiante e injusta.*
- *Una gula fuerte en el placer oral, sexual y con cosas materiales, del conocimiento...*
- *Pasión por la intensidad, por supuesto la intensidad del placer, todo tipo de placer, por supuesto el del conocimiento uno de ellos, si no el más importante.*

La búsqueda del placer entra dentro de los parámetros de la gula, como pasión dominante, cuando se convierte en un automatismo y por tanto carece de conciencia. El exceso y el desorden son características de su mecanicidad. El conflicto surge cuando hay que elegir entre varias posibilidades, porque toda elección comporta renuncia y de este modo introduce un elemento doloroso.

- *Esta modalidad [la búsqueda del placer] en mi experiencia es un verdadero y propio automatismo que se activa en los momentos en los cuales no tengo nada que hacer.*
- *Dificultad para renunciar y seleccionar ante las múltiples posibilidades y disyuntivas que ofrece la vida.*

El impacto emocional del placer sexual relega en un segundo término el amor romántico. El sexo es intercambiable, pero el amor obedece a otros criterios. La fidelidad resulta imposible de mantener si el máximo valor es la satisfacción del placer. Para la gula, la disyuntiva entre compromiso y fruición se decanta a favor de esta última.

- *Los amores. Antes de la relación que tengo actualmente no he conseguido nunca ser fiel por mucho tiempo.*
- *Las traiciones nacen de la incapacidad de rehusar el placer.*
- *He visto en la sexualidad el máximo placer posible en la tierra.*

3.2 Fantasía en tanto que huida y superficialidad

La fantasía es un recurso para huir de una realidad con aristas. Permite mantener al goloso en la esfera del placer. No se afrontan los problemas sino que se huye de ellos *en automático* (Serra, 2010), es decir de manera mecánica. Se escapa del dolor y del sufrimiento hasta conseguir *vivir en una nube*, donde solo existen situaciones placenteras.

- *Cada vez que en mi vida he debido afrontar una situación difícil, siempre he buscado de manera automática tácticas para evitarlas, para postergarlas o para convencerme que podía no hacerlas porque no eran cosas importantes.*
- *Lo que disfruto cuando huyo con la lectura.*
- *Vivir en una nube.*

La pérdida de contacto con el tiempo (presente) y el espacio (aquí) se soluciona a través de la imaginación. Se revive el pasado agradable, mitificado por el paso del tiempo («cualquier tiempo pasado fue mejor»), pero aún más se proyecta hacia un futuro maravilloso, que cuando llega a ser presente pierde sus mayores encantos. El aquí se abandona en beneficio de parajes lejanos y paraísos insólitos. El taconeo puede abrir una sinfonía musical.

- *Creo que es como un torbellino en que yo entro, tiene que ver mucho con no concretar en el trabajo y en las situaciones concretas perderme en la fantasía.*
- *Naturalmente la fantasía consiste en gozar de la vida sin muchas preocupaciones.*
- *Por ejemplo, cuando conduzco el coche mi cerebro funciona de modo automático a partir de cualquier estímulo para sumergirme en realidades placenteras. Proyectos de trabajo o cambios radicales de vida.*
- *La fantasía en primer lugar. Si estoy en un lugar horrible con gente horrible, pongamos un hospital de terminales, me voy con mis pisadas e imagino una música con el taconeo... o a través de los cristales un paisaje precioso... o un bello pensamiento.*

Cuando no se vive a fondo la realidad en todas sus dimensiones, la persona se instala en lo epidérmico y superficial. La fantasía sirve para esto. Incluso, las relaciones interpersonales no llegan más allá y pueden desembocar en la frivolidad. No hay sentimiento auténtico.

- *Las relaciones interpersonales del eneatipo 7 son muy fáciles con tal que se queden en una dimensión superficial.*
- *Estar en la superficie evita tener problemas incluso si se inhiben los sentimientos que son siempre peligrosos y fuente de dolor. Esto sirve siempre, como también en los dos casos antes mencionados, con finalidad defensiva.*

3.3 Trampa y fraude en las relaciones sociales

No hay aceptación serena de la realidad sino manipulación de la misma. Por ello, el engaño y la trampa se apoderan del comportamiento goloso. Se distorsionan los hechos en beneficio propio. El juego se lleva a cabo merced a las cartas marcadas. Las formas del fraude son incluso divertidas, pero no por ello dejan de ser una trampa.

- *Solo que con el tiempo he llegado a descubrir en ello también un fraude y egoísmo que casi me hace vomitar porque fijo la atención en algo para sentir y olvido o tapo u omito la parte que sea del cuadro que sea.*
- *Mi capacidad de mentir para llevar el agua a mi molino.*

Las anécdotas sobre el fraude son innúmeras y suelen arrancar sorpresa y aplauso en quienes las escuchan, mientras uno no sea su víctima. La charlatanería y persuasión del E7 edulcoran un comportamiento socialmente dañino. Engaña con tanta maestría que a veces confunde el fraude con la propia realidad.

- *Me han contratado como psicólogo y pagado como tal. He logrado, también con un poco de suerte, pero con gran tenacidad e inteligencia, obtener el estipendio de un médico, casi 1.200.000 liras más al mes y 224.000.000 de atrasos.*
- *Pues recuerdo haber llegado a la jefatura de estudios de un instituto sin ningún tipo de preparación habiendo creado una idea de eficiencia a mi alrededor que nadie dudó de ella.*
- *Irme a dar un curso internacional a Saint-Denis, sin ningún tipo de preparación, solo con cuatro ideas básicas y acabar con felicitaciones.*
- *Con el dinero no hay cuestionario para que lo explique todo, en una época de mi vida obtuve crédito en tres entidades bancarias a la vez para ir tapando los agujeros de mis proyectos personales.*

La traición en las relaciones amorosas es una versión del fraude. La palabra dada cuenta poco ante los reclamos del placer, que siempre es más apetecible cuanto más lejano. El cónyuge vecino está mejor dotado que el que vive en casa. Las trampas permiten acceder a él o ella.

- *Había en mí una actitud orientada hacia el placer que acababa por meterme en situaciones en las que mantenía más relaciones simultáneamente.*
- *En el amor he traicionado con aparente soltura buscando siempre el placer.*

3.4 Irresponsabilidad ante la asunción de compromisos, postergación de los mismos y falta de disciplina

Asumir una responsabilidad implica hacerse cargo de los aspectos agradables y desagradables de la misma, ser consecuente con ella, mantener un comportamiento disciplinado para no abandonar a las primeras de cambio o postergarla hasta mejores tiempos, y someterse a compromisos que la regulan. Como las consecuencias no son apetecibles, el E7 hace dejación de sus responsabilidades.

- *Los lazos superficiales permiten, al contrario, no comprometerse con las personas, no tener obligaciones o exigencias que a menudo identifican a los 7 con la ausencia de reglas.*
- *En las relaciones interpersonales hay la tendencia a evitar la intimidad de los vínculos para poder defender ideológicamente una presunta libertad que, de hecho, es una manera de no responsabilizarse.*
- *Principalmente en la dejadez de la responsabilidad de asuntos de mi vida que me incomodan o pesan.*
- *Deja abiertas muchas puertas y le duele tomar decisiones definitivas, por consiguiente también asumir responsabilidades.*

Si no hay más remedio que afrontar una tarea que no gusta, al menos queda la posibilidad de postergarla al máximo. Se proyecta su realización en un futuro inconcreto para evitar las incomodidades de llevarla a cabo en el presente.

♦ *Postergación de las obligaciones para buscar refugio en paraísos alternativos.*
• *En la incertidumbre mejor tomar tiempo.*
• *En la universidad empezaba a estudiar para un examen solo cuando sabía la fecha del mismo, debía sentir un poco de estrés, solo así podía empezar a prepararme.*

Controlar es regirse por unas normas y exige disciplina. La gula implica una dimensión de descontrol y desgobierno, propugna una ruptura de los límites y las proporciones, y juega mucho con la cantidad y el exceso.

■ *He podido llegar a gastar 3 millones de pesetas en un mes.*
♦ *En referencia al dinero tiendo a derrocharlo, a gastar más de lo que me está permitido.*

3.5 Rebeldía ante la autoridad como límite

El E7 vive de manera problemática su relación con la autoridad, sea personal, ideológica o institucional. Más que buscar un enfrentamiento con ella, prefiere ignorarla, prescindir de sus normas o trivializarla, que aún es peor. El control se vive como asfixia y la autoridad lo ejerce.

♦ *Siento que la espiritualidad se encuentra en cada cosa, nunca en dogmas, instituciones y jerarquías.*
♦ *Con tendencia a vivir de ilusiones y fantasías que le pueden llevar a una posición de rebeldía frente a realidades y límites del día a día.*
♦ *En el trabajo, tendencia a la dispersión, a la distracción, intentar contentar a todos, y dificultad para creer en la autoridad.*

La persona dominada por la gula no acepta la autoridad como un referente objetivo. Solo la tiene en cuenta cuando la puede considerar como amiga y al mismo nivel. No hay supeditación ni jerarquía. Será aceptada siempre que esté en el mismo plano y sus imposiciones no produzcan algún tipo de dolor o incomodidad.

- ♦ *Su relación con la autoridad es de obediencia, mientras la considera digna de estima, de otro modo puede rebelarse, incluso de manera muy desagradable.*
- *Se subraya en efecto la gran aversión hacia la autoridad, que puede ser aceptada solo en el momento en que la figura de la autoridad llega a ser un amigo, no tanto un padre que impone las reglas, sino una persona al mismo nivel que da prestigio conocer frente al grupo.*

El E7 prescinde de la autoridad a través de una rebeldía sutil. Un enfrentamiento nítido podría acarrearle más inconvenientes y problemas. La distancia de la autoridad no implica ruptura. Basta la diplomacia.

- *La profundización de diversos modelos se ha llevado a cabo con las clásicas modalidades del 7. Una actitud rebelde en relación con los enseñantes, siempre con el chiste a punto, pero nunca destructivo en relación con nadie.*

3.6 Optimismo seductor y manipulativo

El optimismo constituye una forma de percibir la realidad de manera selectiva y favorable. El E7 ve solo los aspectos positivos, fruto de su cancelación de las sombras. Esta estrategia operativa genera, hasta cierto punto, simpatía y aceptación. Con frecuencia es utilizado en las relaciones para seducir o para manipular.

◆ *Hasta hace poco ni siquiera las situaciones más desespe-radas o trágicas podían hacerme perder el sentido del humor.*

◆ *Es un carácter optimista que evita las situaciones difíciles y el enfrentamiento.*

● *Es optimista por naturaleza, en general le gusta hacer pro-yectos cuya esencia consiste en gozar de la vida divirtién-dose sin hacer nada.*

La vinculación de la gula con el exceso y la cantidad se refleja tanto en el entusiasmo como actitud existencial como en la convic-ción personal de que no existe dificultad para acceder a las fuentes de la abundancia, incluso monetaria.

■ *Con el dinero siempre tengo la sensación de que no hay problema y siempre se puede conseguir más.*

◆ *Tiene tendencia a actuar desde el entusiasmo.*

En las relaciones con los demás, puede adoptar diversos roles que tienen que ver con su capacidad de divertir. Se autoproclama el bufón de la corte. Sabe manejar numerosos registros teatrales a través de los cuales consigue manipular a los demás.

● *Cuando se encuentra en compañía de los otros comienza a ponerse la propia máscara de juglar y a manipular a los demás: se excita, se vuelve alegre, burlón y para conseguir llamar la atención de los otros llega a mostrar verdaderos y propios excesos maníacos.*

3. 7 Narcisismo autoindulgente como foco de atención

El goloso, al relativizar las normas y las figuras de autoridad, se autoconcede permiso para no tener que ajustar su conducta a las prescripciones. De aquí surge su autoindulgencia. Nada es tan grave que no pueda ser disculpado. Esta conducta refuerza su narcisismo, por el cual se ve a sí mismo con gran complacencia.

- *Autocondescendencia a veces y autoengaño, aunque también en ocasiones autoinculpación; algo así como yo me lo merezco y lo tomo, yo lo hago.*
- *Una vez me acuerdo de que debía ir a estudiar por vez primera a casa de un amigo que me había explicado en grandes líneas dónde vivía, yo no le había preguntado nada más, después me había olvidado de todo y el día de la cita salí con la certeza que encontraría la casa de mi amigo. Naturalmente no la encontré y en aquel momento surgió la indulgencia: no teníamos grandes cosas que estudiar.*

El narcisismo implica un enamoramiento de sí mismo que se alimenta de la propia autoimagen y del aplauso ajeno. Esta subcategoría del E7 expresa una vez más su visión parcial sobre la realidad, cuando la luz de los focos se concentra solo sobre las cualidades y aspectos positivos. No hay sombras, todo es belleza e inteligencia. En definitiva, un ser superior.

- *He escrito una novela tras otra compulsivamente con el sueño de un iluso, con la esperanza de que eran tantos y tan delicados mis sentimientos que el gran público me abrazaría como a un gran hombre.*
- *Por mi parte ha habido en el pasado el deseo de subir al escenario, no solo en sentido metafórico, sino de crear la situación divertida en el grupo para atraer la atención de los demás y arrancar el aplauso.*
- *Tal velocidad mental produce excitación, acumulación de adrenalina, pre-gustación y alegría de la meta, te sientes inteligente y el rey de los astutos, en resumen, un gran narcisista.*

- *En efecto existe una veta narcisista de superioridad por un lado y de necesidad de reconocimiento por otro.*
- *Yo lo puedo conseguir todo.*

Incluso en el caso que se admita alguna sombra (ser una rata), rápidamente se convierte en un elemento positivo (permite conocer el mundo subterráneo). La gula conduce a un narcisismo incombustible.

- *Ambivalencia, te sientes Dios y a un tiempo una rata... aunque también es bonito ser una rata, cómo si no podrías conocer el mundo subterráneo.*

REPERCUSIÓN DE LA GULA EN EL ÁMBITO DE LAS RELACIONES

La pasión de la gula

La pasión del E7 recibe el nombre de gula. El subtipo sexual utiliza también expresiones tales como fraude, indulgencia y abundancia, que son elementos característicos de la misma.

La gula implica un oscurecimiento del ser mediante el olvido parcial de la realidad. Se cancelan de la misma los aspectos dolorosos y frustrantes, concentrándose solo en la parte agradable y luminosa.

- *Dificultad para reconocer y aceptar los límites y frustraciones de la realidad.*
- *La negación, pero no una negación consciente sino más bien una especie de olvido, algo así como un disfraz que pongo a lo que sucede.*

Existe una pérdida de contacto con el aquí (espacio) y el ahora (tiempo) para buscar placer en la fantasía de lo remoto y en la distorsión temporal, sea a través de un futuro lleno de ilusiones, válido como tal hasta que se convierte en presente, o de un pasado que se idealiza hasta el extremo.

♦ *Proyección soñadora hacia un futuro ideal donde las cosas podrían ser como deberían de ser.*

● *Por ejemplo, yo tuve una pancreatitis alcohólica con 25 años. Pues bien, todavía hoy aquel período de alcohol me parece una época fantástica de mi vida en la que me lo pasaba muy bien y soñaba y reía y bebía... olvidándome de cuán a diario deseaba acabar con mi vida y qué mal la sobrellevaba.*

● *Por ejemplo, cuando conduzco el coche mi cerebro funciona de modo automático a partir de cualquier estímulo para sumergirme en realidades placenteras. Proyectos de trabajo o cambios radicales de vida.*

Cada subtipo vive a su modo la pasión de la gula. Los elementos comunes son importantes, pero existen matices y facetas que enriquecen una comprensión más plena de su realidad pasional.

♦ *Sexual: Reconozco en mi subtipo sexual que creo fantasías para alejarme de la realidad sobre todo cuando esta es desagradable.*

● *Social: En lo que se refiere a mi experiencia puedo describir algunas modalidades de mi comportamiento unidas al hecho de considerar más importantes las necesidades o felicidad de los demás y sacrificar en este sentido mis necesidades.*

■ *Conservación: En cuanto al punto precedente lo hago no solo para mí sino también para extenderlo a mis familiares o a los pertenecientes al clan, porque pienso que ellos lo harían también conmigo.*

Las fijaciones, coloquialmente ideas locas, son distorsiones cognitivas que alimentan y justifican la pasión dominante, situada en el centro emocional. Por ejemplo, no querer decidir expresa desde la óptica del E7 el rechazo de la responsabilidad, de la renuncia, porque toda elección la implica y de la pérdida hipotética de un placer futuro mayor.

- *La mejor decisión es no decidir.*
- *Yo lo puedo conseguir todo.*
- *Todos han de quererme como si yo fuera su hijo, además el preferido.*

La pasión de la gula, que privilegia la búsqueda del placer y la evitación del dolor, se proyecta en el ámbito de la conducta. Una comprensión profunda de los mecanismos pasionales permite observar la conexión entre pensar, sentir y actuar, que son los tres ámbitos propios de un ser tricerebrado.

- *Lectura compulsiva, si el mundo va mal lo mejor es no enterarse y remontar la ola con la maravilla de un descubrimiento, una emoción, un desafío.*
- *Esta modalidad [la búsqueda del placer] en mi experiencia es un verdadero y propio automatismo que se activa en los momentos en los cuales no tengo nada que hacer.*
- *Postergación de las obligaciones para buscar refugio en paraísos alternativos.*

Los mecanismos de defensa pretenden atenuar la conciencia en todos sus ámbitos o hacerla desaparecer. Funcionan de manera muy sutil y facilitan la desconexión con el ser. La racionalización permite al E7 encontrar la versión positiva de cualquier acontecimiento por doloroso que sea. Así no se da cuenta de la cara desagradable de la realidad a la vez que concentra en la mente los desarreglos emocionales o instintivos que soporta.

- *Empleo de la palabra para tratar de comprender intelectualmente lo que tememos sentir física o visceralmente.*

- *En resumen, la negación sobre todo de experiencias negativas, del sufrimiento y del dolor.*
- *Racionalización. Capacidad de llegar a explicar todo, eliminando eventuales culpas. (En el fondo no he matado a nadie, veo las uvas siempre maduras, también los demás actúan así, tengo una mirada amplia, ¿qué mal hay? Etc.).*

El carácter goloso se aparta de la autenticidad al elegir el placer como sucedáneo del amor, que es su necesidad esencial. Víctima de su propia trampa, busca la fruición en todas partes a través de la fantasía, del optimismo seductor, del narcisismo autoindulgente, de los estímulos... menos donde se encuentra: en la realidad sin recortes y en las coordenadas espacio-temporales del aquí y del ahora. Esta búsqueda placentera tiene diversos caminos: la fantasía de los ideales, la conquista de la admiración a través del sacrificio y el sentido de pertenencia a un clan. No obstante, la meta es la misma. La experiencia del amor es el inicio del cambio.

- *O todo lo que produce placer y me permite huir del dolor.*
- *He experimentado profundamente los conceptos de amor y compasión hacia las otras personas y los seres vivos, esto ha contribuido singularmente a promover un cambio profundo.*

REPERCUSIONES DE LA GULA EN LAS RELACIONES CONSIGO MISMO

La gula posee un mayor porcentaje de subcategorías, respecto del global, referidas a la conciencia y a su consiguiente oscurecimiento del ser. La intelectualización, al desconectar de las emociones, actúa de anestésico. Los estímulos como las drogas no son usados para aumentar el espectro de la conciencia sino para huir de ella hacia paraísos alternativos.

◆ *La dificultad de estar tranquilo, conmigo mismo, sin entusiasmarme con proyectos o situaciones estimulantes.*

● *Comida, alcohol, sexo, humo, televisión, ir por la tarde de un local a otro, eran las maneras con las que tendía a manipular mi realidad interna para no sentir el dolor subyacente.*

● *No es una cuestión de voluntad, es que no puedo, no puedo jugar a algo que no me gusta, hacer algo que no quiero.*

Los hechos o las situaciones de vida permiten captar con realismo la experiencia personalizada de la gula. La búsqueda del placer en sí misma no es problema. En cambio, el precio que se está dispuesto a pagar por él, sí, porque indica desconexión con la realidad global de la persona, interacción de luces y sombras, de placer y dolor. El resultado es una felicidad aparente y siempre amenazada, que instala a la persona en la epidermis de la vida y en la superficialidad existencial.

◆ *Hasta hace poco me costaba aceptar algo sin sufrir por no poder llevar a cabo las otras opciones alternativas.*

◆ *Uno de estos es el placer sexual, erotismo y autoerotismo.*

● *La dificultad de interactuar con los aspectos más auténticos de mí mismo y de respetarlos asumiendo la responsabilidad de cuanto he percibido para transformarlos en comportamientos y elecciones, me ha impedido cultivar de modo profundo intereses y actitudes que se han disuelto en el marasmo de la superficialidad hecha de mil cosas iniciadas y no acabadas.*

REPERCUSIONES DE LA GULA EN LAS RELACIONES CON LOS DEMÁS

Se desglosa aquí el ámbito de las relaciones con los demás en dos subámbitos: a) el amor vivido en la pareja y en la amistad; y b) el trabajo. ¿En qué afecta la gula a estos dos subámbitos?

Amor (pareja y amistad)

Las relaciones amorosas, vividas desde la atalaya mental, representan para la gula un camino privilegiado para la obtención del placer. Las múltiples estrategias para embaucar a la persona que suscita la atracción del E7 (optimismo seductor, narcisismo y fraudulencia) consiguen habitualmente su objetivo: hacerse con la presa. No hay intercambio de sentimientos, sino posesión sexual, que es el trofeo anhelado. No existe la fidelidad a la pareja, porque impera el apetito, sino supeditación a los propios impulsos.

El E7 vive sus traiciones de pareja desde una actitud autoindulgente y frívola. La intensidad del momento suple la relación a largo plazo. El amor exige profundidad. Sin él, el sexo queda en la superficie.

- *En el ámbito de la pareja, la búsqueda y la necesidad de intensidad y de estar en la cúspide del amor me lleva a ser incapaz de compartir la realidad cuando se ha desvanecido «la magia» y a buscar en otras lo que he perdido.*
- *Para mí, el concepto de la fidelidad no sé qué tiene que ver con el amor, puedo traicionar y he traicionado, aunque ahora no consiga hacerlo más.*
- *En el amor he traicionado con aparente soltura buscando siempre el placer.*
- *El sexo es un aspecto muy importante en mi vida de relación de pareja.*
- *La modalidad de aceptar pasivamente determinadas situaciones que no me agradaban me conducía sucesivamente a devaluar ferozmente en lo íntimo de mí mismo a la persona amada, para enfadarme después totalmente con ella.*
- *Naturalmente todo era afrontado en modo mental, es decir, sin grandes sufrimientos.*

La persona golosa experimenta dificultades en integrar amor y sexualidad. El predominio del amor erótico desequilibra su capacidad amorosa, más sensible a veces a la amistad que a la pareja, proyección quizás de su fantasía. El placer es el motor de su conducta. No queda espacio para la responsabilidad. En vez de controlar sus impulsos, sus impulsos le controlan, que en esto consiste el carácter receptivo de la pasión.

♦ *Una vez tuve una relación con una mujer algún tiempo después de haber entablado amistad con su exmarido. Un día decidí decírselo todo y responsabilizarme de lo que hacía. Había pensado tanto sobre ello y no podía aceptar ser «infiel» a una persona con la que sentía tener amistad.*

♦ *Había considerado la amistad como algo ideal que tenía que ser puro.*

■ *Las traiciones nacen de la incapacidad de rehusar el placer.*

■ *Creo que respecto a la sexualidad nunca he entendido mucho, la he identificado con el placer y basta.*

Trabajo

Los indicadores más puntuados reflejan bien dos actitudes del E7 ante el trabajo: la planificación mental y la posición frente a la autoridad. La posición hedonista de base se expresa en mil rostros distintos: diversión, buen ambiente, dispersión... Los objetivos generales quedan relegados en beneficio de los propios. Su narcisismo no le permite que una figura de autoridad le haga sombra. No habrá lucha frontal, porque es doloroso, pero sí desgaste continuo. Si el trabajo le gusta, hay dedicación y entrega sin límites.

♦ *En el trabajo, tendencia a la dispersión, a la distracción, intentar contentar a todos, y dificultad para creer en la autoridad.*

• *En el trabajo, si no se me reconoce como es el caso porque soy un simple funcionario en la actualidad, haré y conseguiré no hacer lo que debo y menos, eso seguro.*

- ■ *También el planificarlo todo con antelación y de esa manera no dejar lugar al otro.*
- ■ *En el trabajo me esfuerzo muchísimo, pero siempre he hecho lo que he querido.*
- ● *En esta perspectiva es muy agradable para el 7 moverse en una dirección amistosa con las otras personas, se muestra capaz de acomodar enseguida a los otros al propio punto de vista y de utilizar el humor para desdramatizar las situaciones y para crear un clima sereno y divertido.*

El campo laboral es un terreno privilegiado para descubrir el juego de la pasión dominante, aquí de la gula. No basta realizar una tarea satisfactoria si el ambiente no lo es. El trabajo refuerza la convicción de las propias capacidades y alimenta las raíces del narcisismo. Se prefiere una relación paritaria, entre amigos y colegas, que una estructura jerárquica, especialmente cuando la autoridad no depende de uno mismo.

- ♦ *En el trabajo me ha costado centrarme en la tarea cuando el ambiente y las personas eran competitivas, insolidarias y muy jerárquicas.*
- ● *A menudo se frecuentan únicamente las amistades del trabajo y cuando se cambia de trabajo se cambian también las relaciones. Esta modalidad va muy bien con mi carácter.*
- ■ *Durante largo tiempo, incluso el trabajo ha sido importante para mi narcisismo.*

Global: amor (pareja y amistad) y trabajo

La argumentación intelectual, servida por la charlatanería, es un instrumento básico que la persona golosa usa en sus relaciones sociales, sea en el ámbito del amor y de la amistad como en el ámbito del trabajo. La simpatía y el encanto que ejerce sobre los demás, apoyados en estrategias fraudulentas si es necesario, consiguen unas relaciones fáciles y agradables. Si el compromiso impera sobre el placer, será altamente valorado. La autoindulgencia del E7 genera que los demás adopten una actitud más comprensiva hacia sus fallos, porque es difícil atacar a fondo a quien vive en la superficialidad.

REPERCUSIONES DE LA GULA EN LAS RELACIONES CON LAS COSAS

En el ámbito de las relaciones con las cosas, se han elegido dos elementos de interés que son analizados como subámbitos:

a. el dinero y la propiedad;
b. la naturaleza y la ecología.

Observar las repercusiones que el goloso tiene en ellos no es tarea fácil y se ha dispuesto de un número menor de unidades conceptuales para su estudio, pero no por ello carentes de significado.

Dinero y propiedad

Frente al dinero y a la propiedad, el E7 adopta posiciones diversas en función de su subtipo. El sexual es idealista y más desapegado. Valora la solidaridad por encima del dinero. El social da importancia al dinero porque le proporciona seguridad, aunque en determinados momentos actúa con escaso control. El conservación es materialista, pero no tiene control sobre el gasto. No obstante, piensa de forma optimista que nunca le faltará para sí y para su familia. Siempre queda, en caso de apuro, el recurso de las trampas para ganar dinero fácil.

♦ *Siempre he defendido la solidaridad, he estado dispuesto a ganar menos dinero con tal de secundar a las personas o empresas con ideas más nobles.*

♦ *No me considero apegado al dinero. Cuando se me acaba activo recursos inexplorados, pero esto era más válido antes, ahora busco estar más atento.*

• *Le doy mucha importancia al dinero, me da seguridad, hasta que llega el día en que me lo gasto todo en un momento o dos.*

• *Tengo la tendencia de utilizar el dinero con parsimonia y de ahorrar con la idea de realizar mi futuro proyecto.*

■ *Con el dinero siempre tengo la sensación de que no hay problema y siempre se puede conseguir más.*

■ *El dinero ha sido para mí muy importante, pero no para mí, más bien para dar lo mejor a mis hijos y a las personas que amo.*

La imagen clásica del avaro expresa el placer de la retención y de la acumulación del dinero. El goloso, en cambio, es consciente del placer que puede obtener gastándolo e incluso despilfarrándolo. El ahorro, cuando se da, tiene como objetivo conseguir un placer futuro. La seguridad importa menos porque la visión optimista le hace pensar en que nunca le faltará.

♦ *En el trabajo nunca me ha importado irme con quien me pagaba menos si las condiciones permitían un trato más respetuoso con los clientes.*

♦ *Cuando me he trasladado de Eboli a Bologna no tenía dinero, me he puesto a hacer de camarero y no he tenido problemas de hacerme ayudar un poco por mis padres buscando independizarme lo más pronto posible una vez más.*

• *Tenía un dinero hace unos días, un ingreso de unas tierras heredadas, y ayer desapareció porque fui a comprar un electrodoméstico y al final compré tres y de los más caros.*

• *Considero que el dinero gastado en viajes, cursos de formación, libros, está bien gastado.*

- *Con el dinero no hay cuestionario para que lo explique todo, en una época de mi vida obtuve crédito en tres entidades bancarias a la vez para ir tapando los agujeros de mis proyectos personales.*
- *Con ese dinero han viajado mis hijos y he ampliado la casa.*

Naturaleza y ecología

La ecología como concepto posee, especialmente para el subtipo sexual, un gran atractivo y estimula el idealismo de un mundo sin contaminación. Pero el respeto a la naturaleza exige un cambio en los hábitos, una renuncia a lo superfluo y una conducta acorde. La fascinación ecológica, para los subtipos social y conservación, queda ahí, sin traducirse en comportamientos coherentes con sus ideas.

- ♦ *Y la ecología y el respeto por la naturaleza han sido y son mi máxima prioridad y deseo.*
- • *La idea de la ecología me parece fascinante pero no hago nada activamente para participar en ello.*
- • *No siento tener un gran apego a las cosas.*
- *En el campo de la ecología no he tenido mucha conciencia, he sido especialmente un contaminador.*

El idealismo del subtipo sexual se traduce en comportamientos, pero debe poseer una gran convicción en los valores ecológicos. La gula en sí misma es una pasión depredadora. La expresión «comer con los ojos», tan vinculada a la gula, refleja que el deseo y el apetito prevalecen sobre la necesidad.

- ♦ *Reciclo todos los objetos que llegan a mi poder, trato de proteger cualquier forma de vida, solo compro productos biológicos que garantizan un trato ético con los animales y el medio.*
- ♦ *Aborrezco la ignorancia que lleva a las personas a consumir productos como los abrigos de pieles.*

■ *De pequeño me gustaba incendiar los prados y después escapaba.*

Global: dinero y propiedad / naturaleza y ecología

La falta de control en el consumo, promovido por la gula, se contrarresta con una visión optimista sobre el dinero y el mundo. Nada puede ser tan negativo como lo pintan los ecologistas, que pronostican catástrofes si no se respeta a la naturaleza.

REPERCUSIONES DE LA GULA EN LAS RELACIONES CON DIOS, LO DIVINO, LO TRASCENDENTE

Este último ámbito tiene su particularidad. Cada persona entrevistada se ha podido posicionar personalmente ante Dios, lo divino, lo trascendente. Las observaciones no se enfocan desde una religión concreta o desde una confesión determinada.

a. La búsqueda religiosa se lleva a cabo desde la multiplicidad de caminos, ya que la dispersión es una característica del E7, y desde la fuerza de la atracción del misterio.

- *Estudié filosofía, llevo años en una orden esotérica, he leído casi un centenar de libros de astrología, he leído libros de cábala, de tarot, de budismo... quiero creer y en algunos instantes lo consigo.*
- *Empiezo a sentir hacia Dios una cierta atracción que no conseguiría definir ulteriormente.*

b. La vivencia espiritual incorpora el problema de relación con la autoridad (dogmas, instituciones y jerarquías) y la forma narcisista de plantearse la existencia.

◆ *Siento que la espiritualidad se encuentra en cada cosa, nunca en dogmas, instituciones y jerarquías.*

◆ *Pero siempre ha sido un sentimiento propio, personal e intransferible.*

c. La creencia en Dios, desde la óptica del E7, se nutre formalmente con elementos de su tipología, tales como el exceso y la intensidad.

■ *Bien yo creo en lo Divino, creo en Dios y creo que está ahí, me protege y me conecta con la energía cósmica. Eso visto desde un punto de vista generalista.*

■ *Además me considero cristiano, que no quiere decir paulino.*

■ *Quisiera amar a Dios con el mismo amor explosivo con el cual Él me ama.*

■ *Creo con todo mi ser en Jesucristo Su Hijo.*

La posición del goloso hacia Dios oscila entre los dos polos: el rechazo, basado en la rebeldía contra toda forma de autoridad, y la entrega fusional con él. Algunas expresiones recogidas en el cuadro inferior tienen ribetes de misticismo. Pero la garantía de una fe consolidada implica superar el dolor y el sufrimiento. La figura de Job es altamente significativa para el E7. Cabe subrayar que tras la búsqueda del placer se oculta el deseo de lo divino. Como en Egipto, la existencia de muchos ídolos indica que no se ha encontrado todavía al Dios verdadero.

◆ *Nunca me ha gustado que haya personas que digan a otras cómo deben vivir su dimensión espiritual, la cual solo surge pura en libertad, respeto y espontaneidad.*

● *Para dejar de creer a veces basta sentir un pequeño sufrimiento, mío o de los otros.*

■ *Y la verdad es que hay veces que no me puede salvar nadie.*

- *En el placer Le buscaba sin saberlo.*
- *Tengo un hambre irresistible de Él.*
- *Mi gula Le anhela, incluso una pasión insana se redime si se dirige a Él.*

El itinerario religioso parte de experiencias mágicas, que se abren a una grandeza superior. Pero no hay acceso al paraíso sin haber pasado como Dante Alighieri por el infierno y el purgatorio. La tentación de la gula es adherirse a Dios cancelando las sombras. De este modo, surgen formas de espiritualidad basadas casi exclusivamente en el «gozo del alma». El misterio pascual, por ejemplo, contempla una realidad con luces y sombras.

- ◆ *Recuerdo que iba con mi abuelo, que era guardián del cementerio, a ese lugar mágico para mí; ahora que vuelvo siento la fuerza de la vida que se opone a la muerte y en esto experimento la grandeza de Dios.*
- *Por mi bien me ha golpeado sin cesar en mi talón de Aquiles, la familia.*
- *Mi mujer se marchó de casa cuatro veces. Para mí ha sido un dolor largo e insostenible, he chillado en los bosques, he pensado que el dolor me mataría, he sentido a menudo el dolor como Job, pero ahora puedo reconocer que Él estaba cerca de mí y sufría conmigo.*

San Juan de la Cruz (1955) traza un retrato preciso sobre la gula espiritual, por la que se procura el sabor del espíritu, se pospone la sujeción y obediencia a la penitencia corporal, se porfía con los maestros espirituales para que concedan lo que se quiere, se entrega a la devoción sensible… La curación pasa por las tentaciones, las sequedades y otros trabajos (Cap. 6). La gula tiene conexiones también con la vanidad, como puede verse en el texto que sigue.

- *Otro hecho, mis conocimientos de astrología me permitieron profundizar como estudioso en algo que me apasionaba y ser la reina de la fiesta, el centro de la reunión en especial con mujeres bellas.*
- *Es algo personal que cada persona tiene con derecho a que nadie trate de interferir en su forma de vivirla.*

LA LUJURIA

E8

EL ENEAGRAMA DE LA **LUJURIA**

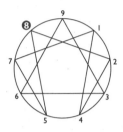

CATEGORÍA	SUBCATEGORÍA
Oscurecimiento óntico (**ser**)	**Armadura** como defensa y protección **Ocultación** de la herida afectiva sin cicatrizar
Degradación de la **conciencia**	**Insensibilización** (invisibilidad del otro...) **Negación** de la culpa **Analgesia** como pérdida parcial de conciencia **Dificultades** diversas para ser consciente
Perturbación de la **conducta** a través de algunas estrategias operativas	**Intensidad** y exceso para impactar los umbrales sensibles **Dureza, violencia y agresividad** en la ley de la selva **Código propio** con menosprecio de jefes y de reglas externas **Poder** como manipulación, control, dominio y explotación **Clan** como posesividad y protección **Satisfacción del deseo** vivido como imperativo **Vulnerabilidad** ahogada por la fuerza

- Repercusión de la lujuria en el ámbito de las relaciones

Leyenda: ■ *Conservación* ♦ *Sexual* ● *Social*

1. Oscurecimiento óntico (ser)

La película de Fernando Meirelles (2002) *Cidade de Deus*, un suburbio de Río de Janeiro, presenta a través de los ojos de un niño, Buscapé, y posteriormente de su cámara fotográfica, un mundo sórdido de extrema violencia. El ideal de vida de este enclave se resume en las palabras de un personaje: «Quiero matar, robar y ser respetado». Tras las apariencias de una violencia gratuita y descarnada, late la pretensión de una defensa propia. No se juega al límite del reglamento, porque no existe. La lujuria del E8 es intensidad y exceso. El revólver, símbolo fálico del poder y de la brutalidad, se convierte en amenaza y cierra todo posible resquicio a la ternura de fondo. Solo el contacto con esta abre el camino de la recuperación.

1.1 Armadura como defensa y protección

La armadura, como subraya la narración de Fisher (1996), posee un carácter defensivo e insensibiliza de los golpes que se reciben. Los lujuriosos hacen suyo el lema: «La mejor defensa es el ataque». Por ello, iniciativa y anticipación son determinantes. Para evitar el sufrimiento propio, que acarrea el ejercicio de la violencia, hay que embotar la sensibilidad. La vigilancia atenta permite neutralizar la sorpresa y garantizar el control.

- *Atacar los primeros, para evitar ser atacados.*
- *Sobre todo, atentos a ver lo que pasa a la espalda.*

Sobrevivir en parámetros de confrontación y lucha exige endurecimiento. Entrar en diálogo con los sentimientos pudiera debilitar la energía que se requiere para el combate. Se tilda de blandengue cualquier actitud que denote sensibilidad. Hay que ser una persona dura en todos los ámbitos: emocional, físico, espiritual... El E8 no se deja afectar por nada. La armadura de su carácter contribuye al objetivo.

- *Endurecimiento emocional y físico.*
- *En principio exterior; en cómo se presenta al mundo, duro y como si nada le afectara.*
- *Pero el endurecimiento más profundo es sobre las necesidades espirituales.*

La negación del dolor propio comporta la incapacidad de experimentar el ajeno. Surge la insensibilidad que imposibilita la compasión. Se rehúye la debilidad, no se tolera la ignorancia y se castiga la traición de forma implacable. Las personas, situadas en la esfera del E8, gozan de protección. El resto no cuenta. La armadura amortigua los golpes que se reciben a la vez que impide el contacto cálido con los demás.

- *Ayudar a la gente y sentir compasión no encaja en una personalidad dura, donde los que van de débiles me generan rabia.*
- *El 8, decía Claudio, es como un león, animal de presa, es un poco insensible. No pueden tener compasión.*
- *Protector hasta el exceso con quien ama, es por el contrario despiadado e implacable con quien lo ha ignorado y traicionado.*

1.2 Ocultación de la herida afectiva sin cicatrizar

La fortaleza de los sistemas defensivos del E8 se justifica como protección de realidades profundas y valiosas, cuya característica común es su vulnerabilidad, llevada como un «secreto» personal. Corresponden a este ámbito el amor, la ternura, la fragilidad, la necesidad de apoyo, la compasión… La venda esconde la herida, pero solo la cicatriz es señal de su curación.

- *Sentir la fragilidad es una dificultad enorme.*
- *En el amor: la incapacidad de enseñar la ternura, la fragilidad, la necesidad de apoyo, de protección, en general la necesidad del otro.*

- *No reconoce su vulnerabilidad sino después de muchos años de trabajo sobre sí.*
- *Todo esto lo llevamos como un «secreto» personal.*
- *Esta parte [blanda] la vivimos como si fuera la muerte, nos sentimos vulnerables, frágiles, descompuestos, nos avergonzamos de ella.*

Dureza y blandura son dos polos que se alimentan mutuamente. El menosprecio por la ternura y el amor muestran un ingrediente básico de la lujuria: el sexo como explotación insensible del otro. No hay simetría.

La necesidad amorosa se experimenta como debilidad, de la que hay que huir para no ser fácilmente heridos.

- *El amor es una mariconada, un traje que les ponemos a la pareja, qué débiles somos que tenemos una pareja, que la necesitamos.*
- *Y esto es al mismo tiempo lo que anhelamos vivir; poder expresar y desarrollar la parte tierna, frágil, necesitada, que nos acojan, que nos ayuden, poder apoyarnos.*
- *Hay incapacidad para enamorarnos, en el fondo no nos creemos que exista el amor.*
- *Yo solo me los permití con mi hija; hacía con ella una relación tan diferente que me lo hacían notar con frecuencia los amigos o familiares; cuando alguno hacía esta observación, me sentía atacada, y respondía con agresividad. Es no soportar que se vea la parte «blanda».*

La intimidad es una zona minada de la que hay que alejarse. La distancia garantiza la defensa y permite mantener bajo control la ternura, el agradecimiento y el amor. Incluso la maternidad es vivida en clave de despego. Expresar los sentimientos comporta correr demasiados riesgos. La implicación emocional desactiva las defensas y sustenta la vulnerabilidad.

- *«Compenso» lo que no me doy yo con cosas materiales, que me permiten mantener mi corazón a la distancia suficiente, para no estar cercana, íntima con la otra persona.*
- La dureza hace que a veces no exprese las emociones que *necesitaría expresar, tales como ternura, agradecimiento y amor.*
- *Cuando nació mi hija, y la miré en su cunita, lo que sentí fue que ella no tenía nada que ver conmigo; que era alguien extraña a mí y desconocida. Fue fuerte la impresión de tener la barriga con el bebé dentro, y un rato después, sentir que no es nada mío.*

2. Degradación de la conciencia

La inconsciencia, como mecanicidad, conduce a la distorsión cognitiva y es terreno abonado para que la pasión dominante, como motivación deficitaria, dificulte el despertar lúcido, sin el cual el ser queda oscurecido y el vacío que se genera pugna por llenarse a través de sucedáneos. Los mecanismos de defensa coadyuvan al mantenimiento de la inconsciencia.

Se buscan soluciones falsas o aparentes para confirmar las propias capacidades o para satisfacer las necesidades profundas. Se utilizan aquí cuatro subcategorías para indicar distintos modos que tiene el carácter lujurioso de bloquear su conciencia o reducir su percepción.

2.1 Insensibilización que vuelve invisible al otro

Ser duro apunta a fortaleza y resistencia, pero más aún a violencia e insensibilidad. Sus consecuencias son evidentes: incapacidad para procesar las propias necesidades corporales que juegan siempre al límite de sus posibilidades, la anulación del otro que queda borrado del mapa y el sentimiento de soledad. La insensibilidad disminuye la conciencia.

- *La desensibilización me lleva después a verdaderos y propios derrumbamientos físicos.*
- *No queda nada atrás, ni resentimiento, ni rencor, ni siquiera un pensamiento hacia el otro.*
- *Y me confirmo en mi situación de soledad.*

La lujuria instrumentaliza al otro y le priva de su dignidad personal. No existe una mirada sobre los demás, que se tornan invisibles. Se pierde así la conciencia de la alteridad y por tanto se distorsiona el concepto de sí. Las necesidades ajenas desaparecen ante el imperativo de las propias. Se desemboca en un mundo hostil y solitario.

- *Solo una vez me lo dijo una compañera, hoy amiga mía, y no podía comprenderlo. No me enteraba porque no miraba al otro nunca. Solo entonces pude verlo, mirando.*
- *Nosotros pensamos que sabemos lo que nos conviene a nosotros mismos y al otro. Como que el otro no existe. Nosotros vemos antes que los otros lo que sea.*
- *Es el más solitario; el mundo sin los otros, aparte de lo que significa que no vemos al otro, es no sentir la necesidad de los demás.*
- *El mundo sin los otros. Vivir sin los demás. Solo usarlos, instrumentalizarlos.*

2.2 Negación de la culpa

El E8 no conoce la culpa porque la vive como reparación. El sufrimiento experimentado ya desde la infancia, del que desea blindarse a toda costa, es fruto de alguna injusticia. Por ello, cualquier acto es considerado como restablecimiento del orden, el suyo, y en este empeño no existen excesos censurables. No se valoran, en aplicación del principio maquiavélico, las consecuencias de la conducta sino el precio de los objetivos. Ni siquiera una hipotética petición de perdón va acompañada del sentimiento de culpa.

♦ *Este mecanismo sería el de la desconexión, ausencia de culpa, y hago lo que sea para tomar conciencia de las consecuencias de mis actos, me ayuda a estar más en calma, más en paz, más feliz.*

■ *Ni aun estando en el proceso pude contactar con el sentido de lo que había hecho. El proceso me parecía una tontería formal de los jueces. Me condenaron a seis meses de cárcel.*

■ *Le pido perdón por todo esto, aunque no sienta culpa.*

La negación de la culpa va aparejada con la autoindulgencia. Si no hay ley, no hay infracción. Si todo está permitido, no hay desliz. Esta característica se vive de manera diferente entre el E7 y el E8. En el primero, la trampa está al servicio de la búsqueda del placer y de la huida del dolor. En el segundo, no hay otro referente legal que la propia voluntad y por ello impera el deseo.

♦ *Autoindulgencia.*

• *La autoindulgencia hace que me sienta bien conmigo mismo.*

No obstante, no todo es tan lineal y claro ya que el lujurioso utiliza subterfugios tales como la justificación que reafirma su inocencia y el camuflaje de sus verdaderas motivaciones. Más que pretender convencer a los demás, cuya importancia a sus ojos es muy relativa, le sirve para sentirse bien consigo mismo. A la vez, le impide verse a sí mismo obnubilando su conciencia.

• *Justifico la acción, le doy la vuelta, etc.*

• *Soy un antisocial que va de social, entonces al camuflar las verdaderas motivaciones (más feas) racionalizando, negando... se hace más difícil ver la lujuria, la intensidad.*

■ *Depredador. Tomamos o cogemos lo que necesitamos del mundo. A ser posible sin que nadie se entere. Como robarlo.*

2.3 Analgesia como pérdida parcial de conciencia

La dureza del E8 protege del dolor, que es fruto de la vulnerabilidad. Actúa de analgésico. La experiencia dolorosa conecta con la herida existencial, despierta la conciencia de fragilidad y desacredita el sistema defensivo. Así como el E4 se recrea en el dolor porque lo mantiene vivo y alimenta su sentimiento de carencia, el E8 incorpora las actitudes de sus eneatipos laterales y amalgama la huida del E7 con la inconsciencia del E9. El dolor es el recordatorio de una ternura negada. La insensibilidad permite blindarse del dolor ajeno, así como del propio. Se puede enfatizar como desafío, pero nunca sucumbir ante él. Se considera evitable, por lo que quienes sufren son culpables de experimentarlo. El precio que se paga es muy alto. Quien cierra las puertas al dolor, también las cierra al amor. Además, el lujurioso no teme infligir el dolor a los demás a través de su violencia y agresividad.

- *Que se inicia con la huida del dolor, pero que acaba afectando a todo.*
- *Desensibilización. Frente al propio dolor, no solo al ajeno.*
- *Es enfatizar incluso el dolor para no permanecer dentro.*
- *La enfermedad no la soportamos. Culpamos al enfermo de ella.*

El dolor conecta con acceso directo a la parte blanda, vulnerable, que la persona lujuriosa tiene reprimida mediante férreos sistemas de defensa. Se trata de un sufrimiento arcaico, arraigado en los primeros compases de la infancia, del que se quiere prescindir. A mayor dureza, mayor congoja. Paradójicamente, la analgesia distrae del problema de fondo, sea una violación sea cualquier otra experiencia lacerante. La solución pasa por afrontar de cara el dolor y sumergirse en él.

- *Que cuando Él me echa sus manos, solo me procura dolor.*

- *En el SAT2, Claudio me hizo vivir la visión del águila. Había recordado hace poco un abuso en familia, sufrido a la edad de 6 años más o menos.*
- *El miedo de medirme con el dolor que siento aplastante, con una soledad total, y una fragilidad que me aterra.*

2.4 Dificultades diversas para ser consciente

Esta subcategoría agrupa una serie de unidades conceptuales, presididas por la pasión dominante, que tienen en común obstaculizar la consciencia de sí, en cuyas antípodas se encuentra la mecanicidad. Las reacciones automáticas impiden darse cuenta de las auténticas motivaciones, que en el E8 echan sus raíces en la lujuria, alguna de cuyas características son la simplificación, la ausencia de matices y la reducción de la realidad a los extremos. Se reduce así de forma notoria el campo de la conciencia.

- ♦ *Discurso demasiado realista y plano.*
- *No conoce las medias tintas que le aparecen equívocas y evasivas.*
- ♦ *Vulgarización de la realidad.*

La conciencia de la propia pequeñez y de la igualdad con los demás no es conquista fácil. Solo una relación de poder superior la facilita. Resulta difícil discernir entre Dios y el demonio, quizás más apetecibles por poderosos que por la validez moral de sus propuestas, aunque la mejora sustancial corresponde a reconocer la prioridad del bien.

- ♦ *La forma de conectar con Dios es recordándome que soy pequeño como el resto de los humanos, y le pido perdón por confundirlo con el demonio.*

3. Perturbación de la conducta a través de algunas estrategias operativas

La conducta se ve afectada por el grado de conciencia que posee una persona, pero a su vez lo genera. Aquí se entiende por obras las estrategias operativas que utiliza la persona lujuriosa para conseguir sus fines y deseos. Un progreso en la conciencia y en la virtud desactivan en su misma medida los comportamientos a ellas subordinados. Se resaltan, a partir de los datos obtenidos, siete estrategias operativas.

3.1 Intensidad y exceso para impactar los umbrales sensibles

La lujuria no se reduce al uso ilícito o al apetito desordenado de los deleites carnales, sino que apunta a la intensidad y al exceso. Los textos seleccionados así lo evidencian. La razón de la intensidad hay que situarla en la dureza. Como los umbrales de insensibilidad son tan altos, se precisan impactos más intensos para que puedan sentirse. Se trata de la tolerancia, es decir hay que aumentar las dosis para conservar al menos los mismos efectos. Cuando la piel es muy gruesa, casi paquidérmica, las caricias resultan imperceptibles. El E8 busca la intensidad incluso en las acciones más insignificantes, como beber un café.

♦ *El siguiente mecanismo es el de la intensidad. Por ejemplo: de tarde en tarde hacía un recorrido largo y dificultoso, una travesía por la montaña en bicicleta, luego salía con los amigos, lo pasábamos bien, bailábamos, gritábamos, cantábamos y acababa con una chica copulando en cualquier esquina: me sentía capaz de todo, todopoderoso (desconexión).*

• *Es un líder nato, tiene siempre un fuerte impacto emotivo, incluso el sencillo gesto de beber un café llega a ser significativo e intenso.*

- *Para mí la lujuria es la intensidad que pongo incluso en el más pequeño gesto, también en una discusión banal, en la precisión de escoger el regalo justo, la música justa.*

La intensidad reclama profundidad; el exceso, extensión. La lujuria va más allá de los límites preestablecidos. No hay regla que la contenga. El E8 se instala en el exceso en cualquiera de sus facetas: deseos, comida, actividad sexual, volumen de la música, velocidad automovilística, compras, relaciones personales, ajuste de cuentas... Para otro eneatipo, la conducta lujuriosa resulta desbordante e inabarcable. El exceso pretende superar los niveles de insensibilidad y dureza. Se parte de la idea de que la calidad es asequible a través de la cantidad. De ahí la exuberancia.

- *Sin límite en las relaciones, en los deseos, etc.*
- *Si encuentro un jersey que me gusta, compro tres.*
- *La persona que me decía que me amaba, que decía que yo era la persona más extraordinaria que hubiese conocido, me ha acusado, al fin, de ser así «demasiado» en términos de energía, de tener la capacidad de desencadenarle sensaciones eróticas y emotivas muy fuertes incluso a 300 km de distancia.*

Pese a lo dicho, no hay que olvidar que la lujuria tiene también un fuerte componente sexual. Los sentimientos como la ternura juegan un papel secundario o ni se contemplan. El joven William de la novela de Ken Follet (2001) *Los pilares de la tierra* es un claro ejemplo de un sexo posesivo, incluso sádico.

- *Irme de putas porque me aburro.*
- *Excesiva actividad sexual.*

3.2 Dureza, violencia y agresividad en la ley de la selva

En la selva impera la ley del más fuerte, que la persona lujuriosa hace suya. La lucha exige dureza, violencia y agresividad. La huida de la debilidad facilita la exaltación de la fuerza. No hay lugar para la vulnerabilidad. Se pierde conciencia de la ternura y del impacto que su conducta genera en los demás. Se adoptan comportamientos duros, que los otros sufren y temen. Son poderosos y no escatiman muestras de su dominio. Su insensibilidad es manifiesta y les impide darse cuenta del dolor y de la existencia de los demás. Son duros con los otros porque lo son consigo mismos.

- *Desprecio a los demás sin darme cuenta de que son mis hermanos.*
- *Estoy ciego de ira, de prepotencia, de orgullo...*
- *No se da cuenta de cuánto puede «espantar» a los otros, de su impacto emotivo.*
- *En lo laboral: me di cuenta de lo que pasaba conmigo, cuando una contable que tenía, la vi que le temblaban las manos, solo porque estaba hablando conmigo en el despacho. No había una situación conflictiva, solo comentábamos las cuentas del mes.*

La dureza va más allá y se transforma en violencia. La lucha y el combate permiten vencer al enemigo. Caso de que no existiera, habría que inventarlo porque así se alimentan las ganas de pelea. El carácter lujurioso necesita la reyerta y el sabor a sangre. El adversario exterior distrae con frecuencia de las luchas intestinas. Las heridas que causa a los demás le hurtan la contemplación de las suyas propias. La mejor defensa es el ataque. Se violan los derechos de los demás sin ningún remordimiento.

- *En esto de no poder ver la necesidad, solemos ayudar al otro antes de que él mismo nos lo pida, yo diría que a pesar de él mismo; pero en esta forma de ayuda está la trampa, porque a continuación, los golpeamos, por inútiles.*

- *Me falta la lucha que me tranquilizaba, un enemigo contra el cual lanzarme, y casi el sabor de la sangre.*
- *La rabia me sirve de carburante.*

La agresividad se traduce en maltrato físico y verbal. Hay que dejar por sentado quién detenta el poder. La confrontación reclama devolución de los golpes recibidos, sin proporción y con desmesura. La venganza se concibe como el modo de dejar las cosas en su sitio y debe ser contundente para no sembrar dudas. En la mentalidad del E8, no existe nutrición sin caza. Ser agresivo le permite sobrevivir.

- ◆ *Maltrato físico, verbal.*
- ◼ *Lo general del carácter es tú me golpeas, y yo te lo devuelvo, y si puedo, que puedo, por triplicado.*
- *Para «alimentarme» tengo que ir a cazar.*

3.3 Código propio con menosprecio de jefes y de reglas externas

Los criterios para el diagnóstico del trastorno antisocial de la personalidad (DSM-IV, 1995) coinciden con las características del E8. El «fracaso para adaptarse a las normas sociales en lo que respecta al comportamiento legal» se corresponde con la necesidad del E8 de regirse por un código personal. Por tanto, no hay legalidad ni autoridad a la que deba someterse. Incluso existe una pugna con Dios.

- ◼ *Me rijo por un código personal.*
- ◆ *Imposibilidad de cumplir con el deber y la autoridad.*
- *En el mundo de la empresa me he enfrentado a los jefes para conseguir mejores condiciones para mí y mis compañeros (hasta que decidí ser mi propio jefe).*

- *A menudo me relaciono con Dios de igual a igual, y a menudo lo trato como un enemigo que invade mi vida, y no tolero que sea más fuerte que yo.*

El patrón general de desprecio y violación de los derechos de los demás, propio del trastorno antisocial, encuentra eco en una lujuria sin sujeción a normas y sin preocupación por la seguridad. El beneficio personal o el placer son motivaciones suficientes para mantener conductas incluso delictivas. El presente es lo único que importa. Evaluar las hipotéticas consecuencias de los actos significaría anticipar el futuro.

- *También soy un antisocial en contra de las instituciones más que en contra de las individualidades.*
- *No reciclo la basura porque eso lo tiene que hacer el gobierno. No voy a tener yo cuatro cubos de basura en casa o me voy a andar un kilómetro para tirar unos plásticos; la responsabilidad es suya.*
- *No sentir la medida del riesgo respecto a las normas legales de la sociedad. Es como no entender el sentido de ellas. Considerarlas como meros formalismos, sin mucho valor.*

No hay sujeción a una escala heterónoma de valores. La referencia son los propios deseos y aspiraciones que constituyen el motivo de validez de la actuación. La forma, el procedimiento, importa poco. La intención otorga licitud. No es de extrañar que el E8 tenga con frecuencia problemas con la ley porque robar o falsificar documentos son hechos delictivos. El cambio no es previsible porque no existe remordimiento alguno.

- *La escala de valores de la licitud de los deseos o aspiraciones no es la que te dicen tus padres o la sociedad, es la que yo creo.*

■ *Todo lo que necesite yo o mi hija, salgo al mundo y lo tomo; es igual el cómo lo haga, porque la intención para mí es lícita.*

■ *Robar, engañar, falsificar documentos, ignorar la legalidad oficial; guiarme por mi propia legalidad.*

3.4 Poder como manipulación, control, dominio y explotación

El ejercicio del poder se expresa a través de múltiples registros, pero en todos ellos subyace la convicción de gozar de los derechos de conquista. Ante una persona lujuriosa, solo cabe la sumisión o el enfrentamiento descarnado. Manipulación, control, dominio y explotación son sus recursos para mantener la supremacía. Se instrumentaliza a los otros en búsqueda de intereses particulares.

♦ *Mi pareja me necesita, es mía, puedo conseguir de ella lo que quiera.*

■ *Hacer una instrumentalización de las personas para obtener lo que quiero, sin exponerme a pedirlo, o decir mi necesidad, y engañando a la persona para que no se dé cuenta que lo que estoy haciendo es tomar algo que yo necesito.*

■ *No tener en cuenta a los otros, si no es para usarlos, instrumentalizarlos.*

● *Si me gusta una persona la arrastro con mi energía, sea erótica, afectiva o intelectual.*

El poder controla y domina. Las relaciones no son ingenuas y se construyen en la asimetría superior-inferior, dominador-dominado... Toda realidad humana es susceptible de conquista, incluida el amor. El E8 comprende a la perfección que el sexo es poder y a la vez medio de sometimiento. Para él constituye un excelente terreno de juego, en el que siempre lleva la iniciativa.

♦ *Necesidad de conquista amorosa por un lado y sexual por el otro.*

● *Con lo que más me identifico es con el control y la posición de poder.*

● *La fuerte carga erótica que utilizo, ahora lo sé, como forma de poder y de sumisión del otro.*

La persona lujuriosa ejerce un poder omnímodo. No se detiene ante los límites y llega hasta la explotación de los demás. El único objetivo es el provecho propio. No hay respeto ajeno ni consideración humana. El resultado es lo que cuenta, aunque haya que avasallar. Los hombres (o las mujeres) se convierten desde esta perspectiva en objetos de «usar y tirar». Ni siquiera la pareja se escapa de esta conducta implacable.

♦ *Exploto a mi pareja, la exprimo y vivo a su cuenta, le exijo, dejo de trabajar, mi trabajo consiste en conseguir que ella trabaje para mí.*

● *Avasallador en el amor, en la amistad y en el trabajo.*

■ *Promiscuidad sexual. No conocer el amor. Todo es sexo. Tratar a los hombres como objetos de «usar y tirar».*

3.5 Clan como posesividad y protección

El Padrino, novela de Mario Puzo (2004) llevada a la pantalla por Francis Ford Coppola (1972), representa magistralmente la idea de clan, en este caso de la familia Corleone. El telón de fondo es la Mafia, la Cosa Nostra, aunque no se mencionen de manera explícita en el filme. Protección de los suyos, amistad a toda prueba y venganza despiadada hacia los traidores, características comunes con el E8.

● *Amistad por encima de todo.*

● *Protector hasta el exceso con quien ama, es por el contrario despiadado e implacable con quien lo ha ignorado y traicionado.*

- *En las relaciones con los amigos o con los componentes de mi «clan» no tolero agravios o traiciones.*

El vínculo es sagrado. En el contexto de la familia, los lazos son más fuertes. Ser delincuente no es obstáculo para sellar la pertenencia al grupo, siempre que se ejerza fuera del mismo y en consonancia con sus imperativos. Las leyes que rigen dentro del clan no se corresponden con las que gobiernan la sociedad. Todo vale para proteger a los que integran la familia.

- ■ *Todo vale para conseguir su parte para sí mismo y para los suyos.*
- ■ *Los suyos se reducen a su círculo familiar. En mi caso para mi hija.*
- *Me reconozco en la necesidad del clan y en mi afán de proteger a los que amo.*

La lucha por el territorio refleja uno de los instintos más primarios de la persona. Para el E8, la guarida familiar, la madriguera, son temas intocables que hay que defender a cualquier precio. El poder busca seguridad y un hogar al que siempre se pueda volver. El clan niega las dinámicas de la selva que el lujurioso utiliza en otros ámbitos de la vida.

- ■ *Darle mucha importancia a la «guarida» familiar; asegurar el bienestar de los míos; el aspecto conservación se manifiesta mucho en buscar la seguridad y el bienestar material personal y de la familia.*
- ■ *Es hacer una separación entre el mundo y el hogar familiar.*
- ■ *Idea loca: hacemos una madriguera para los nuestros. Nadie se atreve a llamar a nuestra puerta.*
- ■ *Y el sentido territorial tan fuerte también me ha proporcionado una herramienta muy valiosa; para sentir dónde y quién es ella; y dónde y quién soy yo. Esto ocurrió desde que nació.*

3.6 Satisfacción del deseo vivido como imperativo

Como afirma Naranjo (1994), «en la lujuria no solo hay placer, sino también placer en reafirmar la satisfacción de los impulsos, placer por lo prohibido y, particularmente, placer de luchar por el placer» (p. 150). Todos estos ingredientes se dan en el E8. Cualquier deseo es lícito y debe ser atendido de forma inmediata. No hay dilación ni futuro, solo ya. No hay contención, sino disfrute hasta el agotamiento.

■ *Para mí la expresión de esta lujuria es que todos los deseos son lícitos.*

■ *La inmediatez, ahora lo quiero y ahora lo consigo.*

● *Amo la música, la devoro, en el sentido que escucho el mismo pasaje hasta el agotamiento, para después, cuando se ha acabado la necesidad, dejarlo ahí meses y meses.*

La satisfacción sexual no es capítulo menor. Se busca en la pareja y fuera de ella. Acaso una sola persona no pueda colmar todas las apetencias y excesos de la lujuria, por lo que la infidelidad, la promiscuidad o las relaciones múltiples entran dentro de sus perspectivas. La relación tiene que materializarse, por lo que la preponderancia del sexo es indiscutible.

♦ *Tener una pareja y una amante, a ser posible en otro país.*

● *Infidelidad sexual.*

● *Necesidad de contacto físico y sexual para convertir en real y tangible la intensidad.*

Cualquier impulso o deseo quiere ser satisfecho sin dilación. La energía instintiva toma el mando. No hay límite. Cabe todo: robos, timos, abandono del trabajo, fiestas, ligues… Todas estas actividades, incluso las delictivas, resultan placenteras. Jugar al límite resulta muy gratificante para quien cabalga a lomo de los impulsos.

♦ *Salir de fiesta, y acabar agrediendo a una persona y luego ligando con desconocidas.*

♦ *Robar.*

■ *Primitivo. Lo instintivo marca los principios por los que nos movemos.*

3.7 Vulnerabilidad ahogada por la fuerza

El endurecimiento es el resultado de una herida. Simon y Garfunkel (1966) así lo reflejan en la canción *I'm a rock*, contenida en el álbum *The sound of silence*. La soledad (*I am an island*), la dureza (*I am a rock*) y la invulnerabilidad (*Don't talk of love*) son reacciones a una frustración amorosa (*If I never loved I never would have cried*), que muestra el patrón de comportamiento (*and a rock feels no pain; and an island never cries*). Existe pánico a la ternura. Podrían abrirse nuevas heridas.

● *No me permito quedarme en la tristeza o en la depresión. Salgo rápidamente de ahí, en minutos.*

■ *Cuando llega una ruptura con la pareja, antes de que se produzca, ya he quitado el corazón, dejo de quererla; de modo que cuando ocurre la crisis, es como si ya no estuviera. Y lo que siento es alivio de que la historia se acabe.*

● *El placer de la caza es tan profundo que probablemente pongo en marcha mecanismos de alejamiento hacia las manifestaciones espontáneas y gratuitas del amor.*

Las relaciones del lujurioso se resienten debido a la negación de su sensibilidad. En su mentalidad, la necesidad es un síntoma de personas débiles. La cancelan de su vocabulario. Se huye de cualquier dependencia, cayendo eso sí en el pozo de sus propias contradicciones. La entrega, incluso en el acto sexual, queda imposibilitada. El miedo genera fantasía de ausencias.

- *Si lo necesito me muero, permitirme necesitar me pone en impotencia, en no-yo. Rompe el autoabastecimiento.*
- *No conjugamos el verbo necesitar, en relación con nadie.*
- *En las relaciones sexuales, un mecanismo para no sentir la dependencia con el otro es cerrar los ojos e imaginar que estoy con cualquiera, menos con él. Así, cuando los abro es como si nada hubiera ocurrido con esa persona. Realmente me ausento de él.*

La ternura está recluida en una caja fuerte de apertura retardada. La vulnerabilidad está menospreciada a causa del imperio de unos constructos que anidan en la mente del E8 y que generan vergüenza de mostrar signos de amor, sentimiento de desprecio hacia los débiles, exaltación del sexo como forma de contrarrestar los afectos, soledad al prescindir de la ayuda ajena...

- *Hay un sentimiento de desprecio hacia los débiles, dependientes, los inútiles, etc.*
- *Exhibir el amor, incluso ir de paseo con la pareja, lo hacemos con distancia, no vamos cogidos de la mano, ni nada de eso, para que no se vea que la queremos. Enseñar esto nos avergüenza.*
- *El amor es para los débiles, lo importante es el sexo.*
- *No tenía necesidad de ayuda porque no había tampoco nadie que me la hubiera podido dar, y quien me la hubiese dado, seguramente tenía un interés y un objetivo escondido.*

REPERCUSIÓN DE LA LUJURIA EN EL ÁMBITO DE LAS RELACIONES

La pasión de la lujuria

La pasión del E8 recibe el nombre de lujuria. A ella se añade la posesividad y la venganza, como aspectos parciales de la misma. Su raíz se despliega de forma poliédrica: poder, satisfacción y endurecimiento, que ocultan y reprimen su ternura y vulnerabilidad.

La lujuria encierra el matiz de un ajuste de cuentas. Haber carecido en una época de lo necesario o haber sufrido algún agravio autorizan al E8 a tomar la justicia por su mano, según los cánones de su código personal.

- ■ *En el interior hay un niño al que no le dieron, y ahora de adulto, se siente en el derecho de tomar su parte.*
- ■ *Nadie me va a arrinconar; lo dice quien estuvo arrinconada.*

Si la derrota fue fruto de la debilidad, la victoria quedará asegurada por el poder, ejercido sin ningún miramiento ni respeto por los demás. Cuenta el beneficio personal y la satisfacción propia, aunque el precio a pagar sea el sufrimiento ajeno. La tarea es factible porque no existe sentimiento de culpa.

- • *Afianzamiento en el poder y en el liderazgo.*
- • *Lujuria es poder, sentirse seguro de ser invencible, lujuria es no pararse nunca, no «quedar».*

Cada subtipo vive a su modo la pasión de la lujuria. El sexual desde la posesividad y la conquista amorosa y sexual. El social, como complicidad sustentada en la fortaleza de los vínculos. El conservación, como satisfacción de los impulsos y deseos, aunque los enmascare con astucia.

- ♦ *Sexual: Lujuria (sexo, deseo).*
- • *Social: Búsqueda de relaciones con vínculos muy fuertes.*
- ■ *Conservación: Todo lo que me proporcione placer, bienestar, confort, me corresponde, y lo tomo del mundo.*

Las fijaciones, coloquialmente ideas locas, son distorsiones cognitivas que alimentan y justifican la pasión dominante, situada en el centro emocional. El E8 no tiene límites en la acción y actúa sin escrúpulos, niega sus necesidades porque las concibe como síntomas de debilidad o busca el endurecimiento para amortiguar las señales del corazón.

♦ *Soy capaz de hacer lo que sea (bueno, malo, peligroso, genial, chapucero...).*
• *Yo no necesito, hay alguien que tiene más necesidad que yo, y es protegido y ayudado.*
■ *Cuando nos relacionamos con el corazón, la idea loca es que desaparecemos, nos disolvemos.*

La pasión de la lujuria desprovee al otro de su dignidad personal y lo cosifica. En este empeño, se degrada a sí mismo, porque rebaja sus posibilidades de relación y se despersonaliza. El amor es sustituido por el sexo y se pierde el respeto.

♦ *Pasarme de la raya.*
• *Manipulador sutil o seductor con descaro.*
■ *No tener en cuenta a los otros, si no es para usarlos, instrumentalizarlos.*

Los mecanismos de defensa pretenden atenuar la conciencia en todos sus ámbitos o hacerla desaparecer. La represión de la ternura junto con la desinhibición de la sexualidad y de la agresividad confluyen en la desensibilización y el endurecimiento emocional.

♦ *Acusación.*
• *Consigo desensibilizarme incluso a nivel físico.*
■ *Proyectamos en el otro las necesidades que nos duele contactar. Sobre todo para evitar a toda costa la frustración.*

La película de Sergio Leone (1966) *Il buono, il brutto, il cattivo* (*El bueno, el feo y el malo*) representa los tres subtipos de la lujuria. El social, el bueno, a través de Joe (Clint Eastwood); el conservación, el feo, a través de Tuco (Eli Wallach), y el sexual, a través de Sentenza, el malo (Lee van Cleef). Tipos endurecidos, figuras masculinas, en búsqueda del poder que otorga el dinero, accesible solo si se llega a la localización del tesoro. Tres personajes a la caza, cada uno con el deseo de eliminar a los otros dos. Intensidad, riesgo, dureza, ausencia de culpa, violencia, control, impulsos, insensibilidad..., construyen un mosaico que dibuja los perfiles de la lujuria en sus tres variantes subtipológicas.

- *La inmediatez, ahora lo quiero y ahora lo consigo.*
- *Búsqueda de intensidad, placer, coger el control del poder.*

REPERCUSIONES DE LA LUJURIA EN LAS RELACIONES CONSIGO MISMO

El esfuerzo del E8 se centra en este ámbito en la ocultación de su herida afectiva y en la ignorancia de su vulnerabilidad, ambas tareas sustentadas en una conciencia distorsionada, que huye del dolor, niega la culpa y busca la insensibilización. La satisfacción de los impulsos y la intensidad con que vive le proporcionan contentamiento, pese a que son mecanismos compensatorios de su incapacidad de afrontar la ternura.

- *Aburrimiento, impaciencia e irritabilidad, por la necesidad de estímulos físicos.*
- *La dureza hace que a veces no exprese las emociones que necesitaría expresar, tales como ternura, agradecimiento y amor.*
- *No sentir la medida del riesgo respecto a las normas legales de la sociedad. Es como no entender el sentido de ellas. Considerarlas como meros formalismos, sin mucho valor.*

Cuando no se goza de buena audición, tiene que aumentarse el volumen de los bafles. La lujuria actúa del mismo modo. El endurecimiento insensibiliza de tal modo que solo sensaciones muy intensas permiten que el E8 se percate de ellas. Las fórmulas *light* no sirven. Solo tienen sentido los comportamientos *hard*. El sexo tiene un papel preponderante porque proporciona intensidad y dominio. Otros aspectos son también decisivos, siempre que impliquen jugar fuerte y echar el órdago oportuno.

◆ *Irme de putas porque me aburro.*

● *Por eso estoy sola a menudo, especialmente cuando tendría más necesidad de proximidad.*

■ *Ni aun estando en el proceso pude contactar con el sentido de lo que había hecho. El proceso me parecía una tontería formal de los jueces. Me condenaron a seis meses de cárcel.*

REPERCUSIONES DE LA LUJURIA EN LAS RELACIONES CON LOS DEMÁS

Se desglosa aquí el ámbito de las relaciones con los demás en dos subámbitos: a) el amor vivido en la pareja y en la amistad; y b) el trabajo. ¿En qué afecta la lujuria a estos dos subámbitos?

Amor (pareja y amistad)

En las relaciones se activan las estrategias operativas, ya que es a través de ellas cómo las personas entran en contacto. La lujuria se protege de la vulnerabilidad e incluso la ridiculiza. Bajar la guardia es exponerse a ser noqueados. Mostrarse tiernos es abrir la posibilidad de ser golpeados. Si alguien consigue acceder al santuario interior puede provocar una gran conmoción personal. La lucha por el poder constituye un objetivo irrenunciable. Caiga quien caiga. Hay que endurecerse e insensibilizarse ante el dolor y la sangre. En el aspecto social, el área de influencia se extiende al clan, que merece protección y apoyo. Las reglas tienen que estar claras, aunque sirvan para saltárselas. Los matices no sirven.

- ◆ *Exploto a mi pareja, la exprimo y vivo a su cuenta, le exijo, dejo de trabajar, mi trabajo consiste en conseguir que ella trabaje para mí.*
- ● *Domino, decido y tomo la responsabilidad también en las relaciones de pareja.*
- ■ *En el amor: la incapacidad de enseñar la ternura, la fragilidad, la necesidad de apoyo, de protección, en general la necesidad del otro.*
- ■ *En las amistades: se produce igual. Es difícil que alguien nos ayude, porque no dejamos resquicio para que el otro entre.*
- ■ *Sin embargo, como la necesidad está ahí, cuando algún amigo me ha ayudado, por supuesto por iniciativa propia, me he conmovido hasta lo más hondo del corazón, porque ahí está el anhelo.*
- ● *Después la necesidad de la posesión exclusiva, el otro me debe amor con mis condiciones. La necesidad de que todo esté claro. Los matices me inquietan, son terreno de huida.*

El control y dominio de los demás llega a situaciones extremas, hasta llegar a explotarlos. Se busca el beneficio propio y no existe ningún respeto hacia los otros. En la relación amorosa, solo cabe la subordinación. No se produce paridad. Su fuerte personalidad suele resultar subyugante para la pareja o los amigos. La intensidad cautiva, aunque a veces sea desbordante. Huye de la vulnerabilidad para evitar el sufrimiento, de este modo imposibilita el amor.

- ■ *La mantenía ocupada ganando dinero para mí, mientras la engañaba con otras, o me iba de putas.*

320 ● EL ENEAGRAMA DE LAS PASIONES

- *También en la universidad dos de mis amigas eran mis secretarias y competían entre ellas por cogerme los apuntes, cogerme sitio o hacerme trámites burocráticos que aborrezco.*
- *Me ha acusado de tener una especie de capacidad satánica de hacerle sentir emociones que no le pertenecían.*
- *Algo que se ha repetido en mis relaciones con mis parejas es esta pregunta: ¿y yo qué pinto en tu vida?; y ¿tú qué quieres de mí? Siento que no te hago falta para nada.*
- *Con las amistades: cuando estaba embarazada de ocho meses, vino a verme una amiga de toda la vida; y sin mediar palabra, me compró comida y me guisó varias cosas adecuadas para mi estado; lloré de emoción, de sentirme cuidada.*

Trabajo

Las cinco características más puntuadas configuran el perfil laboral del E8. El trabajo es un campo de lucha permanente y el conflicto con la autoridad constituye un riesgo casi inevitable, ya que se funciona según los parámetros del código propio. La confrontación exige dureza y agresividad. No hay espacio para sentimentalismos, por lo que la insensibilización es un recurso habitual en el lujurioso. Se advierte pelea por el poder y el control, objetivo que requiere intensidad y contundencia. Los colaboradores o subordinados tienen que ajustarse a su voluntad. Su fuerza y su versatilidad generan miedo y dependencia.

- *Exploto a mi pareja, la exprimo y vivo a su cuenta, le exijo, dejo de trabajar, mi trabajo consiste en conseguir que ella trabaje para mí.*
- *Suele abrir en el otro una ansiedad, como un reto, de intentar estar a la «altura imposible» de poder dar o proteger o*

ayudar; y su fracaso ante esta imposibilidad, le hace sentirse inútil, innecesario, etc.

■ *En el trabajo: lo que más afecta es el miedo que he producido, y que aún produzco, ahora cuando me lo propongo. Para mí ha sido difícil ver esto, porque nadie me lo dice.*

● *Líder entre amigos, líder o jefe en el trabajo.*

● *En el trabajo exijo de los demás los mismos parámetros de compromiso y de competencia.*

El E8 posee una autoridad espontánea. En poco tiempo, se hace con el control de la situación. El problema se diluye cuando se constituye en su propio jefe y ya no tiene que dar cuentas a nadie. Los que trabajan para uno deben demostrar compromiso y competencia. Sin medias tintas. Los débiles e incapacitados no sirven para realizar proyectos. Ir al grano evitando elucubraciones que no resuelven nada. La acción por encima de las disquisiciones intelectuales. La rapidez, que arrincona la parsimonia, es síntoma de intensidad.

● *En la universidad fui delegado toda la carrera y salí elegido miembro del claustro en elecciones sin hacer campaña.*

● *He fallado más de una vez con ella, poniéndome rígido cuando no entendía una verdad que estaba ante mis ojos.*

● *En el mundo de la empresa me he enfrentado a los jefes para conseguir mejores condiciones para mí y mis compañeros (hasta que decidí ser mi propio jefe).*

Global: amor (pareja y amistad) y trabajo

El indicador que más destaca en el ámbito de las relaciones con los demás (pareja, amistad y trabajo) tiene que ver con la dureza, la violencia y la agresividad. Esta característica implica una defensa de la propia vulnerabilidad, así como una sed insaciable de poder, control y dominio, elementos que, pese a ser contradictorios en apariencia, en el fondo son concomitantes. En las relaciones afectivas, la represión de la ternura presenta una dificultad mucho mayor, por más necesaria, que en el campo laboral. Los negocios requieren cabeza fría y agresividad. Los demás son adversarios que hay que derrotar o colaboradores que deben beneficiar los propios intereses.

REPERCUSIONES DE LA LUJURIA EN LAS RELACIONES CON LAS COSAS

En el ámbito de las relaciones con las cosas, se han elegido dos elementos de interés que son analizados como subámbitos:

a. el dinero y la propiedad.
b. la naturaleza y la ecología.

Observar las repercusiones que el lujurioso tiene en ellos no es tarea fácil y se ha dispuesto de un número menor de unidades conceptuales para su estudio, pero no por ello carentes de significado.

Dinero y propiedad

El dinero sirve a la persona lujuriosa para satisfacer sus deseos e impulsos, atender a sus excesos y acotar un campo propio de decisión. Además, favorece el ejercicio del poder efectivo, no aparente, y contribuye a cubrir las necesidades del clan. Hay que ganar el suficiente, aunque sea de forma heterodoxa. La carencia de la culpa facilita este tipo de conductas, incluso delictivas. Para el subtipo sexual, el dinero es sinónimo de libertad e independencia. Sin dinero no hay posibilidades. El subtipo social lo considera importante, en especial para satisfacer sus necesidades y gustos, así como para conseguir sus objetivos. No muestra apego. El subtipo conservación utiliza el dinero para garantizar comodidades y blindar su seguridad, a la vez que lo usa para atender a los demás, ya que no soporta ver, como proyección personal, las necesidades del otro.

♦ *El dinero es muy importante, es la energía de esta sociedad, sin duda.*

• *Tengo dinero para sentirme seguro en el sentido de no necesitar en caso de tener problemas (que tenga un accidente o algo así).*

■ *Las uso en dos sentidos: primero y principal para vivir cómodamente y con seguridad, para no sentirme dependiente de los vaivenes económicos de la sociedad.*

• *El dinero: tengo facilidad para conseguirlo gracias a mi entusiasmo, facilidad de persuadir, carisma, etc.*

• *No estoy muy apegada a las cosas o al dinero, a la casa o al coche, pero pretendo que me sirvan bien, acaso no consigo apegarme profundamente a nada.*

■ *Me es más fácil dar cosas materiales, que darme a mí misma. Así es como si comprara el cariño del otro.*

Tener dinero y propiedades es síntoma de poder y de control, poder personal y control de los demás. No se trata de una ostentación vanidosa, sino de una aplicación del dicho «quien paga, manda». Se busca el dominio y no la admiración bobalicona. Cuando la riqueza se consigue con facilidad, no existe rémora que impida gastarla sin miramientos. El E8 es experto en las dos cosas.

♦ *Puedo conseguir dinero, pero todo lo gasto, no ahorro ni un céntimo.*

• *Presto o regalo dinero a mis amigos.*

■ *Tuve una chica que cuidaba de mi hija cuando era pequeña. Un día vino a casa y me pidió quedarse unos días conmigo, porque tenía un novio que su madre no aceptaba, y prácticamente la había echado de su casa. Por supuesto que la acogí. Del acogimiento se convirtió en «mi hija»; se quedó conmigo viviendo cuatro años. Le pagué estudios y le busqué un trabajo. Y después la eché de casa.*

♦ *Tengo mi coche, que es el vehículo para llevarme a la aventura.*

♦ *Me pertenece la casa de mis padres, tengo mi propia habitación en la que la entrada es exclusivamente mía.*

Naturaleza y ecología

La persona lujuriosa disfruta de la naturaleza, pero no tiene reparos en explotarla. La sensibilidad que le suscita la contemplación de un paisaje puede verse reprimida del mismo modo que sentimientos como la ternura. Por el contrario, naturaleza y ecología le sirven para satisfacer sus impulsos y deseos. La ideología de los movimientos ecológicos es desenmascarada porque obligan a someterse a sus normas y reglas. Su código personal opta por otros planteamientos.

♦ *La ecología y naturaleza me gustan para hacer ejercicio, deporte, ayudan a vivir más plenamente...*

■ *Necesito caminar por el campo, escuchar el sonido de la naturaleza, tenerla en mi vida. Hay mucha cercanía con ella.*

● *Solo hace poco, naturaleza y ecología son algo más que un simple argumento intelectual.*

■ *Salgo al mundo para proveerme de lo que necesito.*

● *Me estoy educando a una nueva mentalidad, a través de la cultura de los indios americanos.*

■ *Tengo lo que quiero, en cuanto a bienes materiales, con lo que supone más importante para mí, la vivienda, como un espacio privado, donde puedo ser, estar, descansar.*

La naturaleza crea el escenario, donde el E8 se mueve con agrado. Cuando existen imperativos, como restricciones de agua, la reacción es de rechazo. Se justifica a través de las desigualdades sociales o de la incoherencia de quienes los propugnan. Sacrificar los propios deseos en aras de una mejora ecológica no entra dentro de sus planes.

- ♦ *Y he hecho travesías de mountain bike largas, he hecho escalada y hago surf, también he sido ciclista de carretera.*
- • *Yo no me puedo bañar en mi bañera, pero mi vecino de enfrente puede bañarse en su piscina. Creo que queda claro lo que pienso.*
- ■ *Para asegurarme mi relación con la naturaleza, me construí una casa en una sierra de donde nací. Esta casa para mí es como un refugio.*

Global: dinero y propiedad / naturaleza y ecología

El mundo es la despensa que provee las necesidades del E8. Predomina el carácter utilitario de su uso por encima de la visión estética y nostálgica de la naturaleza. Es preferible el dinero contante y sonante porque permite una mayor versatilidad en la satisfacción de los deseos, depende de las decisiones propias y facilita vivir excesos.

REPERCUSIONES DE LA LUJURIA EN LAS RELACIONES CON DIOS, LO DIVINO, LO TRASCENDENTE

Este último ámbito tiene su particularidad. Cada persona entrevistada se ha podido posicionar personalmente ante Dios, lo divino, lo trascendente. Las observaciones no se enfocan desde una religión concreta o desde una confesión determinada.

a. La fuerza y la intensidad proporcionan al E8 una mayor capacidad para valorar la grandeza y la energía de Dios, si no las vive como amenaza de su vida. El Dios castigador no tiene sentido para quien no posee sentimiento de culpa.

♦ *Dios es el creador, es lo más grande.*

• *Su energía es inmensa.*

• *Nunca he creído en un Dios castigador.*

• *Me entrego a la vida, aunque me cuesta mucho no sentirme con el control.*

• *Con la gestalt, Dios ha pasado a ser algo que está en mi vida.*

• *Pero he tenido también experiencias maravillosas de verdadero y propio misticismo.*

b. Jacob, el personaje bíblico, luchó contra el ángel de Jehová, y recibió el nombre de Israel («porque has peleado con Dios y con los hombres, y has vencido», Gn 32,28). No hay comprensión de lo divino sin lucha.

• *A menudo me relaciono con Dios de igual a igual, y a menudo lo trato como un enemigo que invade mi vida, y no tolero que sea más fuerte que yo.*

♦ *Esta creencia la tengo ahora, pero hasta hace poco no era creyente, me parecía que Dios era un engaño, algo de ingenuos, un timo.*

• *Era un Dios a mi medida, no el que me explicaban en el colegio.*

c. La pasión de la lujuria inhabilita para la espiritualidad. La recuperación es lenta y fatigosa. Hay que abandonar la lucha de poder y confiar. La entrega al maestro es un primer paso para el crecimiento.

♦ *Gracias a que creo en Dios, y en otros guías, que me ayudan, sobrevivo y tengo éxito en mi trabajo y en mi vida.*

• *Hace meses y meses que busco trabajar sobre la fe y el abandono casi sin resultados.*

■ *Dios desapareció de mi vida a una edad temprana. Estudié en un colegio de religiosas desde los tres años a los quince. Cuando llegué a los trece años, no creía en nada y me declaraba agnóstica.*

Dos características sintetizan las relaciones con Dios, lo divino, lo trascendente: el miedo a la vulnerabilidad y la insumisión a un poder superior. La vida espiritual conecta con la parte tierna y débil del lujurioso: «descubrir la parte divina que todos somos, y en la que somos iguales todos los seres, me lleva a la compasión». Por ello, el abandono al amor y la fragilidad que implica resultan laboriosos para el E8. El código propio, con el tácito rechazo de toda forma de autoridad, incluida la divina, dificulta el cambio del lujurioso. Su insensibilidad y endurecimiento le impiden ver al otro. Vencer estas resistencias le permitirán la coherencia y la gradualidad, de las que habla san Juan: «quien no ama a su hermano a quien está viendo, a Dios, a quien no ve, no puede amarlo» (1Jn 5,20).

- *Me cuesta ponerme por debajo de Dios.*
- *La humildad y la vía de la entrega y la devoción son muy complicadas para mí.*
- ♦ *Le pido perdón por todo esto, aunque no sienta culpa.*
- ■ *Mi experiencia cuando siento lo divino es cuando me vuelvo transparente, cuando desaparezco, cuando me disuelvo con el universo.*
- ■ *Ponerme ahí solo en el ser es lo que me abre la puerta a lo divino.*
- *La compasión también me cuesta mucho.*

La lujuria constituye un impedimento al amor. Aflorar la vulnerabilidad y la ternura, abrirse a la compasión y a la presencia del otro…, son el antídoto a la pasión dominante del E8. La fuerza del E8 muestra su incapacidad para vivir la debilidad. Su deseo vital no se satisface con la intensidad y el exceso, explicables como mecanismos para superar una insensibilidad creciente. Escapar de la muerte tiene una clave: «no amar es quedarse en la muerte» (1Jn 3,14). Conectar con el fondo emocional y amoroso y abrirse a la fragilidad corriendo el riesgo de hipotéticos sufrimientos, exigen bajar las defensas sin caer en ingenuidades. Las defensas que impiden el dolor representan una vacuna contra el amor.

- *Cuando me pongo en contacto conmigo mismo, contacto con Él, del cual formo parte.*
- *Rezar es hacer algo anónimamente y sin ver los resultados al instante.*
- *Ahora que se ha acabado, desgarrándome el alma, he dicho a Dios que se olvide de mi existencia, que me las arreglo mejor sola.*

San Juan de la Cruz (1995) deja aparte «lo que es caer en este pecado los espirituales», para centrarse en lo que llama «lujuria espiritual», al proceder de cosas espirituales, en cuyo ejercicio «se levantan y acaecen en la sensualidad movimientos y actos torpes». Tres son las causas que menciona: a) el gusto que tiene el natural en las cosas espirituales. Cada parte del hombre busca su recreación: el espíritu, en la parte superior, y la sensualidad, en la porción inferior; b) el demonio que, a través de la imaginación y de los movimientos torpes, quiere apartar el alma de la oración al luchar el alma contra ellos. La lucha consigue desplazar la atención de Dios al campo de la representación del vicio; y c) el mismo temor a estos movimientos y representaciones torpes. Dos apuntes más: la afición con algunas personas por vía espiritual puede nacer de la lujuria y no del espíritu, y b) diferencia entre el amor que nace del espíritu (amor admirativo) y el amor que nace de la sensualidad (amor erótico). La diferencia reside en el objetivo que persigue cada uno que, a la vez, es su punto de llegada (pp. 768-771).

■ *No creer que el amor existe, sino formas de intercambio.*

● *Pero he tenido también experiencias maravillosas de verdadero y propio misticismo.*

● *Estoy profundamente enamorada de lo Divino, pero tengo sinceramente miedo a la decepción.*

♦ *Me ayuda conectarme conmigo mismo a aterrizar y a tomar conciencia de mi realidad.*

LA PEREZA

E9

EL ENEAGRAMA DE LA **PEREZA**

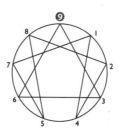

CATEGORÍA	SUBCATEGORÍA
Oscurecimiento óntico (**ser**)	**Desconexión** con el propio ser con la pérdida de interioridad **Olvido** de sí como requisito para la búsqueda del amor
Degradación de la **conciencia**	**Adormecimiento** a través de actitudes narcotizantes **Desvío** focal y evitación de los puntos neurálgicos **Confluencia** que difumina los límites personales **Dificultades** diversas para ser consciente
Perturbación de la **conducta** a través de algunas estrategias operativas	**Postergación** y negación de las propias necesidades y tareas Evitación de los conflictos mediante actitud de **pacificación** **Sobreadaptación**, comodidad y resignación **Distracción** como piloto automático y falta de compromiso **Infravaloración**, obstinación y resistencia pasiva **Donación** generosa sin contrapartida receptiva y trabajo **Simbiosis** y cuidado ajeno

- **Repercusión de la pereza en el ámbito de las relaciones**

Leyenda: ■ *Conservación* ◆ *Sexual* ● *Social*

1. Oscurecimiento óntico (ser)

Aldous Huxley (1949) publicó en 1923 un artículo sobre la acedia (*Accidie*), que incluyó en su obra *On the Margin: Notes and Essays (Al margen)*. En él afirma que «la pereza es tan solo una de las numerosas manifestaciones del vicio sutil y complejo que es la acedia» (p. 33). La disyuntiva es recuperar el término clásico de acedia o enriquecer los contenidos del vocablo pereza. Se opta por la segunda intentando resaltar los matices que van más allá de una reducción de la pereza a negligencia, descuido y tardanza para referirse también al tedio del corazón (*taedium cordis*). El E9 no entabla la mayor lucha en el campo de la acción sino en el ámbito del ser, cuya desconexión le ocasiona pérdida de interioridad e interpreta el olvido de sí como requisito para la búsqueda del amor

1.1 Desconexión con el propio ser con la pérdida de interioridad

La definición de la acedia como pereza del ser (*l'accidia è una pigrizia dell'essere* [la acedia es una pereza del ser]) apunta al núcleo de la pasión dominante del E9. Todo ser tiene sus necesidades, funciones y tareas, pero la inconsciencia óntica del perezoso impide el ejercicio de las mismas. Sin el recuerdo de sí, que subraya Gurdjieff, solo queda espacio para el hombre mecánico. Todo sucede. No se trata de la ausencia de la acción mecánica sino de la imposibilidad de la acción esencial, al estar desconectado de su propio ser.

- ■ *En mi vida la acedia es una pereza del ser.*
- • *Yo no he sido consciente de mí y de mis necesidades hasta que comencé a trabajar con Claudio Naranjo.*
- ♦ *Por acedia se entiende una especie de olvido de sí, una pérdida de contacto con el sí mismo profundo.*
- • *La pereza ha hecho posible que no me pare nunca a pensar en mí.*

La pérdida de contacto con el sí profundo anula toda posible interioridad. No existe vida interior. Todo depende de las influencias exteriores, que hipnotizan al perezoso. En esto consiste el círculo vicioso de su pasión: al no estar en contacto consigo se vuelca fuera, y al instalarse fuera dificulta su regreso al ser. Lo secundario toma carta de ciudadanía y los temas importantes se postergan por tiempo indefinido.

◆ *La «hipnotización» por todo lo que viene de fuera.*

● *Me hipnotizo con cualquier cosa con tal de no centrarme en cosas realmente importantes.*

■ *Mi mirada está puesta casi siempre hacia fuera, preocupándome por lo que le pasa al otro.*

Sin contacto con el ser, sentimientos, deseos, necesidades, sensaciones… pierden su raigambre y, por tanto, su identidad. La conciencia del E9 se reduce a ser caja de resonancia. No hay sonidos ni música propia, sino ecos del exterior. El perezoso aborta cualquier intento de retorno al ser por miedo de encontrar el vacío. Para evitar esta posible frustración de la nada, toda distracción sirve. De este modo, no hay solución del problema sino aplazamiento de la misma.

■ *Es el cansancio de mirarme y comprender quién soy y qué deseo.*

■ *Un aspecto fuertemente nocivo para mí misma es el hecho que tengo un gran dificultad de conectarme con lo que siento, con las sensaciones en mi cuerpo.*

■ *Evito tomar contacto con mi parte más profunda, porque tengo miedo de encontrar el vacío.*

1.2 Olvido de sí como requisito para la búsqueda del amor

El olvido de sí del perezoso no equivale a la superación de los mecanismos egoicos, sino a una expresión de la propia inconsciencia. El

E9 es el paradigma más claro del hombre moderno, que «vive en el sueño» (Ouspensky, 1968, p. 100). Todas las referencias son externas porque no hay contacto con el núcleo profundo de sí. El perezoso no vive, sino que es vivido por los acontecimientos y por los demás. Sin vida propia, vive a través de los otros.

- Pero considero que la que más se ha dado a lo largo de mi vida ha sido el total y absoluto olvido de mí.
- El estar continuamente mirando y dejándome llevar por lo de fuera sin acordarme de mí ni tenerme en cuenta.
- Mi incapacidad de preocuparme de mí misma me ha llevado a un total desinterés de mi persona.

La falta de conciencia de sí motiva el olvido y, a la vez, se traduce en conseguir la invisibilidad dentro de un grupo pese a la presencia física. Al no existir para sí, el E9 tampoco llega a existir para los demás. Sin identidad no hay existencia consciente ni autovaloración personal. Busca perderse en el grupo y difuminarse en la masa. Reconocer su importancia le alejaría de su pereza de ser.

- Cuando era pequeña, tenía una capacidad increíble para no estar, aun estando presente físicamente.
- Yo no existo.
- El 9 tiene miedo a exponerse, de salir de la masa.

La trampa del perezoso consiste en contraponer la conciencia de sí con la vivencia amorosa. La conclusión es frustrante: el olvido de sí es el camino inevitable para la búsqueda del amor. Las expectativas de los demás exigen el sacrificio de los propios sueños y la ignorancia de las propias necesidades. Según el razonamiento del E9, para conseguir el tú hay que inmolar el yo. Pero la pérdida de sí impide la relación y el diálogo. Existe solo abdicación.

- *Otra idea loca que se da mucho en mi vida es el hacer y pensar lo que los demás quieren para que me acepten, y a partir de ahí olvidarme de mí de nuevo.*
- *He debido renunciar a mis sueños para ser aceptada o así he aprendido a ser fuerte y a no sentir mis necesidades.*
- *Adaptarme a las expectaciones del otro para sentirme satisfecha, saciada, tranquila y aceptada.*
- *En este subtipo existe una búsqueda angustiosa del amor.*

2. Degradación de la conciencia

La inconsciencia, como mecanicidad, conduce a la distorsión cognitiva y es terreno abonado para que la pasión dominante, como motivación deficitaria, dificulte el despertar lúcido, sin el cual el ser queda oscurecido y el vacío que se genera pugna por llenarse a través de sucedáneos. Los mecanismos de defensa coadyuvan al mantenimiento de la inconsciencia. Se buscan soluciones falsas o aparentes para confirmar las propias capacidades o para satisfacer las necesidades profundas. Se utilizan aquí cuatro subcategorías para indicar distintos modos que tiene el carácter perezoso de bloquear su conciencia o reducir su percepción.

2.1 Adormecimiento a través de actitudes narcotizantes

El olvido de sí exige anestesiar las propias necesidades y narcotizar los propios impulsos. Al perder la conciencia de ellos, se garantiza la desconexión del ser. Una consecuencia es distraerse de lo esencial y dedicarse a los detalles secundarios. El perezoso vive en un sueño continuo. Despertarse implicaría tomar conciencia de sí. La narcotización es un mecanismo de defensa del ego dormido, que hipoteca el desarrollo personal.

- *También ha conseguido mantenerme en un estado de sueño continuo.*
- *Autodefensa con el adormecimiento.*
- *La distracción: es el mecanismo de defensa que más utilizo para seguir dormida.*
- *No nos enteramos: yo aquí más bien diría que hacemos como que no nos enteramos para evitar problemas, tener que pensar o dar muchas vueltas a algo.*

El perezoso busca distraerse del objetivo esencial y permanecer dormido ante los verdaderos reclamos de su persona. Para ello, se sirve de cualquier actividad que utiliza como narcótico. Se citan aquí algunos ejemplos: uso indiscriminado de la televisión; refugio en la lectura, especialmente si se trata de novelas; ingestión abundante de comida; convivencia superficial con los amigos; la vagancia, como el *dolce far niente*. En contra de la imagen tradicional de pereza, el trabajo también puede ser un auténtico narcótico.

- *En el ámbito laboral: en este ámbito, mi pasión dominante lo único que consigue es que trabaje. Me meto de lleno en el trabajo y no hay más.*
- *Echarme en la butaca delante de la televisión o leer un libro para dormirme.*
- *El placer de la comida abundante.*
- *Refugiarse en el sueño.*
- *Mi tendencia siempre que tenía un rato para mí era evitarlo viendo la televisión, leyendo alguna revista (siempre cosas superficiales que no sean de pensar mucho) y sobre todo quedar con los amigos.*

2.2 Desvío focal y evitación de los puntos neurálgicos

La desconexión con el ser, que lleva a cabo el E9, tiene consecuencias tales como dejar de focalizar su atención sobre los puntos neurálgicos.

No se afrontan los problemas, sino que la persona perezosa busca desviarse de ellos. No se atienden las propias necesidades ni deseos, como si no fueran importantes. En este contexto, el cielo puede ser un subterfugio y la religión puede ser vivida como opio. Quien huye de sí mismo toma cualquier escapatoria.

- ■ *La indolencia y la pereza en mí se han manifestado «dejando pasar», «disculpando», «amortiguando» lo que me agrede y me disgusta y haciendo lo mismo con mis deseos y necesidades.*
- • *Cuando por fin consigo centrarme en algo que revierte en mí es porque me he quedado sin recursos para desviarme del tema, ya no tengo escapatoria.*
- • *Estoy sola en casa y estoy pensando en que venga o llame alguien por teléfono, para desviar la atención de mí misma.*
- ■ *Hay una percepción de que el mundo aparente es caótico y que de ahí, a ese nivel, no puedo esperar nada, eso me ha llevado a mirar hacia arriba, hacia el cielo.*

No hay intervención sobre la realidad, sino boicot e inacción, de acuerdo con los contenidos de la pereza más vinculados a la vagancia y a la negligencia. El boicot pasivo del E9 puede ser demoledor. No existe confrontación activa ni expresión abierta de las propias necesidades. La acomodación y la falta de compromiso se traducen a menudo en la más pura inactividad, en no hacer nada o en pasar el tiempo perdido en una contemplación que se funde con el paisaje que se observa.

- ■ *En el trabajo o soy la que lo hace, sabe y resuelve todo o si alguien representa mucho poderío me retiro o puedo hacer algún boicot solapado y pasivamente, cuando me agreden.*
- • *Yo soy capaz de realizar el arte de no hacer nada.*

- *En mi casa tengo un mirador y cuando me pongo delante de él sería capaz de tirarme horas contemplando el paisaje. Sin pensar en nada, solamente observar.*

Estas maniobras de evitación se concretan en el abandono de lo que es verdaderamente importante, de lo nuclear y de lo esencial. Implican el triunfo de lo accesorio y lo secundario. Se resume en la conocida expresión: «Los árboles no dejan ver el bosque».

- *Me cuesta horrores centrarme en lo que realmente es importante.*
- *Me hipnotizo con cualquier cosa con tal de no centrarme en cosas realmente importantes.*

2.3 Confluencia que difumina los límites personales

Sinay y Blasberg (1998) entienden por confluencia: «la función del yo se pierde debido a que el individuo no registra ningún límite sobre él mismo y el ambiente que lo rodea. Queda abolida la frontera entre él y el medio» (p. 109). Este mecanismo de defensa busca que la pérdida de sí mediante la destrucción de los propios límites no desemboque en el vacío, por lo que necesita del otro para fusionarse con él. El resultado es la anulación de la alteridad. Esta carencia de límites se observa en las actividades que se llevan a cabo, tales como comer, dormir, trabajar y ayudar a los demás.

- *La confluencia: siempre estaré contigo, en realidad soy tú y lo que te pasa a ti.*
- *Sín límites (comer, dormir, trabajar – ayudar al otro).*
- *Dificultad para poner límites cuando otros me piden algo o expresan su necesidad.*

La pérdida de sí, sin alternativa, produciría angustia y pánico del vacío. La presencia y la confluencia con el otro/los otros/lo otro rescatan al perezoso del abismo y le anulan la conciencia de su interioridad. El E9 deja de tener vida propia para vivir de prestado la existencia de los demás. No hay bienestar propio si no es a través de la satisfacción ajena. La imagen de una geisha (Golden, 1999) es sugerente en cuanto a disponibilidad y atención al otro.

- ■ *No me retiro ni me separo y me pierdo.*
- • *Anestesio mis propias opiniones para opinar lo mismo que el otro.*
- ♦ *A veces está tan atraído por lo que los otros piensan o dicen que todo se mezcla con sus pensamientos transformando todo en «una Babel» de ideas y sensaciones donde no consigue encontrar la clave del problema.*
- • *En la relación de pareja: estar atenta a cada cosa para que él se encuentre bien, en pocas palabras, me identifico con una GEISHA.*

2.4 Dificultades diversas para ser consciente

Esta subcategoría agrupa una serie de unidades conceptuales, presididas por la pasión dominante, que tienen en común obstaculizar la consciencia de sí, en cuyas antípodas se encuentra la mecanicidad. Las reacciones automáticas impiden darse cuenta de las auténticas motivaciones, que en el E9 echan sus raíces en la pereza, vivida como parálisis, inercia, insensibilidad y confusión.

- ♦ *Dudas: no lo tengo nada claro.*
- • *Esto es a lo que yo llamo «encefalograma plano». Nada alteraba mi estado anímico.*
- • *Parálisis intelectual y física.*
- • *Pero si tengo algún día libre y estoy yo sola se me pasa el tiempo sin enterarme y sin hacer nada prácticamente.*

La capacidad de confrontación y de negarse a las expectativas de los demás implica existencia de límites y distancia. Al carecer de ellos, el E9 no es capaz de negarse a las pretensiones de los demás ni de afrontar el conflicto de una agresión. Lo transforma mediante la disculpa o la reacción amorosa.

- *Dificultad para decir no: la negación no existía en mi vocabulario.*
- *La formación reactiva: si me ofendes o me agredes no te escucho, te disculpo y te doy un beso, sin confrontarte.*

3. Perturbación de la conducta a través de algunas estrategias operativas

La conducta se ve afectada por el grado de conciencia que posee una persona, pero a su vez lo genera. Aquí se entiende por obras las estrategias operativas que utiliza la persona perezosa para conseguir sus fines y deseos. Un progreso en la conciencia y en la virtud desactivan en su misma medida los comportamientos a ellas subordinados. Se resaltan, a partir de los datos obtenidos, siete estrategias operativas.

3.1 Postergación y negación de las propias necesidades y tareas

Mariano José de Larra (2005) escribe en 1833 un artículo sobre la pereza, destacando en ella la postergación como una característica básica. El título lo refleja con claridad: *Vuelva usted mañana*. Lo acaba así: «¡ay de aquel mañana que no ha de llegar jamás!». Se aplaza la decisión y cuando se toma no se ejecuta, como canta Joaquín Sabina en *Calle melancolía*: «Quiero mudarme hace años al barrio de la alegría. Pero siempre que lo intento ha salido ya el tranvía». La postergación del E9 no solo apunta al aplazamiento de actividades sino a una realidad más profunda, es decir, a la supeditación de sí, necesidades y deseos incluidos, en beneficio de los demás.

- *Se repite mi posición de hacerme cargo del otro y/o postergarme, dificultad para la relación a un nivel de igualdad.*
- *Estoy gorda y no estoy en absoluto satisfecha de mi aspecto físico, pero esto no me impulsa a encontrar una solución como hacer una dieta o actividad física, aplazo siempre este compromiso sin encontrar jamás una real solución.*
- *Se cansa uno en las menudencias para poder aplazar las ocupaciones más importantes.*
- *Consigo ser muy activa y decisiva en las situaciones que atañen a los demás, pero en las elecciones que me atañen tiendo siempre a posponerlas y soy muy perezosa en los cambios.*

La postergación es viable en la medida en que las necesidades y deseos de la persona perezosa carecen de importancia y valor. La atención de sí podría poner en peligro el afecto de los demás. Por ello el E9 opta por renunciar a sí mismo como vía para conseguir el amor de los demás. Decide cancelar su sensibilidad y negar sus necesidades para dar prioridad a lo que los demás precisen. Pasa por la amputación del ser para sí con el objetivo de ser para los demás. En nombre del amor sacrifica su necesidad de amor.

- *Idea loca de ganar afecto siendo buena persona, eludiendo complicaciones, no pidiendo, renunciando, poniéndome en una falsa postura de «yo no necesito», primero los otros.*
- *Yo no necesito que me den un masaje, que me acaricien, que me digan que me quieren, que me cuiden.*
- *Escribo esto y me duele reconocer que he estado ocultando mis necesidades y sobre todo mi necesidad de amor.*

La negación de sí mismo adquiere aquí su sentido como protección del otro y como supeditación de las propias necesidades, deseos e impulsos a los ajenos. La pareja constituye un campo abonado de postergación de la persona perezosa, sea en el momento de elección (no se trata de elegir sino de ser elegido), en la continuidad de la convivencia (pese a las ganas de dejarlo), en las relaciones sexuales (pese a mantenerlas con disgusto o a la renuncia del orgasmo en beneficio del placer del otro).

- *En la cama —no me importaba si no llegaba al orgasmo— lo importante era que para él hubiese sido bien; todas las atenciones eran para él, sabía lo que le gustaba.*
- *En el ámbito de pareja y amistad: mantener relaciones sexuales sin tener ninguna gana, estar a disgusto en esta situación y no decirlo.*
- *Con mi última pareja con la que había dificultades desde el inicio y mi sensación era la de no ser una persona adecuada (yo me dejé elegir pasivamente) estuve cinco años cuidándolo, con ganas de dejarlo y con mucha dificultad para ello.*

3.2 Evitación de los conflictos mediante una actitud de pacificación

El E9, al carecer de fronteras personales, no sabe ver tampoco los límites entre dos personas o elementos que entran en conflicto. Decantarse por uno o por otro significaría decidir, optar y separar. La línea divisoria llegaría a ser un abismo. El horror al vacío le impulsa a lanzar puentes. Su tendencia a la fusión queda dinamitada por la ruptura que pueda originarse en un conflicto. Evitarlo a cualquier precio es su objetivo y su compulsión, porque la paz y la seguridad están en juego. A menudo, el precio es ignorarse a sí mismo para que exista una solución factible.

- *No me gusta opinar diferente porque me creo que eso va a acarrear un conflicto y, por lo tanto, me alteraría el estado de paz interior en el que quiero vivir.*
- *Tiene una compulsión especial para evitar los conflictos.*
- *Compulsiva evitación de conflictos, hacer lo que sea para que no afloren, para que se amortigüen sus consecuencias o no se noten.*
- *«Lo tuyo no es importante, lo preocupante es evitar los conflictos para que todos podamos sentirnos más seguros».*

La confluencia del perezoso le habilita para la resolución de conflictos, ya que comprende todas las posiciones, pese a que puedan ser contradictorias. Su afán por encontrar puntos en común le convierte en un buen mediador y en persona pacificadora. No se decanta por ninguna de las partes en litigio, ya que supondría tomar una decisión y afirmarse, tareas que rehúye. No siempre sus afanes responden a problemas objetivos del entorno, ya que prevalece su necesidad de armonía por encima de ellos.

- *Me he descubierto como una gran pacificadora.*
- *Buenos mediadores: muchas veces me encuentro en medio de conflictos en los que yo no me decanto por ninguna de las partes abiertamente.*
- *Hace años he hospedado a mi cuñada durante mucho tiempo en mi casa y pasaba gran parte del día en poner paz entre ella y mi marido porque no me daba cuenta de que era yo quien tenía necesidad de armonía, mientras la relación explosiva y llena de contrastes de los dos hermanos era la modalidad en la cual ellos se encontraban a su aire y de la cual tenían plena necesidad.*
- *Cuando había problemas entre mis padres, me metía en la habitación y le pedía a Dios que por favor se acabara la discusión.*

El E9 apunta soluciones a los problemas que se plantean. Sabe encontrar casi siempre una tercera vía entre los dos oponentes. Si el conflicto se produce entre el perezoso y otra persona, el E9 experimenta grandes dificultades porque teme la confrontación. El objetivo no es la búsqueda de la verdad o de la justicia sino sobre todo la superación del conflicto. Por este motivo, se paga un precio personal de sobreadaptación, conformismo, silencio o identificación con los argumentos del contrario.

- *Yo soy una garantía en encontrar soluciones o en gestionarlas e incluso resolverlas.*
- *Con el dinero lo he visto muchas veces al hacer pequeñas cuentas entre amigos: pago yo, si falta algo lo pongo yo.*
- *En cuanto a la sobreadaptación, me da auténtico horror confrontar o no estar de acuerdo con alguien y decirlo: casi siempre callo y otorgo.*
- *En las discusiones o en los enfrentamientos, incluso cuando tenía razón y podía hacer valer mis ideas, tenía miedo de contradecir al otro y llegaba al punto de expresar su misma idea.*

3.3 Sobreadaptación, comodidad y resignación

Donde no existen líneas fronterizas, no hay pugnas de territorio. Sin identidad, solo queda espacio para la adaptación, que se puede soportar gracias al olvido de sí y a la desconexión del ser propios de la persona perezosa. Sobreadaptarse al ambiente implica la renuncia de sí y resulta más fácil cuanto menor es la autoconciencia que se posee.

- *Yo aguanto lo que sea.*
- *Sonreír y enmascarar el malestar mostrando solo mi máscara de «no pasa nada, no necesito nada, estoy bien».*
- *Absoluta sobreadaptación al ambiente.*

La pereza tiende a la comodidad, que equivale a adaptación, seguridad, tranquilidad, ausencia de conflictos, esquemas previsibles, aceptación de lo que venga, abandono de expectativas, alejamiento del cambio, mecanismos repetitivos... La comodidad favorece el adormecimiento y el sueño. El cambio, como el despertar, sería un revulsivo que no se busca.

- *Amante de la comodidad.*
- *En definitiva, lo que quiero decir con esto es que ocurra lo que ocurra para mí siempre estará bien.*
- *Pereza para cambiar: más vale malo conocido que bueno por conocer.*

Sin proyecto de vida y sin atención a las propias necesidades e impulsos, solo queda espacio para la resignación. Se soportan las adversidades, en vez de transformar las causas que las originan. Todo cambio exige esfuerzo y superación, pero parece inalcanzable para el perezoso porque no está dispuesto a pagar el precio estimado. Si el E9 se niega a intervenir en la historia, debe resignarse a ser su víctima.

- *La vida como resistencia.*
- *En mi trabajo me pasé dos años sin expresar ni una sola queja y aguantando agresiones e invasión de mi espacio por parte de una compañera de la misma categoría profesional que podía utilizar cualquier tipo de humillación o desconsideración hacia mi persona con tal de estar siempre en el centro.*
- *Todo lo que quisiera obtener me cansa tanto que renuncio y me resigno a no tenerlo.*
- *Vivía con temor, aceptaba las cosas con resignación, era «Su Voluntad».*

3.4 Distracción como piloto automático y falta de compromiso

La pérdida de interioridad que comporta la pereza favorece una vida volcada al exterior, por tanto, distraída y dispersa. El zapping corresponde a una imagen de la distracción: estar picoteando en mil cosas sin dedicarse a ninguna a fondo. La resistencia a acometer las tareas importantes encuentra en la distracción un recurso adecuado, que favorece la postergación y la anestesia.

- *También me cuesta centrarme en cosas en las que haya que prestar mucha atención, por ejemplo, lecturas un poco complicadas.*
- *Ando picoteando por aquí y por allá, pero como no veo nada palpable que me dé seguridad no me defino por nada.*
- *El olvido y la distracción: me entretengo con cualquier cosa.*
- *Hacer zapping con el telemando.*

La conducta del perezoso se acoge al criterio del piloto automático, es decir, mecaniza todas las operaciones posibles y se refugia en los hábitos para ahorrar energía. De este modo, disminuye su atención, se distrae más fácilmente, mantiene su nivel de comodidad, asegura el ejercicio de sus funciones básicas y obstaculiza la toma de conciencia.

- *Mi peso excesivo me ocasiona ahora dolores de rodillas y columna, pero a pesar de esto no me decido a cambiar mis costumbres alimenticias.*
- *Rutina.*
- *El exceso de actividad, que es muy habitual en mí y es, con frecuencia, un recurso distractor.*

La distracción, además de relacionarse con los comportamientos automáticos, indica ausencia de compromiso. Sin conexión con la fuente energética del ser, la responsabilidad pierde consistencia. Todo queda en la superficie. Falta el compromiso para ir a fondo, no se emplea el esfuerzo requerido o se posterga para mejor ocasión.

- ■ *Pero creo que soy un poco abandonada en la acción comprometida.*
- ■ *En las relaciones sentimentales, pero también en las amistosas, no me siento verdaderamente implicada.*
- • *Encontrar cualquier distracción u ocupación externa para distraerme y dejar pasar aquel momento en el cual sabía que tenía que comprometerme por mí.*

3.5 Infravaloración, obstinación y resistencia pasiva

El olvido de sí tiene una influencia directa en la baja autoestima de la persona perezosa. No se atribuye ninguna importancia, tiene miedo de no estar a la altura, se reconoce incapaz, imagina que no tiene nada que aportar, descuida su aspecto físico y su salud, devalúa su propio trabajo…, consecuencias todas ellas de una falta de arraigo en la interioridad y de no haber recibido muestras de ser importante para los demás, desde los primeros años de su vida.

- • *No soy bastante capaz.*
- • *Yo no valgo lo suficiente, por lo tanto no me muestro, me escondo.*
- ♦ *En los grupos apenas tomo parte por no arriesgarme a meter la pata.*
- ♦ *Recuerdo perfectamente cuándo me he vuelto un 9. Mi madre natural me ha abandonado nada más nacer y, después de haber pasado de la edad de un mes a tres años y ocho meses con mi nodriza, cuya familia numerosa ha llegado a ser la mía (he sabido después que han hecho todo lo posible para adoptarme enfrentándose con las leyes de entonces), he tenido que volver al orfanato.*

El E9, partiendo de una baja autoestima y de la experiencia personal de no haber contado lo suficiente para su entorno, no resiste a la comparación con los demás. Siempre pierde porque los otros son mejores, valen más y actúan con mayor eficacia. Late el miedo de ser inferior. Otorga prioridad a las apetencias ajenas sobre las propias y se siente culpable de esa situación.

- *La autoestima por los suelos: me valoro muy poco y siempre creo que los demás valen más que yo.*
- *Poner siempre al otro en un peldaño encima de mí.*
- ◆ *Pensar que los demás son mejores y que lo mío no vale para nada (en el trabajo).*

El perezoso, pese a la capacidad extrema de adaptación, conecta a veces con su agresividad que no muestra directamente por miedo al conflicto. Opta por una resistencia pasiva, una oposición indirecta, un silencio agobiante, que hace saltar los fusibles al sistema de su entorno. Se muestra obstinado, pertinaz y terco. No da brazo a torcer. Posee resistencia numantina.

- *Agresivos: sacamos nuestra agresividad, si es que la sacamos, a través de la ironía o de una manera muy indirecta. Nunca directamente.*
- *Capacidad de resistir (gran fuerza física y psíquica).*
- ■ *Mi ego reconoció su fuerza en resistir la adversidad y buscar soluciones fuera como fuera, al límite.*
- ■ *Por una parte está la sensación de tener que ser fuerte para resistir la adversidad y hacer frente al peligro.*

3.6 Donación generosa sin contrapartida receptiva y trabajo

La tendencia fusional y simbiótica del E9 le impulsa a darse generosamente a los demás y a perderse en el otro. Se trata de una manera de ganar existencia y visibilidad: vivir a través de los demás. No hay tanto demanda ajena como anticipación propia. Se desatienden las necesidades propias en beneficio de los deseos de los demás.

- *Si yo no hago algo por el otro, no existo.*
- *Dar mucho más de lo que le viene pedido.*
- *Económicamente o materialmente: soy poco generosa conmigo misma y mucho con los demás.*

La generosidad oceánica del E9, simbolizada en los pechos de la estanquera de la película *Amarcord* de Fellini (1974), tiende a la sobreprotección. En las relaciones de pareja elimina la simetría, ya que la persona perezosa se muestra incapaz de recibir. Sin conciencia de sí, se desconocen las propias necesidades. Sin autoestima, se puede prescindir de las atenciones ajenas, porque no se cree merecerlas y porque engendran sentimiento de deuda.

- ■ *En las relaciones más largas yo hice un papel de madre, de sostén, de nutrición, de apoyo, con actitudes sobreprotectoras para mi pareja y poniéndome poco en «necesito y recibo».*
- ■ *No logro jamás pedir, sino solo dar, porque creo que no soy capaz de recibir.*
- ■ *Recibir me hace sentirme en deuda con el otro.*

El trabajo posee dos connotaciones: es una muestra de atención y cuidado por los demás, y sirve para distraerse de sí mismo a modo de narcótico. Cuando cumple cualquiera de estas dos funciones, o las dos a la vez, el perezoso rompe con la imagen de negligencia que tradicionalmente se une a su pasión. En ese caso, el trabajo no tiende a la realización de sí o incluso de la misma tarea, sino a la pérdida de sí y a la fusión con las necesidades ajenas.

- *He llegado a trabajar casi como dos personas, antes de pedir a otra compañera que me ayudara porque no podía con todo.*
- *Tengo una capacidad de trabajo increíble. No solo hacía mi trabajo, sino también el de mis compañeras.*
- *Pensar que soy totalmente necesaria, insustituible y que nadie lo hace mejor que yo (en casa).*

3.7 Simbiosis y cuidado ajeno

La característica fusional del E9 se nutre del olvido de sí y de la empatía con los demás. Establece una relación simbiótica, cuya ganancia es vivir a través de los otros, pero no a su costa, como sucede en las relaciones parasitarias. Así su vida se llena del colorido ajeno. La fusión y la empatía están al servicio del otro e implican una pérdida de sí.

- *Sabe por instinto lo que sienten los otros.*
- *Cuando tenía que tomar alguna decisión, la tomaba siempre pensando en que es lo que mi pareja quisiera que yo decidiera.*
- *En la relación solo existe el otro, no logro tener una relación en la cual me sienta a la par.*

El cuidado de los demás se simboliza aquí con la imagen de la mujer (hombre) atlas, sobre cuyos hombros se soporta el peso de la familia, de la pareja, del trabajo… con esfuerzo y cansancio. La disponibilidad es total en dedicación y horario, pero la bondad de esta actitud es engañosa porque el precio que se paga agudiza la pérdida de sí mismo.

- *Abierto las 24 horas del día para todo aquel que me necesite y me busque.*
- *Ayudar apasionadamente a quien lo necesita (¡qué fatiga!).*

♦ *Por otra parte, también tengo algo de mujer atlas (en la familia), de llevar yo todo o casi todo el peso de la familia sobre mis hombros.*

■ *En mi última relación amorosa he pasado 6 años preocupándome solo y exclusivamente de las necesidades de mi compañero, sea en términos económicos como físicos.*

Vivir a través de otro la propia vida o lo que uno no se atreve a realizar por sí mismo es una señal de pereza y de dejación de las propias responsabilidades. Falta consistencia interior para asumir los retos y se opta por soluciones dependientes. Se trata de la última posibilidad para evitar la pérdida de sí, pero la persona perezosa se puede instalar en un conformismo que le impida el despertar a una vida auténtica.

♦ *Logra ponerse en el lugar de los otros hasta el punto de olvidarse de lo que él mismo desea.*

● *Entrar en empatía con el otro y sentir su dolor sin darme cuenta de que estaba contactando con el mío.*

♦ *El intentar vivir a través de la persona amada o admirada aquello que yo no me atrevo a hacer.*

♦ *Y el intentar vivir a través de otra persona (la pareja o la persona de la que me enamoro) lo que yo no me atrevo a vivir por mí misma.*

REPERCUSIÓN DE LA PEREZA EN EL ÁMBITO DE LAS RELACIONES

La pasión de la pereza

La pasión del E9 recibe el nombre de pereza (y acedia). Se apunta con claridad que se trata de la pereza de ser, traducida en la desconexión óntica con pérdida de interioridad y el consiguiente olvido de sí que conlleva la postergación (o la negación) de las propias necesidades.

La pereza, además de referirse a la negligencia, al descuido y a la tardanza, tiene que ver con el tedio, el aburrimiento y la desgana de vivir. Este es su núcleo duro, que conlleva inconsciencia, falta de interioridad y olvido de sí.

- *Pero considero que la que más se ha dado a lo largo de mi vida ha sido el total y absoluto olvido de mí.*
- *Yo siento como mía la característica de la acedia como: pereza de vivir.*

La víctima de la acedia, del demonio meridiano, creía que «el día era insufriblemente largo y que la vida estaba desoladoramente vacía» (Huxley 1949, p. 32). Para evitar el vacío, el perezoso se narcotiza hasta el punto de preguntarse: «¿Dónde había estado yo durante treinta años de mi vida?». Asumir su vida le crea pánico.

- *Fue el descubrimiento más impactante: «¿Dónde había estado yo durante treinta años de mi vida?».*
- *Cada separación le crea un estado de pánico.*

Cada subtipo vive a su modo la pasión de la pereza. El sexual, desde la unión y la simbiosis con la persona amada. El social, desde la participación en el grupo. El conservación, desde el apetito y el consumo como supervivencia.

- ♦ *Sexual: El intentar vivir a través de la persona amada o admirada aquello que yo no me atrevo a hacer.*
- *Social: Ayudar apasionadamente a quien lo necesita (¡qué fatiga!).*
- *Conservación: Del punto de vista de mi subtipo, las características principales de mi pasión dominante son: el rechazo de sufrir y por esto vivo una actitud de distancia de mí misma, es como si yo no fuese la protagonista de mi vida.*

Las fijaciones, coloquialmente ideas locas, son distorsiones cognitivas que alimentan y justifican la pasión dominante, situada en el centro emocional. El E9 justifica su pereza creyéndose que no tiene necesidades y, por tanto, no debe atenderlas; se olvida de ellas al reconocer mayor importancia en las que tienen los demás; supedita su existencia a la dedicación (fusional) hacia los otros.

◆ *Pensar que los demás están por encima de mí (y entonces no me atrevo a hacer nada).*
● *Si yo no hago algo por el otro, no existo.*
■ *«Yo no necesito».*

La pasión del E9 como pereza de vivir se expresa de múltiples maneras, que comportan desconexión con los impulsos, como la rabia o el placer, y con las necesidades personales. Se opta por vivir a través de los demás, sea pareja o grupo de amigos.

● *Hace años he participado en un curso sobre la rabia donde, teniendo que expresar mi rabia de varias maneras, en un primer tiempo conseguía solo llorar y al final del trabajo, después de haberla sacado fuera y expresado, tenía la sensación que mi cuello estaba hinchado y que estaba para explotar o que estaba para tener un ictus, tan grande era la energía que había afluido a la garganta.*
● *Salgo con mis amigos y ya no me acuerdo de volver a casa. Me pierdo en ellos y siempre me quedo hasta que se va el último.*
■ *No logro jamás poner mis necesidades antes que las de los demás y a menudo renuncio a mis placeres porque me siento egoísta.*

Los mecanismos de defensa pretenden atenuar la conciencia en todos sus ámbitos o hacerla desaparecer. La narcotización, como forma de mantener en la inconsciencia y en el sueño al hombre mecánico, es el principal. La distracción y la confluencia tienen también gran importancia.

◆ *Refugiarse en el sueño.*
● *La distracción: es el mecanismo de defensa que más utilizo para seguir dormida.*
■ *La confluencia: siempre estaré contigo, en realidad soy tú y lo que te pasa a ti.*

El personaje Ann Millaney en la película de Soderbergh (1989) *Sex, Lies and Videotape (Sexo, mentiras y cintas de vídeo)* expresa la vaciedad de la vida y el olvido de sí. La proyección al exterior, la respuesta a los estímulos externos sin ecos interiores, las continuas distracciones y ocupaciones... son obstáculos para comprometerse a fondo, tarea que implica entrar dentro de sí, conectar con los impulsos y necesidades y aceptar la responsabilidad del guion sobre la propia vida. En definitiva, vencer la pereza de ser. En ese caso, la acción deja de ser mecánica para favorecer el desarrollo personal.

◆ *El estar continuamente mirando y dejándome llevar por lo de fuera sin acordarme de mí ni tenerme en cuenta.*
● *Encontrar cualquier distracción u ocupación externa para distraerme y dejar pasar aquel momento en el cual sabía que tenía que comprometerme por mí.*
■ *En mi vida la acedia es una pereza del ser.*

REPERCUSIONES DE LA PEREZA EN LAS RELACIONES CONSIGO MISMO

El olvido de sí imposibilita cualquier relación consigo mismo. Al pensar que uno mismo puede interferir en la obtención del amor, se anula a sí para no renunciar a su búsqueda inconsciente, que le conduce a la frustración. Sin dedicación al propio ser no puede haber percepción amorosa. Por ello, impulsos, necesidades, deseos y proyectos, que se infravaloran y postergan, pasan inadvertidos a la persona perezosa porque no sabe detectarlos en su vida. Sin esa conciencia, no existe interés en sí y considera nulas las relaciones consigo misma.

♦ *Olvido de mí misma: continuamente me viene la frase «no sé»: no sé lo que quiero, no sé si lo hago bien...*
• *Las relaciones conmigo misma, durante mi vida han sido nulas.*
■ *Mi incapacidad de preocuparme de mí misma me ha llevado a un total desinterés de mi persona.*

La inconsciencia de sí es oceánica. Solo una sacudida espectacular puede despertar la conciencia como sucede a los protagonistas de dos películas: *Ikiru* (*Vivir*) de Akira Kurosawa (1952) y *My life without me* (*Mi vida sin mí*) de Isabel Coixet (2003), que reciben un parte médico de cáncer que les garantiza escasos meses de vida. El testimonio recogido a continuación es claro: la enferma que va al médico olvida cuando se encuentra delante de él el malestar físico que la ha conducido a la visita. El sopor existencial de la pereza es profundo. Sin consciencia de sí no hay proyecto personal de vida.

♦ *Cuando estoy delante de mi médico de cabecera a menudo no logro focalizar o recordar el malestar físico por el cual había ido a consulta.*
• *Mis amigos nunca me preguntaban qué tal estaba o qué es lo que me apetecía hacer.*
• *Soy muy inconstante en las elecciones que hago, no logro ni siquiera acabar mis estudios después de diez largos años de universidad, porque todavía no sé lo que quiero hacer de mi vida.*

■ *Cuando yo era universitaria y me sentía en una crisis emocional fuerte, muy deprimida, muy sola y con insomnio durante
meses, mi más potente preocupación era que mis padres no
sufrieran por mí, que no me vieran así, que bastante tenían
con lo suyo, pero yo debía hacer algo, buscar una solución,
estaba siendo incapaz de poder llevar una vida normal y de
asumir mis responsabilidades de estudiante.*

REPERCUSIONES DE LA PEREZA EN LAS RELACIONES CON LOS DEMÁS

Se desglosa aquí el ámbito de las relaciones con los demás en dos
subámbitos: a) el amor vivido en la pareja y en la amistad; y b) el
trabajo. ¿En qué afecta la pereza a estos dos subámbitos?

Amor (pareja y amistad)

La relación de pareja y amistad del E9 está marcada por su simbiosis y su confluencia con la persona amada. La conquista del amor va
acompañada por la pérdida de sí, ya que el perezoso posterga (y
niega) sus propias necesidades, a causa de sus posibles interferencias
en la relación. Huye de todo conflicto y busca la paz como clima de
entendimiento mutuo. Este planteamiento, generoso hasta el extremo de no pedir contrapartida alguna, presenta graves inconvenientes,
tales como la pérdida de identidad que imposibilita la alteridad (el
otro miembro de la pareja solo se tiene a sí); la asimetría que impide una relación en términos de igualdad, ya que el E9 se borra en
beneficio del otro; la inviabilidad de un proyecto común, ya que su
sobreadaptación no permite compartirlo al abdicar de sus propias
responsabilidades y aportaciones.

■ *Se repite mi posición de hacerme cargo del otro y/o postergarme, dificultad para la relación a un nivel de igualdad.*

- *Una vez superado este punto y empezar a dedicar más tiempo a la pareja, me volcaba tanto en ella que me olvidaba por completo de mí.*
- *Lo que yo sienta no importa si es lo contrario de lo que siente o dice el otro.*
- *En el ámbito de la pareja y amistad: me costó mucho tener una pareja estable. Esto significaba renunciar a mucha gente.*
- *En la relación solo existe el otro, no logro tener una relación en la cual me sienta a la par.*
- *En la relación de pareja: estar atenta a cada cosa para que él se encuentre bien, en pocas palabras, me identifico con una GEISHA.*
- *Postergar el placer.*

Los mecanismos de relación afectan temas cruciales como la misma vida sexual de la pareja. La persona perezosa la vive sin atender a sus propias necesidades (ignorando el deseo, renunciando al orgasmo, postergando el placer, silenciando su disgusto). Se manifiesta pendiente de la satisfacción y del placer del otro, a cuyo bienestar supedita toda su conducta. Las relaciones de amor y amistad se mantienen, incluso cuando no tienen ningún interés para el E9, para proteger al otro, para que no sufra a causa de la separación, para no hacerle daño. Soluciones posibles solo desde el olvido de sí.

- *Durante todo este tiempo nunca me he sentido satisfecha de esta relación, pero no conseguía dejarle porque estaba convencida que me necesitaba.*
- *En el ámbito de pareja y amistad: mantener relaciones sexuales sin tener ninguna gana, estar a disgusto en esta situación y no decirlo.*
- *En la relación amorosa, estaba siempre pronta a postergar el placer de estar juntos, me daba cuenta de no soportar la intensidad del sentir.*

- *En la cama —no me importaba si no llegaba al orgasmo— lo importante era que para él hubiese sido bien; todas las atenciones eran para él, sabía lo que le gustaba.*
- *Recuerdo también que quería acabar con una relación. Pero no podía soportar hacerle daño, él estaba muy enamorado. Entonces preferí aguantar durante bastante tiempo más con él.*

Trabajo

La identificación con la empresa o con el trabajo en sí mismo surgen del carácter confluyente y simbiótico del perezoso. La actividad que desarrolla no tiene tanta importancia en sí como en sus valores añadidos: donación generosa, evitación de conflictos, complacencia de los demás y transformación en narcótico para no entrar en sí mismo. Cabe subrayar también otras características, tales como la tendencia a la postergación, la práctica del boicot pasivo cuando las condiciones son desfavorables y una cierta incapacidad de trabajar en equipo para evitar verse presionado.

- *Aplazar la expedición del balance laboral del mes.*
- *En el informe de trabajo: eficiente, incansable, buena organizadora, tengo los ojos que ven a 360°.*
- *En el trabajo lo primero es el trabajo. De esta forma, me olvido de mí.*
- *En el trabajo o soy la que lo hace, sabe y resuelve todo o si alguien representa mucho poderío, me retiro o puedo hacer algún boicot solapado y pasivamente, cuando me agreden.*
- *En el trabajo tengo dificultad en colaborar con los demás, me sale mejor trabajando sola.*

El E9 puede tolerar algunas desconsideraciones hacia su persona en el ámbito laboral debido a su propia infravaloración y a su tendencia a evitar cualquier conflicto que pudiera comprometer incluso la apariencia de paz. La dedicación laboral, eficiente y generosa, presenta también sus ambivalencias: asunción excesiva de tareas por la dificultad de compartirlas, comodidad para el responsable del trabajo que tendrá menos conflictos de los normales, ambición ausente (o contenida) en asumir funciones de liderazgo...

- *He llegado a trabajar casi como dos personas, antes de pedir a otra compañera que me ayudara porque no podía con todo.*

- *En mi trabajo me pasé dos años sin expresar ni una sola queja y aguantando agresiones e invasión de mi espacio por parte de una compañera de la misma categoría profesional que podía utilizar cualquier tipo de humillación o desconsideración hacia mi persona con tal de estar siempre en el centro.*

- *Yo era una garantía para el patrón. Nunca he tenido problemas o denuncias. Hecho que era bastante frecuente con los otros responsables de las otras estructuras.*

Global: amor (pareja y amistad) y trabajo

La simbiosis, reforzada por la confluencia y la donación generosa, es el indicador más elevado en las relaciones con los demás (pareja, amistad, trabajo). Se traduce en atención a los demás e implica olvido de sí, situación esta que favorece la postergación que la persona perezosa realiza respecto de sus propias necesidades. Su valoración de la paz le alimenta su obsesiva huida de todo conflicto, que puede evitar guerras inútiles tanto como firmar falsos armisticios. El precio personal que el E9 paga por la armonía llega a ser demasiado elevado, ya que implica la pérdida o desatención de sí.

REPERCUSIONES DE LA PEREZA EN LAS RELACIONES CON LAS COSAS

En el ámbito de las relaciones con las cosas, se han elegido dos elementos de interés que son analizados como subámbitos:

a. el dinero y la propiedad;
b. la naturaleza y la ecología.

Observar las repercusiones que el perezoso tiene en ellos no es tarea fácil y se ha dispuesto de un número menor de unidades conceptuales para su estudio, pero no por ello carentes de significado.

Dinero y propiedad

En el uso del dinero y de la propiedad, el E9 evidencia características marcadas por el sentido de la fusión, el olvido de sí, la confluencia y la atención a los demás. Reconoce la importancia del dinero por su componente de seguridad, pero no trabaja para acumularlo. Su identificación con las cosas le genera dificultad en desprenderse de ellas, siempre que no sea en beneficio de otra persona porque considera que el deseo ajeno es más importante que el suyo. Le cuesta invertir en atención propia, ya que no es consciente de sus necesidades ni de la importancia de las mismas. La confluencia personal le impulsa a compartir (todo lo mío es suyo), aunque a la inversa no se produzca de ningún modo. Es capaz de renunciar o no desear el dinero en tanto que implique responsabilidad y complicaciones.

♦ *Tengo dificultad en dar la prioridad a las adquisiciones que se refieren solo a mí, en crear en casa espacios para mí sola, en considerar tener que decidir por mi misma sobre el dinero.*

◆ *Tirar cosas viejas que ya no sirven es para mí un trabajo terrible (nunca tengo la seguridad de que en el futuro no vayan a servirme).*

● *Yo no podría vivir al día, necesito saber que voy a estar cubierta económicamente durante mucho tiempo.*

● *Lo que es mío es también tuyo.*

■ *Normalmente pierdo dinero y me desprendo de las cosas con facilidad, cierto desorden.*

■ *No tengo una buena relación con el dinero, pienso que es mejor tener poco; mucho dinero crea solo problemas y responsabilidad.*

La escasa importancia que la persona perezosa otorga al dinero se explica como extensión de la poca importancia que se atribuye a sí mismo. Si lo recibe, por ejemplo, de padres o familiares, no le gusta, debido a que así se pone en evidencia que tiene necesidades y que estas tienen una consideración merecida. Usa el dinero para complacer a los demás como forma de hacerse visible, para resolver las diferencias que se producen en las cuentas de un grupo asumiendo a su costa los complementos necesarios, para generar dependencia de los demás hacia su persona al tratarlos con generosidad y abundancia.

◆ *Me cuesta un esfuerzo terrible tirar comida.*

● *Me costaba mucho pedir dinero a mis padres y llevaba muy mal que me pagaran los estudios.*

● *Es el cumpleaños de alguno, solo tengo ese dinero, mi preocupación era hacerlo bien y pensar en el regalo.*

■ *Nunca pido que se aclaren o ajusten las cuentas que no salen o están confusas, pongo yo la diferencia.*

■ *Mi impulso exagerado hacia el prójimo me lleva a ser generosa, pero en el fondo lo hago porque quiero ser considerada indispensable por los demás.*

Naturaleza y ecología

La naturaleza y la ecología representan un ámbito ideal de relación simbiótica, que el E9 valora de forma extraordinaria. Se fusiona con ellas y pierde conciencia de sus propios límites. El sentimiento que lo acompaña favorece su fusión al diluir su propia identidad en el entorno medioambiental, sin conflictos ni compromisos que vayan más allá del cuidado y protección, sin que implique una obligación asumida. Embeberse del paisaje tiene también su dosis de narcótico ya que el perezoso, en esta tarea, se olvida de todo, incluso de sí.

- ◆ *Me siento a menudo más en relación con la naturaleza que conmigo misma.*
- ● *Me puedo quedar horas viendo el campo, sus cambios de color, de luz... y olvidarme por completo de todo.*
- ● *Hay mucho feeling entre la tierra y yo. Somos una.*
- ■ *Tengo una óptima relación con la naturaleza, he vivido siempre rodeada de verde y de animales con los cuales me siento más a gusto que con respecto a las personas, porque comprometen menos.*
- ■ *En relación con la naturaleza, he sido muy consciente de la necesidad de cuidarla, preservarla y protegerla.*
- ■ *Pero creo que soy un poco abandonada en la acción comprometida.*

El componente visceral del E9 estimula su sintonía instintiva con la naturaleza. Su identificación con ella se gradúa en un amplio abanico de actitudes, desde el sufrimiento infantil por pisar la hierba hasta la conversión en ecologista convencido que desaprueba las agresiones al entorno o en maestro de educación ambiental.

- ◆ *Cuando voy a un lugar nuevo, me oriento instintivamente; sé dónde está el mar, dónde sale y se pone el sol, etc.*

- *Recuerdo que cuando era pequeña sufría cuando iba al monte y veía mis huellas en la hierba. Pensaba en lo que estarían sufriendo esas hierbecillas que acababa de pisar.*
- *Estoy muy atenta a la cuestión del respeto del medioambiente, soy ecologista desde hace muchos años y desde hace poco doy clases de educación medioambiental incluso a niños en las escuelas.*

Global: dinero y propiedad / naturaleza y ecología

Fusión y generosidad son dos características básicas de la relación del perezoso con las cosas. Fusión con una naturaleza que representa la perfección, la belleza y la paz. Generosidad con los demás a la hora de compartir dinero y bienes materiales. Dos caminos quizás para obtener una visibilidad, por la que el E9 pugna inconscientemente.

REPERCUSIONES DE LA PEREZA EN LAS RELACIONES CON DIOS, LO DIVINO, LO TRASCENDENTE

Este último ámbito tiene su particularidad. Cada persona entrevistada se ha podido posicionar personalmente ante Dios, lo divino, lo trascendente. Las observaciones no se enfocan desde una religión concreta o desde una confesión determinada.

a. El concepto de Dios afín a la personalidad visceral del E9 se vincula a la idea de energía y de fuerza amorosa. La pereza, como desconexión óntica, exige proyectar en el ideal divino el valor contrario a la propia vivencia. El olvido de sí no puede ahogar la nostalgia de ser que late en cada persona.

- *Para mí es como el motor que pone en marcha toda nuestra vida; en definitiva, lo que nos hace sentirnos vivos.*

- *Más concretamente una energía que nos envuelve a todos y a todo.*
- *Todo gira en torno a esta energía.*
- ◆ *Después de un período de ateísmo, pasados los 20 años, he sentido que la única fuerza que movía el mundo era el amor.*

b. La energía de Dios que engloba toda la realidad humana y material es vivida también como intuición y perfume, como magia y esencia, como chispa divina y camino de compasión, perspectivas todas ellas vinculadas a relaciones simbióticas.

- ■ *Dios está presente desde muy temprano en mi vida como una intuición de Esencia apaciguadora y unitiva, como el halo abarcativo que abraza, protege y sobrepasa la apariencia de caos.*
- ■ *Dios es un perfume, es la magia que transmite el orden trascendente, es algo inexplicable pero sentido.*
- ◆ *Creciendo en mi camino espiritual, ahora sé que soy una chispa divina entre todas las otras, consciente de que la compasión es el único camino.*
- *No veo a Dios como aquel que desde lo alto apunta con el dedo.*

c. La postura ante Dios admite una gran variedad de registros. Existe apego a la fe como tradición familiar y apertura a la capacidad de diálogo, pero también proceso personal que debe sortear numerosas dudas, dificultades y obstáculos.

- *Veo especialmente como alguien dispuesto a acogerte con los brazos abiertos para dialogar.*
- ■ *Mi modo de creer está más vinculado a una tradición familiar que a un sentimiento.*

- *Dudas: no lo tengo nada claro.*

Tres indicadores sintetizan las relaciones con Dios, lo divino, lo trascendente: la confluencia, la simbiosis y la desconexión del ser. Los dos primeros se reflejan en la cita que realiza Pablo en el areópago de Atenas, cuando en referencia a Dios afirma que «en Él nos movemos, existimos y somos» (He 17,28). Pero el tercero apunta a las trabas que la pereza presenta al dificultar la conexión con el ser profundo. La pérdida de interioridad bloquea la relación con Dios. Las formas de hacerlo son múltiples: huida del vacío, incapacidad de superar las realidades concretas, olvido de Dios como consecuencia del olvido de sí, dejación en ámbitos de trascendencia de la responsabilidad personal.

- *Evito tomar contacto con mi parte más profunda, porque tengo miedo de encontrar el vacío.*
- *No llego a ver más allá de lo que es, de lo que es concreto.*
- *Puesto que me he olvidado de mí misma, he olvidado también mi relación con lo divino, lo trascendente.*
- *Me viene muy bien agarrarme en lo divino para evitar pararme a pensar.*
- *Para qué voy a darle vueltas a las cosas, es más cómodo dar la responsabilidad a algún ser que hay por ahí, con el que además no voy a tener ni que discutir.*
- *Ante situaciones un poco complicadas y para no tener que tomar una decisión, lo dejo en manos de la divinidad.*

La relación con lo divino requiere un paso previo: despertar (Serra, 2010). Si el E9 permanece aletargado en la inconsciencia de su mecanicidad, no hay experiencia religiosa posible. El proceso mistagógico es lento y siempre pasa por la recuperación de la vida interior. Cursos de tantra, meditaciones, lecturas espirituales… son medios para restablecer la conexión con el ser profundo de la persona perezosa. No bastan, pero al menos posibilitan la experiencia.

Más adelante, la superación del tedio y del aburrimiento son etapas insoslayables para quien pretenda vencer la acedia.

♦ *Gracias a las experiencias de los cursos de tantra y a las meditaciones, estoy activando siempre en mayor grado la conexión con mi ser profundo y con el todo.*

● *Siempre buscaré la parte positiva agarrándome a esa energía o a esa divinidad que nos rodea.*

■ *Y pasarme largo tiempo haciendo lecturas sobre religiones y espiritualidad. Ahora vivo de manera diferente. Es como si en ciertos momentos consiguiese divertirme con Él.*

San Juan de la Cruz (1955) agrupa la envidia y la acedia en el mismo capítulo, dedicando a la segunda tres quintas partes del capítulo. Utiliza la expresión acedia espiritual para indicar «el tedio en las cosas que son más espirituales y huyen de ellas» (p. 775); para posponer el camino de perfección al gusto y sabor de su voluntad; para medir a Dios consigo «y no a sí mismos con Dios» (p. 776); y para rechazar el camino estrecho de la vida. En esta visión sanjuanista, cabe observar el peso de la pereza como acedia, como tedio del corazón, como aburrimiento espiritual, expresiones todas ellas vinculadas al demonio meridiano de la vida (Grün, 1988, 2003a).

■ *No soy una persona profunda, espiritual.*

● *Antes vivía otra relación. Pensaba que todo dependía de Su Voluntad.*

● *La sumisión: ponerme por debajo de los demás para atender sus necesidades y olvidar las mías.*

■ *Evito tomar contacto con mi parte más profunda, porque tengo miedo de encontrar el vacío.*

INTERRELACIÓN ENTRE LAS PASIONES DOMINANTES

Incluyo aquí una interrelación de las pasiones dominantes. Quería que figuraran al final del estudio de cada eneatipo, pero su redacción debía partir del estudio completo. Aplico las categorías y las subcategorías de cada pasión dominante en relación con todas las demás.

Tabla 1. Interrelaciones de las pasiones dominantes

	E1	E2	E3	E4	E5	E6	E7	E8	E9
E1- IRA	–	o	o	o	o	o	o	o	o
E2- SOBERBIA	x	–	o	o	o	o	o	o	o
E3- VANIDAD	x	x	–	o	o	o	o	o	o
E4- ENVIDIA	x	x	x	–	o	o	o	o	o
E5- AVARICIA	x	x	x	x	–	o	o	o	o
E6- MIEDO	x	x	x	x	x	–	o	o	o
E7- GULA	x	x	x	x	x	x	–	o	o
E8- LUJURIA	x	x	x	x	x	x	x	–	o
E9- PEREZA	x	x	x	x	x	x	x	x	–
Parcial	8	7	6	5	4	3	2	1	0
Total					36				

Entiendo que no todas las 36 interrelaciones tienen la misma importancia: las laterales, es decir, con los números contiguos a cada eneatipo; las relaciones de flujo interno, es decir, con los números unidos a los diferentes eneatipos por líneas según se indica en la tabla 2...

Tabla 2. Sentido de las líneas internas (flujo interno) del círculo del eneagrama

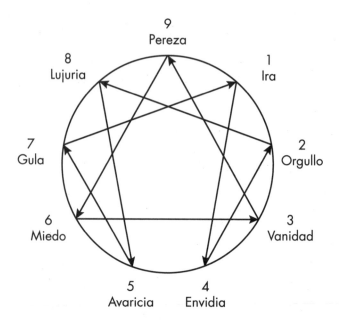

Naranjo (1993a) afirma que cabe considerar cada eneatipo, visto solamente desde el terreno de las pasiones,«como un híbrido entre los contiguos» (p. 20). Este criterio se supedita a otra relación importante: «la que esté en uno de los vértices del triángulo central del eneagrama» (p. 20). Dentro del conjunto global de relaciones, abordamos también la perspectiva del flujo interno, es decir de las flechas que conectan los puntos del eneagrama y que «corresponden a relaciones psicodinámicas» (p. 21), pese a que para Naranjo no resulte obvio, desde el eneagrama de las pasiones, reconocer «en cada uno de ellos la presencia encubierta del que le precede en el flujo» (p. 21). El hecho de que figure una pasión antes que la otra es meramente procedimental y carece de relevancia. La correspondencia es biunívoca, es decir en los dos sentidos.

1

LA IRA (E1) Y EL ORGULLO (E2)

El perfeccionismo del E1 y la falsa abundancia del E2 encuentran puntos de confluencia. El sentimiento de superioridad de verse a sí mismo desde el prisma de los ideales se acerca a la soberbia de quien goza de sus capacidades sin límites. En ambos casos, hay negación. El E1 niega el substrato instintivo y emocional que interfiere con su concepción de un mundo ideal. Se identifica con la luz y rechaza la sombra, aunque pueda vivirla a escondidas. La realidad, resistente y poco permeable a sueños infundados, constituye un reclamo, frente a la cual el iracundo experimenta oposición y resentimiento. El E2 niega sus propias necesidades, que permanecen en la sombra. Parcializa así su visión de la realidad. Cualquier atisbo de límite o frustración arroja el orgullo a la violencia del E8. Existe miedo al vacío. La ira ciega y la soberbia impide ver el fango que subyace en todo proceso de autoglorificación. La ira tiende a la rigidez. En cambio, el orgullo es más adaptable a causa de su emocionalidad. La ira se supedita a los dictados de un juez interno. El orgullo, como estrategia, a las expectativas de quienes se pretende conquistar. El E1 busca tener razón, así podrá ser amado. El E2 persigue la gloria, a través de la donación, así podrá conquistar el amor, objetivo inconsciente de su quehacer. La ira (y el resentimiento) tiene sustrato visceral. El orgullo es emocional. Los dos pueden exigir la cabeza de sus adversarios. Se trata de un precio de la razón o la gloria. Los dos plantean sus relaciones desde la superioridad, cada uno por motivos distintos, por tanto, rompen los esquemas de la simetría. La ira se enorgullece de tener razón y de su perfeccionismo. El orgullo se enfada si no recibe el reconocimiento que merece. Los dos manipulan con tal de obtener la realización de sus deseos y de su voluntad.

2

LA IRA (E1) Y LA VANIDAD (E3)

La fenomenología comportamental de la ira y de la vanidad, pese a ser pasiones muy diferentes, presenta muchos puntos en común. Las dos se identifican con una máscara que, en el caso del E1, es de corrección y bondad, mientras que en el E3 tiene mayor versatilidad, ya que pretende ajustarse a las expectativas ajenas. Ambos pierden espontaneidad. El iracundo actúa a impulsos de la formación reactiva como transformación de lo inaceptable y el vanidoso supedita el sentimiento auténtico por el adecuado como resultado de su fingimiento y engaño. Por tanto, en los dos existe gran sentido de (auto)control junto con una desconexión emocional y visceral. La eficacia, la competitividad, el perfeccionismo, la dedicación, el esfuerzo..., son comunes a ambos eneatipos. El E1 se considera superior al E3 por sus planteamientos morales y porque observa en el E3 la preponderancia de la imagen en detrimento del ser. El E3 cree que el E1 es poco adaptable y menos brillante, ya que descuida en cierto modo la imagen. El iracundo confía la función (auto)crítica a su juez interno, mientras que el vanidoso se somete al veredicto inapelable de voces externas, de las que depende en demasía. El E3 busca el amor por los vericuetos de la admiración, de la que nutre su ego a base de éxito, atracción, prestigio y reconocimiento. El E1, en cambio, compagina su perfeccionismo con la necesidad de tener razón y de estar en lo correcto como garantías para recibir amor. Frente a la rigidez del iracundo se destaca la adaptabilidad del vanidoso, que puede asumir variedad de papeles y roles en función del entorno y de las expectativas ajenas. Ambos son activos. El E1 actúa en función de la mejora y del perfeccionismo y el E3, como medio de conquista y obtención de éxito. Adecuarse a las normas o a las expectativas ajenas implica pérdida de interioridad.

3

LA IRA (E1) Y LA ENVIDIA (E4)

La ira conecta con la envidia, especialmente en los momentos más bajos para el E1. Cuando su búsqueda de perfección choca con una realidad resistente, el iracundo toma conciencia de sus carencias y se pierde en la confusión de sus sentimientos. La perfección es vista, entonces, desde la insuficiencia. Por ello, envidia lo que le falta, lo que aseguraría su plenitud, y su ira adopta el papel de víctima. El E4 observa la perfección desde la pérdida y la nostalgia. Si contempla su realidad como suficiente para ser feliz, expresión emocional del contentamiento, desactiva la envidia. La comparación nutre su sentimiento de inferioridad y transmuta su ira en una vivencia masoquista del dolor y del sufrimiento. La (auto)crítica del E1 y la introyección del E4 nublan impulsos y necesidades. En ambos, existe un fondo ideal en sus planteamientos existenciales que les impide vivir la realidad de la vida. El iracundo, si pierde sus referencias objetivas, se extravía en las emociones y cae en la depresión. Si tuviera flexibilidad, se adaptaría, pero su rigidez le provoca ruptura. El envidioso, si consigue contentarse con lo que tiene y no se compara, no sería esclavo de sus emociones ni tendría la necesidad de sentirse especial. El E1 contempla la realidad desde el ideal y por ello se siente superior a los demás, que mide por el rasero de sus insuficiencias y límites. El E4 pugna por el ideal desde la pérdida y la carencia y, debido a esto, se siente inferior y deteriora su autoimagen. Los dos buscan la justificación: el iracundo a través de tener la razón y de estar en lo cierto, y el envidioso a través de perder toda referencia objetiva al sentirse especial. La envidia alimenta el resentimiento del E1. La ira, expresa o contenida, volcada sobre sí o sobre los demás, concreta la envidia del E4. Dos caracteres con tendencia a sufrir.

4

LA IRA (E1) Y LA AVARICIA (E5)

El E1 afronta el vacío, desde la inconsciencia, como una falta de perfección. Cegado por la ira, lo combate y pone sus energías en juego para escapar hacia un ideal que se aleja de la realidad. El E5 percibe el vacío como una situación abismal, que desea resolver a base de acumular. En ambos eneatipos, existen mecanismos de retención para evitar pérdidas, entendidas como alejamiento de la plenitud o como mayor sensación de vacío. La pérdida en el E1 estimula la ira, mientras que en el E5 favorece la avaricia. El iracundo alimenta su pasión al oponerse a la realidad, que no acepta y que busca transformar según sus cánones ideales y sus normas interiorizadas. Esta lucha se proyecta también sobre sí, al poner en entredicho sus sentimientos e instintos. El avaricioso tiene problemas con la acción y la realidad porque las observa desde la atalaya de su pensamiento, debido a su hipertrofia mental. De este modo, se aleja también de sus sentimientos e instintos, que vive de forma compartimentada. Si el E1 es un eneatipo de acción, el E5 se recluye en la caverna de su pensamiento. La vitalidad visceral del E1 contrasta con la imagen desenergetizada e inactiva del E5. Las reacciones rápidas e instintivas del iracundo, pese a ser controladas por su mecanismo de defensa, difieren de la lentitud y pausa del avaricioso. El E5 se muestra más autónomo en el uso de recursos propios, mientras que el E1 se supedita con mayor facilidad a las normas y reglas que gobiernan su vida. Ambos eneatipos experimentan un sentimiento de superioridad, el E1 porque se valora en función de sus ideales y de la corrección de su conducta, mientras que el E5 lo hace en función de los conocimientos que posee. El E1 vive la razón en función de tenerla como justificación de sí y el E5 como medio de saber y desarrollo personal.

5

LA IRA (E1) Y EL MIEDO (E6)

El iracundo encuentra la seguridad en las construcciones mentales de un mundo ideal, que se cuartea a medida que baja al terreno de la realidad y que se transforma en esfuerzo para su mejora. El miedoso parte de la inseguridad, como actitud permanente, que le mueve a buscar unos fundamentos de autoridad que le resuelvan la angustia de carecer de un apoyo estable. Por ello, ambos eneatipos son esforzados y ponen entre paréntesis emociones e instintos en cuanto interfieren en sus tareas. Tanto el E1 como el E6 valoran las normas y las reglas. El primero, en función de la corrección, ya que de este modo se justifica y alimenta sus deseos de tener razón. El segundo, en función de la seguridad porque así se reduce la duda y el miedo. Actuar según criterios propios sería demasiado peligroso y nunca habría certeza de hacer lo que corresponde. La realidad provoca oposición en el E1, por eso quiere reformarla, mientras que el E6 como eneatipo mental siente miedo al perder su contacto con ella. El E1 niega sus propias necesidades por atender las voces del juez interno o las resuelve de manera oculta, por incapacidad de resistirse a la atracción de lo prohibido. El E6 opera de otro modo respecto a sus necesidades y los atributos que rechaza en sí: los proyecta en los demás. Por ello, desconfía y se torna suspicaz. La ira ciega y pone en peligro el sentido razonable de su conducta, mientras el miedo paraliza y se inhibe de una acción que sería sanadora, sobre todo si corriera riesgos. La ira siente miedo de no estar en la perfección. El miedo se enfada cuando se ve interpelado por los desafíos, a no ser en el subtipo contrafóbico. Ambos valoran el control y la seguridad. El E1 puede matar y matarse en defensa de sus ideales. El E6 puede dar la vida por ellos, pero solo mataría llevado por un miedo extremo.

6

LA IRA (E1) Y LA GULA (E7)

La incorporación de una óptica placentera de la vida marca el camino de sanación (vía dionisíaca) para el iracundo, que vive en permanente conflicto entre el deber y el placer, en perjuicio siempre de este. La falta de disfrute y la adecuación de la conducta a los rígidos cánones del juez interno alimentan la ira reprimida. El deseo hedonista no desaparece, pero se sumerge en los sustratos profundos de la personalidad. La ira es una gula negada. La gula, en cambio, es la otra cara de la moneda. Implica la negación de la ira, la incapacidad de resistirse a los reclamos placenteros, la imposibilidad de afrontar el dolor. El E1 busca el control por miedo a sus impulsos, cuyo ejercicio amenazaría su corrección. El E7 teme no dar rienda suelta a sus fuerzas impulsivas por su incapacidad de sentir el dolor al frustrarlas. Las contraposiciones de la ira y de la gula resultan evidentes. La ira es visceral, rígida y autocrítica; la gula, mental, irresponsable y autoindulgente. La ira busca la autoridad de la norma, controla los instintos y se esfuerza en reformarse a sí misma y a los demás. La gula prescinde de la autoridad, da pábulo a sus estímulos y no teme hacer trampas en sus relaciones. El goloso cancela la sombra de la realidad, por ello prescinde del vacío. El iracundo huye de su vacío —por tanto, de sí mismo— proyectando la plenitud en la riqueza de sus ideales. El E1 se siente superior, sentimiento que en el E7 se transforma en narcisismo. El iracundo se identifica con sus valores éticos, postura que le enaltece y le sitúa por encima de los demás. El goloso juega en la cresta de la ola gracias al dominio de la palabra y a su capacidad de intelectualizar sus vivencias. En el primero, prima la razón como justificante visceral; en el segundo, la habilidad del razonamiento, que abre nuevos horizontes a sus apetencias y deseos de placer.

7

LA IRA (E1) Y LA LUJURIA (E8)

Estas dos pasiones corresponden a eneatipos viscerales, que resuelven de manera contrapuesta los mismos problemas de fondo que les sacuden, tales como la ira y la sexualidad. El E1 controla su ira y la reprime debido a que actúa frente a ella a partir de su formación reactiva. Se trata de un impulso que amenaza su corrección e idea de perfeccionismo. Por tanto, debe controlarlo y dominarlo. El E8, en cambio, expresa su ira sin contención ni sentimiento de culpa. No teme herir con ella a los demás porque, inconscientemente, posee un carácter defensivo. Aparece como duro, violento y agresivo. Frente a la sexualidad, el iracundo experimenta prohibición y tabú. Las voces de su juez interno o de las normas morales entran en conflicto con el deseo de actuar sus impulsos sexuales, lo cual hace aumentar su ira y frustración. Solo serán viables en la clandestinidad. El E8 convierte sus deseos en imperativos y no teme vivir la sexualidad de forma intensa y excesiva. No existe criterio moral que se lo impida. No hay sumisión a reglas externas. El sexo es placer, pero también poder, dominio y explotación de los demás, temas muy próximos al lujurioso. En el E1, la lujuria no atendida aumenta su sentido de perfección, pero acentúa su ira por la frustración de los impulsos. En el E8, la ira alimenta la fuerza del impulso lujurioso como medio de posesión y de sadismo. Ambos eneatipos se sienten superiores pese a la vulnerabilidad que ocultan tras la corrección o la fuerza. El E1 destaca por sus ideales y valores morales, mientras que el E8 por la capacidad de imponer su código y su voluntad a los demás. El iracundo busca el reconocimiento ajeno mientras que el lujurioso prescinde completamente de él. La ira del E1 se opone a la realidad. La lujuria del E8 la estruja de tal modo que se olvida de los ideales.

8

LA IRA (E1) Y LA PEREZA (E9)

El E1 y el E9 son eneatipos viscerales. El iracundo vive la agresividad y el enfado desde el control, la contención y la negación. El perezoso se desconecta de su centro visceral y se olvida de sí. El primero se valora en función de sus ideales y su juez interno le genera insatisfacción y resentimiento. El segundo se infravalora y tiende a la comodidad. Ambos carecen de visión interior, porque la ira ciega y la pereza adormece. Sus espacios de conciencia se reducen más cuanto más activa está su pasión dominante. Los dos postergan sus decisiones. El E1, a causa de su perfeccionismo, porque nunca dispone de todos los datos o de la situación ideal para decidir sin equivocarse. El error le frena. El E9, a causa de su pérdida de interioridad y de su desconexión con los deseos. La pereza de ponerse en movimiento impide decidir y ejecutar, si es caso, lo que ha decidido. El iracundo pretende configurar el mundo y su entorno a sus ideales y exigencias éticas. Por tanto, desea controlar el mundo y su entorno, y se esfuerza por reformarlo. El perezoso se adapta a él y se resigna a la realidad que lo envuelve. Como eneatipos viscerales, ofrecen resistencia a la vida interior porque ignoran el «vacío», palabra que aparece sólo dos veces en las seis entrevistas. Despertar es una tarea para todos, pero más aún para el iracundo y el perezoso. El E9 huye de los conflictos, mientras que el E1 se crece en ellos. En uno, el conflicto externo amenaza la paz; en otro, justifica la ira. El perezoso convive con el caos y el desorden, mientras que el iracundo los sumerge en sus niveles reprimidos disimulando su existencia en una apariencia de corrección. Cuanta más intensa es la luz que recibe un objeto, más definidas son las sombras que proyecta.

9

LA SOBERBIA (E2) Y LA VANIDAD (E3)

El eneagrama recupera la división tradicional entre soberbia y vanidad. Son dos pasiones muy próximas, pero no idénticas. Las dos se nutren de la gloria, el E2 poseyéndola como expresión de su falsa abundancia, el E3 anhelándola como reconocimiento de su valer. El orgulloso no siente el vacío porque, al desconectar de sus necesidades, se torna inconsciente de sus carencias. El E3 siente pánico del vacío porque justamente la vanidad es un juego de apariencias (físicas, sociales o personales), que no consigue tapar el agujero óntico en el que vive. El E2 necesita de los demás para estar por encima de ellos. El E3, sin los otros, no existe porque la imagen y el éxito son realidades heterónomas, dependen de la mirada de los demás. Los dos son emocionales, pero el orgulloso se inclina por el histrionismo, mientras que el vanidoso se desvincula de sus sentimientos porque pueden interferir en la culminación de sus objetivos. La calidez de uno contrasta con la frialdad del otro, pese a las apariencias que muestra. El E2 busca el amor a través de la seducción y la donación manipuladora. El E3 se engaña con sucedáneos, sustituyéndolo por la admiración. El orgulloso, al desconectarse de sus necesidades, vive en la periferia de su ser. El vanidoso se identifica con las apariencias y se pierde así la esencia de la vida. Ambos se vuelcan en el exterior, de donde extraen las energías que alimentan sus necesidades egoicas. Existen mientras gustan. No satisfacen sus necesidades de manera autónoma, sino que permanecen en manos de los demás. La búsqueda amorosa subyace en las preocupaciones de estos dos eneatipos pero, al mediatizarla con engaño a través de la manipulación o del éxito como medios para conseguir el amor, se privan de él o lo adulteran. El orgulloso quiere una gloria que permanezca. El vanidoso teme su fugacidad.

10

LA SOBERBIA (E2) Y LA ENVIDIA (E4)

La soberbia y la envidia se contraponen al dar respuestas antagónicas al hecho de la comparación. Para uno, sirve para enaltecerse por encima de los demás. Para otro, para acentuar sus carencias e infravalorarse. Estos dos eneatipos son las dos caras de la misma moneda. Un camino de sanación pasa por explorar la cara opuesta, especialmente para el orgulloso. El E2, a partir de la fijación de su falsa abundancia, siente la plenitud, es inconsciente de sus necesidades y vive con alegría. El E4, movido por su fijación de falsa carencia, experimenta el vacío, siente agudamente sus necesidades y vive instalado en el dolor. El soberbio, consciente de su grandeza, menosprecia los devaneos emocionales del E4, mientras que este envidia y se resiente del sentimiento de superioridad del orgulloso. Ambos eneatipos combinan abundancias y carencias, cualidades y defectos, pero olvidan una parte de su realidad. Recuperar su visión completa podría conducir a la humildad para el E2 y al contentamiento para el E4. El orgulloso desea esconder su envidia y le place sentirse envidiado a causa de su situación de privilegio. El envidioso pretende sentirse orgulloso de sí al considerarse especial y distinto a todos los demás. Ambas pasiones dominantes se alimentan mutuamente. Ambos eneatipos manipulan a los demás. El E2 a través de su generosidad, donación y conducta seductora busca generar dependencia de los demás hacia él. El E4 a través del sufrimiento, de su consideración como víctima y de su emocionalidad busca la atención ajena y unas relaciones de dependencia y apego. Tener a los demás, para el E2 justifica su abundancia y para el E4 resuelve su carencia, pero también les amenaza, al primero limitándolo y al segundo normalizándolo en unas relaciones paritarias, sin victimismos estériles.

11

LA SOBERBIA (E2) Y LA AVARICIA (E5)

Entre soberbia y avaricia existen fuertes contrastes, pero también algunos puntos en común. El E2 parte de una falsa abundancia, que estimula su sentido de generosidad y donación. Tiene tanto que puede dar a todos. Su problema consiste en recibir porque así se evidencia su necesidad reprimida. El E5 siente de tal modo el vacío que necesita acumular para satisfacer su voracidad abismal. Teme la donación porque así amenaza su seguridad de tener bastante para sí y busca retener. La soberbia necesita de los demás para destacar y recibir muestras tales de adhesión que colmen sus ansias de gloria. La avaricia teme a los demás y se aísla, porque pueden poner en peligro su intimidad y sus posesiones, que guarda celosamente en su refugio. El E2 muestra hipertrofia emocional, de ahí su histrionismo, mientras que el E5 evidencia hipertrofia mental, de ahí su aislamiento y búsqueda en el mundo de las ideas. Sentir y pensar, como dos modos de vivir la existencia. Las inquietudes intelectuales del E5 contrastan con los intereses emocionales del E2. Los demás no pueden vivir sin el orgulloso, ya que atiende sus necesidades y les muestra protección. El avaricioso no puede vivir con los demás, por lo que se distancia y desconfía. Prefiere arreglárselas solo. El E5 defiende su autonomía, mientras que el E2 se vincula al aprecio de los demás y mantiene su superioridad al generar relaciones de dependencia. Los dos se sienten superiores: el E2 por su falsa abundancia que puede satisfacer a los demás y el E5 por la calidad de su conocimiento, desde el cual los observa y controla. El orgulloso quiere seducir para sentir el amor, mientras que el avaricioso busca despertar admiración por la novedad y calidad de sus ideas, que le dan motivos para ensoberbecerse. El E5 llena su vacío con ideas y el E2 no lo siente debido a la fuerza de sus emociones.

12

LA SOBERBIA (E2) Y EL MIEDO (E6)

Estos dos eneatipos juegan de forma distinta con sus límites. El E2 no tiene conciencia de los límites y siente miedo de tocarlos porque amenazarían su sentido de la independencia y su convicción de falsa abundancia. El E6 es consciente de los límites y experimenta miedo de transgredirlos, por lo que acentúa sus mecanismos de control. El orgulloso cree que es una persona adorable y se autoglorifica mediante una imagen idealizada de sí mismo. No obstante, subyace de manera inconsciente el miedo a no ser amado o a ser abandonado. Son las voces acalladas de su niño interior. El miedoso experimenta sentimientos de incapacidad que justifican su cobardía, su temor al riesgo y sus mecanismos de (auto)culpa. Late un miedo a amar porque implica entrega, frenada por la inseguridad. El E2 se muestra independiente, ama la libertad y no teme ejercerla, aunque oculta actitudes dependientes al necesitar el aplauso y el cariño de los demás. El E6 teme la libertad porque puede conducir al error, se supedita a la autoridad, sea obedeciéndola como rebelándose contra ella, y le cuesta afrontar el riesgo. El E2 privilegia su emocionalidad en detrimento de su centro mental, mientras que el E6 se pierde en los vericuetos del razonamiento, que contiene sus impulsos emocionales e instintivos. El orgulloso reprime sus necesidades y su propia sombra, porque destruirían su imagen de falsa abundancia y de luz esplendorosa. El miedoso proyecta en los demás sus temores como una forma de alejarse de los mismos y de justificar su desconfianza básica. El E6 teme el futuro y muestra preocupación y angustia por la propia dinámica del miedo, mientras que el E2 adopta actitudes optimistas y aparece como un carácter alegre y seductor, debido a la convicción de gozar de abundancia y plenitud.

13

LA SOBERBIA (E2) Y LA GULA (E7)

La visión parcial de sí mismo caracteriza a los eneatipos dominados por la soberbia y la gula. Se crea una zona de sombra donde el
E2 coloca la conciencia de sus necesidades personales, reprimidas
y transmutadas, y el E7, la experiencia del dolor y del sufrimiento,
que evita a toda costa. Este eclipse parcial permite que el orgulloso
focalice sobre el amor y la gloria, sin sus contrapartidas humanas,
y el goloso, sobre el placer y la fantasía, como búsqueda compulsiva de los mismos. La soberbia tiene raíces emocionales, que le
alejan de la mente, mientras que la gula, gracias a las argucias mentales, intelectualiza la existencia cancelando de ella todo acontecimiento doloroso y se distancia de las emociones. El E2 nada en
una falsa abundancia, que le impide ser consciente de sus carencias
y necesidades. El E7 usa la fantasía anticipando placenteramente
el futuro y huyendo del sufrimiento cotidiano. Abdicar del dolor
instala en la superficialidad. Ambos eneatipos son seductores. El
E2 quiere conquistar a los demás para obtener amor y gloria. En
cambio, el E7 pretende con la seducción, basada en su facilidad de
palabra y en el fraude de las relaciones sociales, confirmar su narcisismo autoindulgente. La soberbia es golosa porque siempre
quiere disfrutar más y obtener nuevos estímulos que confirmen su
posición de privilegio. La gula, a base de gozar de todos los placeres posibles, degusta la convicción de estar por encima de los demás y se ensoberbece. El E7 se rebela ante la autoridad como
límite al goce de sus impulsos, mientras que el E2 pierde de vista

los límites debido a su propia grandeza. Uno y otro, no obstante, son caracteres alegres y manipuladores, que esconden el miedo a no ser amado o abandonado, el E2, o el miedo al dolor y al sufrimiento, el E7.

14

LA SOBERBIA (E2) Y LA LUJURIA (E8)

Las pasiones dominantes del E2 y del E8 están unidas por fuertes lazos. La soberbia, por su pérdida de los límites, puede desembocar en el exceso y en la satisfacción sexual del E8, sea como atención a sus necesidades reprimidas sea como vía para seducir amorosamente al otro. El sexo se convierte así en moneda de cambio. La lujuria, debido a la complacencia de instintos y pasiones, se transmuta en orgullo, en dominio sobre el otro, en ejercicio del poder y en explotación. Para el E2 el exceso (y el sexo) está al servicio del amor. Para el E8, que sigue una dinámica inversa, el amor es instrumental. Contrastan en ambos casos la visceralidad con la emocionalidad. La primera es dura, violenta, agresiva, intensa, poderosa. La segunda posee perfiles bondadosos, sensibles, seductores, dependientes de las expectativas ajenas. Las dos pasiones evidencian mecanismos de ocultación. Para el orgullo, las necesidades son reprimidas. Para la lujuria, la ternura y la herida afectiva se esconden tras una armadura de dureza y protección. Las dos son vulnerables, pero se protegen a través de una imagen de falsa abundancia o de un poder propio ejercido sin miramientos ni escrúpulos. La interrelación entre las dos pasiones, como realidad dual, presenta una vía de oportunidad para el E8 cuando su deseo de poder y su exceso se ponen al servicio de los demás, como hace el E2. En cambio, este eneatipo, cuando no ve satisfechas sus demandas afectivas, reacciona como el lujurioso tornándose agresivo y violento. La lujuria arrebata al placer desde la analgesia y la desconsideración ajena. La soberbia manipula sutilmente desde el afecto para desembocar también en el poder. El orgullo necesita de los demás, aunque les corte la cabeza. La lujuria corta la cabeza de los demás, aunque los necesite. En ambos, existe poder y superioridad.

15

LA SOBERBIA (E2) Y LA PEREZA (E9)

La donación generosa del orgulloso, con recibo oculto, presenta una gran similitud con la confluencia amorosa del perezoso, que se entrega sin contrapartidas receptivas. Ambos eneatipos caen en el olvido, que sirve para incrementar su fuerza pasional. El E2, al olvidarse de sus necesidades, se aleja de sus carencias y, así, fundamenta su orgullo. De este modo, sumerge sus necesidades y las atiende de forma inconsciente y manipuladora. El E9 se olvida de sí mismo como requisito para la búsqueda del amor, ya que su propia valoración podría interferirla. Se olvida de sí para ganar al otro, con el riesgo de perderse a los dos. El perezoso, en la fusión con el otro, difumina sus límites personales. El orgulloso, al conquistar al otro, cancela cualquier límite que acote su afán de amor y gloria. Las dos pasiones se contraponen en referencia a la imagen que tienen de sí. El E2 goza de una imagen idealizada que alimenta sus deseos de autoglorificación y sus necesidades amorosas, jamás explícitas. El E9 vive en la infravaloración, se resigna y se acomoda a los demás. Al atender a los demás, debido a su confluencia, se cuida a sí mismo. El E2 no tolera el conflicto porque nadie puede imponerle un valor superior a su propia estimación, mientras que el E9 los evita porque dinamita sus deseos de paz y armonía. El perezoso, siendo carácter visceral, vive desconectado de sus impulsos instintivos, que atiende sólo en contadas ocasiones. El orgulloso utiliza sus instintos para satisfacer sus demandas amorosas o emocionales. La adaptación del E2 es una moneda de cambio para obtener amor.

La sobreadaptación del E9 es el precio que pagar para evitar conflictos y vivir con comodidad. La soberbia es perezosa en cuanto implica pérdida de interioridad y la pereza es orgullosa al identificarse con la grandeza del otro.

16

LA VANIDAD (E3) Y LA ENVIDIA (E4)

Estas dos pasiones corresponden a eneatipos emocionales. Resuelven de manera diversa su conflicto con el vacío. El E3, a través de cubrirlo con las apariencias y de engañarse con la imagen. El E4, desde el dolor de su experiencia y desde el sentimiento de carencia. El E4 se mira en el espejo del vanidoso y envidia su esplendor, este en cambio se aleja de los sentimientos del envidioso porque interfieren con su afán de éxito y eficacia. Ambos, no obstante, viven de la comparación. En el vanidoso, le estimula su competitividad porque ve en el otro una amenaza a su búsqueda de triunfo y de consideración social. Por tanto, se convierte en reto y estímulo. Mantener niveles elevados exige dedicación, esfuerzo y grandes dosis de tensión. En el envidioso, la comparación surge de la carencia y como camino para afianzar su carácter, falto de autoestima y de autovaloración. A su vez, alimenta su envidia porque piensa que podría ser feliz si tuviera lo que los demás poseen y que a él le hace falta. Ambos creen que la clave de su existencia se encuentra fuera de sí, el vanidoso a través del reconocimiento y la admiración de los demás, el envidioso a través de la introyección de los valores personales o cualidades de los demás que desea incorporar. Uno y otro no se atreven a ser ellos mismos y carecen de autonomía. El ser no necesita aplauso; la imagen y la apariencia, sí. El ser tiene suficientes recursos para el propio desarrollo, el envidioso cree que siempre le falta algo, que está fuera de sí mismo. Los dos eneatipos se aíslan. En el E3, el triunfo promueve competitividad y busca destacar por encima del resto. En el E4, existe huida y alejamiento, actitudes que alimentan el sentimiento de ser especial. Ambos abdican del amor al perseguir sucedáneos como la admiración o la exaltación del sufrimiento.

17

LA VANIDAD (E3) Y LA AVARICIA (E5)

Las pasiones propias del E3 y del E5 se relacionan con el vacío. El vanidoso cae en la vorágine del vacío, provocado por el hecho de concentrar sus energías en las apariencias y en la imagen, mientras que en el avaricioso la percepción del vacío como realidad abismal motiva sus ansias de acumulación para escapar de él. En el primero, el vacío es consecuencia de su conducta; en el segundo, se convierte en causa de esta. Ambas pasiones se contraponen con claridad. La vanidad necesita de los demás, se alimenta de su aplauso y de su mirada, busca el éxito y el prestigio. La avaricia tiende a la reclusión, se refugia y se aísla, se aleja de los demás. El E3 solo puede contemplarse a través del espejo de los otros, mientras que el E5 puede ver en ellos una amenaza y un riesgo. El vanidoso puede ser un pobre que aparente riqueza, mientras que el avaricioso puede ser un rico que vista andrajos. El primero necesita una buena imagen, el segundo prescinde de ella. El E3 se vuelca en la acción, que le garantiza éxitos y conquistas, pese a que sea, a veces, un mecanismo de huida para no afrontar su propio vacío. El E5 prefiere instalarse en la atalaya de su pensamiento y actúa de forma más ponderada. El primero persigue la eficacia y el triunfo. Se mueve con rapidez y agilidad. El segundo busca la profundidad y la comprensión, que exigen ritmos más lentos y pausados. El E3 busca la utilidad del saber, mientras que el E5 persigue el saber por saber. El avaricioso es autónomo en sus recursos, en cambio el vanidoso se nutre de la mirada ajena, sin la cual no existe. Ambos eneatipos buscan la admiración como sucedáneo del amor. El E3 la consigue por los éxitos que obtiene, pero depende de la valoración de los demás. El E5 conquista por la fuerza de su pensamiento la admiración ajena, pero no intenta implicarse emocionalmente.

18

LA VANIDAD (E3) Y EL MIEDO (E6)

La pérdida de contacto con el ser real y la fragilidad de los fundamentos aúnan las pasiones de la vanidad y del miedo, ya que el E3 se valora en función de su apariencia y de su imagen, y el E6 vive en la inseguridad al carecer de apoyos estables. Dichos eneatipos tienen conflicto con su centro preferente. El vanidoso encuentra dificultades en conectar con sus emociones y el miedoso se pierde en la complejidad de sus pensamientos, de modo que el E3 reduce sus posibilidades por adecuarse a las exigencias del rol que desempeña, mientras que el E6 paraliza su acción con su actividad mental, que anticipa dudas, peligros y riesgos. En ambos existe un acomodo a normas externas, sean los criterios de valoración del éxito para el vanidoso, sean los imperativos de la autoridad para el miedoso, pese a que sea ambivalente ante ellos. El sentido de la relación en esas dos pasiones hace que el vanidoso encuentre coherencia en la fidelidad del E6 y el miedoso viva el desconcierto de las apariencias y de la búsqueda del éxito. El E6 proyecta en el exterior sus propios fantasmas y problemas irresueltos, mientras que el E3 persigue introyectar las valoraciones externas para sentirse vivo y valioso. Los dos tienen dificultades de confianza. El vanidoso desconfía porque sabe que el éxito es tornadizo y el aplauso versátil, desea controlar las variables para que todo salga según se ha planificado y cree que los compañeros pueden tornarse en competidores. El miedoso también desconfía, porque mantiene relaciones suspicaces, busca controlar el futuro que anticipa con temor y pretende ser validado por criterios externos, que a la vez rechaza. El (auto)engaño y el fingimiento del E3 contrastan con la fidelidad del E6. La vanidad, que ve difícil ser consciente de sí, impulsa a la acción y el miedo, que le cuesta entregarse, lleva a la parálisis.

19

LA VANIDAD (E3) Y LA GULA (E7)

Estas dos pasiones pagan un precio emocional para sobrevivir. La vanidad se desconecta de sus sentimientos auténticos para supeditarse a las exigencias del rol o para esconderlos tras la máscara de sus apariencias. La gula intelectualiza sus emociones para evitar que afronten el dolor y el sufrimiento, que suele surgir en un momento u otro en la vida de una persona. Ambos eneatipos son tramposos, aunque de modo distinto. El E3 se identifica tanto con su función que se (auto)engaña y finge, mientras que el E7 no teme cometer fraude en sus relaciones para disfrutar mayores niveles de placer. El vanidoso es muy controlado y resolutivo. El goloso se muestra irresponsable ante la asunción de sus compromisos y exhibe falta de disciplina. El éxito alimenta el narcisismo del E3, mientras que el E7 lo nutre de forma autoindulgente a través de la palabra. El vanidoso se construye un escenario que enaltezca sus logros y donde pueda representar su papel. El goloso crea un mundo de fantasía y, a menudo, es víctima de sus propios engaños al no distinguir su narración inventada con la verdad de lo sucedido. El E3 busca captar la admiración por el nivel de sus realizaciones, que sabe presentar de manera atractiva. El E7 introduce la fantasía para captar la atención del interlocutor y no teme adornar la realidad con toda suerte de engaños. Ambos eneatipos disfrutan con lo que son y lo que hacen, pero la vanidad es más frágil que la gula. El éxito es más tornadizo y las variables que entran en juego más numerosas. El placer siempre está al alcance de la mano y, aunque no sea así, la racionalización se encarga de poner siempre un final feliz. Las dos pasiones presentan la servidumbre de la superficialidad, porque la imagen fraudulenta se aleja del ser auténtico o porque no puede vivir a fondo quien niega la existencia del dolor en su vida.

20

LA VANIDAD (E3) Y LA LUJURIA (E8)

El conflicto emocional hermana dos eneatipos que presentan notables diferencias. El vanidoso encuentra dificultades en conectar con sus emociones auténticas, mientras que el lujurioso las oculta bajo una coraza de insensibilidad y dureza. Las apariencias y la imagen del E3 se muestran muy frágiles, porque dependen de la opinión ajena, frente al poder propio del E8, que lo ejercita sin miramientos ni consideraciones. En el primero, hay (auto)engaño y fingimiento. En el segundo, afán de desenmascarar las mentiras y de desnudar al adversario. El vanidoso busca la admiración a toda costa, por este motivo valora el éxito, la atracción, el prestigio y el reconocimiento como caminos para llegar a ella. El lujurioso busca el poder y para conseguirlo no teme manipular, controlar, dominar o explotar. El E3 contiene sus deseos en la medida que puedan interferir en la consecución de sus objetivos, basados en el alto rendimiento, en la eficacia o en la competitividad. El E8 satisface sus deseos como un imperativo, que no tiene que justificar, y los vive con intensidad y exceso. El cuidado por las formas, en uno, se transforma si cabe en violencia y agresividad, en otro. Ambos eneatipos son activos, desde la tonalidad visceral o emocional. El E8 actúa en función de sus impulsos, mientras que en el E3 la acción es un medio para conquistar sus objetivos y realizar sus proyectos. El sexo, en el E3, está al servicio de la imagen y de la seducción para confirmar su fuerza atractiva. En el E8, el sexo se interpreta como placer y control de la persona deseada. Ambos eneatipos son vulnerables. El E3 no tolera el fracaso y el E8 rechaza de plano la debilidad. En el primero, la lujuria puede reforzar su imagen vanidosa como una capacidad que garantiza el éxito. En el segundo, la vanidad es una consecuencia de su lujuria como una ostentación de su poder. El E3 necesita que lo miren. El E8 solo se ve a sí mismo.

21

LA VANIDAD (E3) Y LA PEREZA (E9)

La relación entre vanidad y pereza viene marcada por sentidos desiguales, ya que el E9 puede encontrar en alguna fijación del E3 un recurso de autosuperación, hecho que no sucede a la inversa. Ambos eneatipos utilizan la identificación, el vanidoso para confundir su persona con el rol que representa y el perezoso para conseguir una simbiosis con quienes se funde. Tras esta actitud, existe una desvinculación con el ser, el E3 a través del cuidado prioritario de las apariencias y de la imagen y el E9 a través del olvido de sí. Los dos presentan una particular relación con la vida activa, el vanidoso al poner la acción al servicio del éxito, del triunfo y de la autovaloración; el perezoso al considerar la acción como narcótico para no entrar en sí o al aplazarla a causa de su infravaloración. Socialmente, el E3 busca descollar entre los demás, ya que la vanidad requiere normalmente de un primer plano para conseguir el aplauso ajeno; en cambio, el E9 se diluye en el grupo mediante la postergación de sí mismo. La vanidad requiere esfuerzo, eficacia, deseo de gustar, éxito. La pereza se acomoda, se resigna, se distrae, se olvida de sí. Ambos se desconectan de su centro preferente, la vanidad del centro emocional y la pereza del centro visceral, por ello el E3 experimenta dificultades para sintonizar con sus sentimientos auténticos, aunque por identificación con su rol sepa adoptar los sentimientos adecuados, mientras que el E9 obstaculiza la conexión con su rabia mediante la huida compulsiva de las situaciones conflictivas y la búsqueda neurótica de la paz. Cuando el vanidoso se abandona a la pereza, pierde su propia conexión. Cuando el perezoso se abre a la vanidad empieza su vía de superación, porque empieza a salir del olvido de sí y de la infravaloración.

22

LA ENVIDIA (E4) Y LA AVARICIA (E5)

Las pasiones correspondientes al E4 y al E5 están aisladas por lo que se ha dado en llamar el agujero del eneagrama, como el abismo que separa el centro emocional del centro mental. El E4 presenta una hipertrofia emocional y el E5 una hipertrofia mental. Cualquier tipo de hipertrofia amenaza el equilibrio y la armonía, impidiendo vivir la plenitud del ser. En el E5 existe escisión y compartimentación. En el E4, ruptura entre realidad, siempre carente, y deseo, siempre insaciable. No obstante, ambos afrontan más que ningún otro eneatipo el problema del vacío. El avaricioso lo resuelve con el afán de acumulación (ideas, saber, bienes...) y el envidioso mediante la incorporación del objeto envidiado a modo de introyección emocional. El miedo a perder conduce a la retención y a la desconfianza en el E5, mientras que el E4 debe proteger el sentirse especial mediante la desconfianza, el miedo y la huida. Por ello, ambos tienden al aislamiento. La avaricia teme la amenaza de los demás que pueden arrebatarle sus tesoros. La donación y la generosidad son su vía de superación. La envidia se distancia de los otros mediante la comparación, ya que sin distinción nostálgica la pasión del E4 se quedaría sin objeto. Contentarse con los propios recursos y trabajar por su desarrollo sería su camino de salida. Ambos eneatipos tienden a la inacción, en cuanto a que existe un repliegue sobre los propios sentimientos en el E4, que no deriva en una concreción de los mismos en el campo práctico, y una reclusión en el mundo de las ideas para el E5, que no llegan a traducirse en operaciones. Los dos se engañan al pensar que la solución pasa por una incorporación de las características envidiadas o de los bienes acumulados primero y retenidos después.

23

LA ENVIDIA (E4) Y EL MIEDO (E6)

La envidia y el miedo participan de un sentimiento común de desconfianza, ya que el otro se presenta como una amenaza para la paz interior, pero cada eneatipo actúa de manera diversa. El E4 introyecta las cualidades envidiadas como complemento de sus carencias, mientras que el E6 proyecta en el otro los atributos rechazados de sí, generando una actitud de temor y miedo. En el fondo, es miedo a sí mismo y a su falta de consistencia. Ambos eneatipos mantienen comportamientos de búsqueda. El envidioso, emocional, persigue la plenitud para resolver el sentimiento de falsa carencia. Su pasión dominante le propone recuperar la pérdida mediante la incorporación de las cualidades envidiadas en los demás. El miedoso, mental, pretende conseguir la seguridad mediante la obtención de fundamentos más consistentes. Las figuras de autoridad, personales o normativas, compensan su fragilidad, aunque en este campo se mueve con ambivalencia, es decir, bascula entre la sumisión y la rebeldía. La vivencia temporal es contrapuesta. El E4 se instala en el pasado, como expresión de la nostalgia de un paraíso perdido y como clave para interpretar sus carencias. El E6 se lanza al futuro, pero con angustia y preocupación. En uno y en otro, el presente representa el tiempo de la sanación, porque la persona se contenta con lo que tiene o porque no hay anticipación catastrofista del futuro. Los dos son dependientes. El E4 muestra apego en las relaciones con los demás, mientras que el E6 se vincula a los postulados de la autoridad, como garante de su consistencia interna. Esta falta de autonomía en ambos eneatipos provoca desvalorización propia. La envidia alimenta el miedo de no dar la talla y para evitar la comparación se refugia en sentirse especial. El miedo envidia la consistencia y la seguridad de los demás.

24

LA ENVIDIA (E4) Y LA GULA (E7)

Dos pasiones con fuertes contrastes regulan respectivamente los eneatipos E4 y E7. El envidioso contempla la realidad desde el defecto, la carencia y el vacío, por lo que aparece oscurecida en la penumbra. El goloso, en cambio, la observa como una fuente de luz porque ha cancelado todas las sombras. En el primero, aparece la nostalgia de un paraíso perdido. En el segundo, la anticipación fantasiosa de un mundo nuevo por venir. El E4 hunde sus raíces emocionales en el dolor y el sufrimiento, que vive de forma masoquista, como garantía de encontrarse vivo. De este modo, justifica y nutre la envidia, que le atormenta. El E7 proyecta su pensamiento hacia el optimismo y el disfrute de un mundo hermoso, donde los problemas son oportunidades y los dolores se neutralizan mediante su racionalización. El E4 envidia la gula, ya que quisiera introyectar su capacidad hedonista, que pondría fin a sus lágrimas y nostalgias. El E7 devora con su gula los objetos envidiados o, si no están a su alcance, justifica su renuncia ya que las uvas están verdes. Pesimismo frente a optimismo. Profundidad al gozar de sentimientos especiales frente a superficialidad debido a un mundo amputado al carecer de dolor. Hipertrofia del sentimiento frente a juegos intelectuales de la mente. Dependencia frente a rebeldía. Dolor frente a disfrute. Desvalorización propia frente a narcisismo. Sentimiento de culpa frente a autoindulgencia. Dos mundos contrapuestos, pero no por ello alejados, ya que la envidia busca en el mundo del goloso la solución de sus conflictos egoicos. La envidia puede llorar sus desgracias y sentirse paralizada a la hora de pasar a la acción, mientras que la gula actúa impulsada por los estímulos que le aseguran nuevas aventuras y experiencias. El presente redime al E4 y representa para el E7 un aterrizaje en la realidad.

25

LA ENVIDIA (E4) Y LA LUJURIA (E8)

Estas pasiones marcan dos actitudes contrapuestas, que alimentan su núcleo motivacional, frente a la sensibilidad y al dolor. El E4 se sitúa en el nivel de la debilidad y muestra gran sintonía con el sufrimiento, mientras que el E8 quiere ocultar tras una coraza su herida afectiva y no teme hacer sufrir en su defensa. Envidia y lujuria se complementan del mismo modo que el masoquismo y el sadismo. El goce de sufrir justifica las propias desgracias y nutre la autoimagen desvalorizada mientras el placer de hacer sufrir afianza la sensación de poder y explotación. Dos piezas que encajan en la dinámica de las relaciones. Emoción frente a visceralidad. Intensidad de sentimientos frente a impulsos y deseos. El E4 contempla al otro como referente para poner de manifiesto las propias carencias e introyectar sus cualidades a impulsos de la envidia. El E8 prescinde de los demás, que permanecen invisibles a sus ojos, para dar prioridad a la satisfacción de sus propios deseos sin limitación alguna. El E4 experimenta la angustia del vacío, mientras que el E8 no tiene la mínima conciencia de él. El envidioso se muestra sensible y detecta cualquier impacto que le afecta. El lujurioso es persona de piel gruesa, resulta insensible y va por su camino sin importarle los matices emocionales, en los que el E4 se entretiene de manera constante. El envidioso se siente culpable de sus carencias y de su incapacidad de satisfacerlas, mientras que el lujurioso no posee el menor sentido de culpabilidad en lo que hace. El E4 se detiene en sentir sus necesidades y considerarse especial. El E8 pretende satisfacerlas y sentirse poderoso. El envidioso manipula al otro a través del propio dolor, mientras que el lujurioso explota a los demás en ejercicio del propio poder. El E4 teme un sexo sin amor, mientras que al E8 le basta con el sexo sin implicaciones emocionales.

26

LA ENVIDIA (E4) Y LA PEREZA (E9)

La envidia y la pereza propician dos eneatipos que viven desde las antípodas la conciencia de sí. El E4 conoce su vacío, sabe de sus defectos y sufre sus carencias, mientras que el E9 presenta tal desconexión con el propio ser que carece de interioridad consciente. El envidioso quiere incorporar las cualidades que observa en los demás y de las que carece para rellenar un vacío que genera sufrimiento. El perezoso no considera necesaria esta tarea porque no hay sentimiento de falta, aunque existe pérdida de sí. Ambos eneatipos se desvalorizan, uno por considerarse carente y otro por no poner en juego sus capacidades, que desconoce. El E4 se contrapone al otro para extraer de él los elementos envidiados. El E9 se fusiona con los demás y confluye con ellos, por lo que vive de prestado a través de los otros. El envidioso se encuentra prisionero de sus necesidades, mientras que el perezoso las posterga o las niega. El E4 se considera especial y distinto de los demás, mientras que el E9 se olvida de sí y piensa que su vida no tiene ninguna relevancia para los demás ni para sí mismo. El envidioso polariza sus energías en torno a la pérdida, que desea subsanar a toda cosa, sea explicándola o resolviéndola, pero se autoboicotea para seguir en la dinámica de sufrimiento y nostalgia. El perezoso, que aún está pendiente de encontrarla, deambula por la vida medio adormecido, hasta que un despertar le abra las puertas de la conciencia sobre sí mismo. Ambos poseen dificultades en el campo de la acción esencial porque quedan prisioneros de sentimientos o de una comodidad que impide un ejercicio de las propias capacidades. La envidia, presa de su dinámica, se vuelve perezosa por la imposibilidad de su objetivo, mientras que la pereza, por no entrar en conflicto, controla la envidia.

27

LA AVARICIA (E5) Y EL MIEDO (E6)

Estos eneatipos privilegian la mente como el campo de batalla de sus expectativas. El E5, consciente de su vacío, experimenta la necesidad de colmarlo para acallar este abismo interior que le angustia. El E6 no utiliza nunca la palabra vacío, pero quiere eliminar el sentimiento de inseguridad y miedo mediante el hallazgo de unos fundamentos que le den consistencia. El avaricioso conecta con el miedo cuando ve amenazada su intimidad y sus posesiones. El miedo se torna avaricioso porque desconfía de los demás al proyectar sobre ellos sus propias sombras y fantasmas. Frente a los recursos, los dos eneatipos evidencian posturas contrapuestas. El E5 busca la autonomía en los recursos propios y niega la satisfacción de necesidades para la cual deben concurrir los demás. El E6 considera frágiles sus fundamentos, por lo que busca fuera de sí, en las reglas, normas y autoridades, la seguridad de la que carece. El avaricioso se apoya en su propia autoridad, mientras que el miedoso se asegura en la autoridad de los demás. En ambos, sentimientos e instintos se encuentran contenidos por sus esquemas mentales. El cuerpo es un tema pendiente en los dos. Una caricia puede contrarrestar la fuerza de muchos pensamientos, porque sitúa en un ámbito diferente. El E5, celoso de su intimidad, teme ser controlado y ejerce el control mediante la observación de los demás, respetando su campo de acción. El E6 sustituye la falta de confianza por el control y observa a los demás desde la suspicacia y el temor. Incluso, la conducta contrafóbica se mueve por el temor, aunque sea por la vía del enfrentamiento. Así pretende neutralizarlo. El E5 interioriza el miedo, mientras que el E6 lo proyecta en el futuro. En los dos, existe superego. Por tanto, sentimiento de culpa. El E6 no quiere robar. El E5, no ser robado.

28

LA AVARICIA (E5) Y LA GULA (E7)

La línea que une el E5 con el E7 comporta relación y contraposición de sentidos. El goloso encuentra sobriedad en el E5, mientras que el avaricioso se enfrenta con la dispersión del E7. El miedo genérico de los eneatipos mentales se expresa de manera diversa. En el E5, predomina el miedo al vacío, que explica su ansia de acumulación y, por tanto, la avaricia. En el E7, el miedo se focaliza sobre el dolor y el sufrimiento, que explica sus intentos de evitarlos por todos los medios y, por tanto, la gula se convierte en búsqueda compulsiva del placer. El avaricioso es goloso del saber (la etimología latina de saber apunta a gustar). El goloso es avaricioso de experiencias placenteras, que desea acumular y retener. Debido al señorío mental de ambos eneatipos, el E5 experimenta orgullo y superioridad, que en el E7 se transforman en narcisismo y en la convicción de manipular a los demás a su antojo, sin descartar el uso de la trampa y del fraude. Los dos tienen particulares posturas ante la autoridad. El E5 pone la autoridad en sí y en la fuerza de la razón. El E7, al obedecer la fuerza de los instintos y de los impulsos placenteros, desconoce cualquier autoridad que pudiera limitarlos. Ambos se contraponen frente al sentimiento de culpa, presente en el E5, pero ausente en el E7, porque queda anulado por su fuerte autoindulgencia. El avaricioso controla sus impulsos mediante las ideas, mientras que el goloso se deja llevar por ellos, poniendo la fantasía y la anticipación gozosa del futuro al servicio de los mismos. Contrasta el silencio del E5 con la charlatanería del E7, ya que la avaricia ahorra palabras, mientras que la gula las disfruta y multiplica. Ambas pasiones, en su primera acepción, se dedican al mundo material, de donde extraen bienes y placeres, pero tienen también y sobre todo incidencia en los demás ámbitos de la vida.

29

LA AVARICIA (E5) Y LA LUJURIA (E8)

La lujuria, en situaciones de malestar, tiende a la avaricia, mientras que la avaricia encuentra en la lujuria estímulos de acción. Así funcionan los sentidos de la línea que los une. El avaricioso se repliega en su castillo interior para neutralizar cualquier amenaza externa. El lujurioso se lanza a la conquista de todo lo que le rodea. El E5 quiere colmar su vacío, para lo cual privilegia su abastecimiento intelectual, mientras que el E8, sin consciencia alguna de vacío, construye todos los sistemas defensivos para proteger su herida afectiva, es decir, su vulnerabilidad, su debilidad. El E5 pertenece al centro mental y el E8, al centro visceral, desde el cual vive la rabia a fondo y no tiene miedo alguno de expresarla y de hacerla sentir a los demás sin ninguna cortapisa. El E5 busca satisfacer las ansias de su intelecto y se acerca al mundo a través de su comprensión. El E8 experimenta el imperativo de satisfacer sus deseos e impulsos, que culminan en su apetito sexual, y va al mundo para recabarlo sin miramiento, ejerciendo su derecho de pernada sin escrúpulo alguno. El avaricioso busca el poder a través del saber, aunque relativiza el carácter utilitario del mismo ya que pretende saber por saber; en cambio, el lujurioso persigue el poder como manipulación, control, dominio y explotación, así como menosprecia el saber, a no ser que se entienda en clave de poder. El E5 acumula bienes, mientras que el E8 los despilfarra. El avaricioso está desenergetizado y tiende a la inacción, al abandonarse a las especulaciones mentales. El lujurioso vive la intensidad y el exceso hasta el máximo, al tener niveles bajos de tolerancia. Necesita mucho para producir impacto. En el fondo, se trata de un problema de sensibilidad. El E5 necesita encarnar sus ideales, mientras que el E8 precisa espiritualizar sus impulsos. Dos caras de la misma moneda.

30

LA AVARICIA (E5) Y LA PEREZA (E9)

El descuido de la zona instintiva es el precio que paga el E5 debido a su hipertrofia mental y el E9 a causa de su desconexión consigo mismo. Esta situación provoca que el E5 experimente desenergetizacion, escasez e inacción, y el E9 se adormezca, se instale en planteamientos cómodos y postergue sus necesidades. El avaricioso entra en sí y se aleja de los demás, mientras que el perezoso confluye con su entorno y desconoce el camino que le conduce a su santuario interior. Aislamiento frente a fusión. El aislamiento se concibe como seguridad frente a la presencia de los demás que constituyen una amenaza para su intimidad y para los bienes poseídos del E5. La fusión anula la propia personalidad del E9, porque la afirmación de si podría convertirse en una fuente de conflicto con los otros, siendo la pérdida de sí el precio que se paga para obtener una paz que, en el fondo, es una rendición. El E5 es consciente de su vacío, que quiere evitar a toda costa mediante la acumulación de conocimientos. El E9 no es consciente de sí, no se atribuye ninguna importancia y se distrae de los objetivos que darían sentido a su vida. El avaricioso tiene dificultad para compartir, ya que cualquier bien dado pondría en peligro la integridad de sus bienes acumulados, sean mentales, afectivos o materiales. Existe temor a la necesidad y a la carencia, por este motivo busca la retención como forma de atesorar y de burlar el vacío. El perezoso se muestra generoso en su donación porque atribuye más importancia a los demás que a sí mismo. Subyace acaso una actitud inconsciente de compra de afecto, aunque no pide contrapartidas.

El E5 se valora en función de sus bienes acumulados y de su conocimiento. Se siente orgulloso de sus ideas y de su intelecto, que le impulsan a creerse en situación de superioridad. El E9 no se valora, se resigna ante la realidad y se sobreadapta a ella. El olvido de sí, que apareció como una forma para conseguir amor, le anula sus ansias de crecimiento y desarrollo. La avaricia huye del vacío como la pereza del conflicto.

31

EL MIEDO (E6) Y LA GULA (E7)

Estos dos eneatipos son mentales, aunque el goloso, debido a su apetencia de placeres, podría parecer más visceral. El E6, al filtrarlo a través del pensamiento, inhibe sus impulsos que le generan inseguridad, descontrol, y entran en conflicto con los ideales y las normas. El E7 vive sus estímulos sin freno alguno y afronta las consecuencias negativas que a veces pudieran derivarse a través de la intelectualización, que entra en juego *a posteriori*. Los dos eneatipos afrontan la sombra de manera diversa. El goloso la cancela de la realidad porque amenaza su hedonismo a ultranza. El miedoso la proyecta en su entorno, como expresión de los atributos que rechaza en sí mismo. El miedo desconfía de la gula, así como la gula tiene miedo de no disfrutar bastante al advertir el menor síntoma de dolor. Frente a la asunción de compromisos, el E6 muestra gran responsabilidad por ajustarse a las normas y a las regulaciones de la autoridad, mientras que el E7 se muestra irresponsable, carente de disciplina y posterga, cuando no anula, sus obligaciones. La gula anticipa el futuro con optimismo, que pierde consistencia y placer al convertirse en presente, en el aquí y el ahora. Hay dosis de fantasía, por tanto, de huida y superficialidad. El miedo avanza el futuro con temor y angustia, que se diluyen cuando se transforma en presente, en el aquí y el ahora. Ambos eneatipos mediatizan sus relaciones sociales, el E6 al proyectar en ellas la suspicacia y la desconfianza, el E7 al reducirlas a disfrute y al introducir mecanismos de fraude, si es el caso. El predominio de los impulsos asume la función de la autoridad en el E7, que si fuera externa despertaría rebeldía por verla como un límite a los mismos, mientras que en el E6 la autoridad es una garantía para vencer la inseguridad en la que vive. El miedo a disfrutar del E6 es miedo a padecer en el E7.

32

EL MIEDO (E6) Y LA LUJURIA (E8)

El miedo del E6 es la resultante de unas elaboraciones discursivas que impiden lanzarse al riesgo, aunque en algunos casos invitan a hacerlo de forma imprudente. La falta de confianza en las propias vísceras genera pensamientos que paralizan y grandes dosis de inseguridad. El E8, por el contrario, tiene el centro visceral como preferente, se complica poco en los procesos mentales, transmite seguridad aplastante y goza de una gran confianza en sí mismo. El miedo es precavido ante la lujuria, debido a su fuerza impulsiva, mientras que la lujuria combate el miedo de ser herida en su debilidad mediante la protección de la armadura. El E6 busca figuras o papeles de autoridad que aseguren sus opciones. El E8 tiene la autoridad en sí mismo y no reconoce ninguna externa, ya que se guía por su propio código. El miedoso busca marcos de seguridad y protección, el lujurioso los da. El primero vive la paranoia; el segundo, la satisfacción del deseo como imperativo. El E6 se instala en la (auto)culpa, sentimiento del que carece totalmente el E8. La conducta del cobarde contrafóbico puede adoptar estrategias de ataque, siempre como búsqueda de defensa y seguridad, y parecerse así al comportamiento duro, violento y agresivo del lujurioso. El E6, a causa del mecanismo de proyección, teme a los demás ya que ve retratado en los rostros ajenos sus propios temores y miedos. El E8 se muestra insensible a los otros de modo que no teme manipularlos, controlarlos, dominarlos y explotarlos, excepto cuando pertenecen a su clan, que protege cuidadosamente. El E6 teme el futuro que afronta con angustia, mientras que el E8 vive el momento presente, en el aquí y el ahora. El miedo es anticipación de fantasmas y de problemas que quizás nunca vayan a ocurrir, la lujuria es el disfrute intenso del placer sin ninguna cortapisa.

33

EL MIEDO (E6) Y LA PEREZA (E9)

La línea que une el E6 con el E9 presenta sentidos desiguales. El E6 encuentra en la búsqueda de paz del E9 un oasis para sus preocupaciones y sus miedos. El E9 se detiene aún más cuando introduce en sus planteamientos temores e inseguridades. El miedo paraliza los recursos y la pereza no los pone en juego, en el primero por temor al riesgo, en el segundo por el olvido de las propias capacidades. Ambos eneatipos se desconectan de su centro preferente, por ello el miedoso experimenta problemas a la hora de pensar, por falta de consistencia y seguridad, a la vez que el perezoso permanece desconectado de sus impulsos viscerales, con pérdida de interioridad. El E6 vive, a causa de su miedo, instalado en el conflicto consigo mismo. El E9, por no entrar en conflicto consigo mismo, se adormece y narcotiza. El perezoso se pierde a sí con tal de conseguir el amor, por ello la simbiosis y la confluencia con los demás aseguran su pervivencia. El miedoso, por su incapacidad de arriesgar y perderse, busca seguridades que le inmovilizan impidiéndole un avance en sus proyectos. El E9 quita importancia a sus propias decisiones, mientras que el E6 las vive como un tormento. La cobardía, al igual que el olvido de sí, genera sentimientos de incapacidad, que dificultan la acción esencial. La contención de los impulsos emocionales e instintivos, que caracteriza al miedoso, coincide, en gran parte, con la postergación y la negación de las propias necesidades y tareas que se producen en el perezoso. La suspicacia del E6 se contrapone a la confluencia del E9, el primero desconfía de los demás, el segundo se funde con ellos. El miedo muestra una actitud de ambivalencia frente a la autoridad, pero nunca prescinde de ella, mientras que el perezoso la acata, aunque solo fuera por evitar los conflictos y vivir en paz.

34

LA GULA (E7) Y LA LUJURIA (E8)

La proximidad entre la gula y la lujuria ha sido subrayada por la tradición. Ambas pasiones se vuelcan en el mundo material de la comida y el sexo. La bebida alcohólica en exceso desinhibe los impulsos sexuales, aunque los satisfaga a medias. El hedonismo, como la concepción existencial del goloso, es llevado a la práctica, con total intensidad, por el lujurioso. Ambos buscan intensidad y exceso, que suelen conllevar pérdida de la sutileza y de los matices. Por ello, el E7 se muestra irresponsable y superficial, mientras que el E8 es insensible y violento. El goloso obtiene el placer, si es caso con la trampa y el fraude; en cambio, el lujurioso lo vive como una conquista y una explotación. Coinciden ambos eneatipos en la parte culminante del eneagrama en lo que se refiere a la experiencia del placer, al disfrute corporal, a la apetencia sexual. Los dos buscan el disfrute, pero transitan por caminos distintos, ya que cada uno tiene un distinto centro preferente. El E7 es mental y la intelectualización juega un papel importante, mientras que el E8 es visceral y concede predominio a los instintos. No obstante, los dos eneatipos tienen una zona minada que evitan a toda costa. El goloso evita el dolor y el sufrimiento, por ello se pierde una dimensión clave de la vida e impide la intensidad existencial que, fraudulentamente, proyecta en el placer. El lujurioso ahoga su vulnerabilidad y oculta su herida afectiva, porque no admite tolerancia ante la debilidad propia ya que su fijación enaltece el poder y el control. La negación de la culpa por parte del E8 encuentra paralelismo con la autoindulgencia del E7. La gula busca tanto el placer que cae en la lujuria, esta a su vez persigue tanto la intensidad, con sexo incluido, que no puede prescindir del disfrute del goloso.

35

LA GULA (E7) Y LA PEREZA (E9)

La gula, que es activa, se caracteriza por propiciar un eclipse parcial de la realidad, cancelando sus partes sombrías y dolorosas. La pereza, que es pasiva, recogiendo el mismo símil, produciría un eclipse total, que en este consiste el olvido de sí. No hay sombras, pero tampoco luces. Si en el E7 hay disfrute de placer y la satisfacción de los estímulos sirve de coartada para no enfrentarse al sufrimiento, en el E9 existe desconexión con pérdida de interioridad. El primero utiliza analgésicos; el segundo, se anestesia a través de sus actitudes narcotizantes. El resultado es similar en cuanto los dos viven en la superficialidad y no bajan al fondo de sí mismos. El goloso anticipa con la fantasía la maravilla de un futuro que sueña espléndido, mientras que el perezoso posterga la satisfacción de sus necesidades y tareas. Dos ritmos distintos de vivir el tiempo, aunque desarraigadas las dos del momento presente. El acercamiento a los demás es seductor y manipulativo en el E7 y utiliza trampas y fraudes si las circunstancias lo exigen, mientras que en el E8 predomina la confluencia y la simbiosis, perdiéndose a sí mismo en beneficio del otro. El goloso no tolera el límite porque le genera frustración de sus deseos infantiles, por ello se rebela contra la autoridad porque puede interferir sus proyectos de placer. El perezoso ignora dónde están los límites porque se fusiona con el otro y desdibuja sus pretensiones y deseos personales. La satisfacción de los demás es la suya propia. El E7 encuentra la dificultad en renunciar a sí mismo, tarea que resulta fácil para el E9, debido al olvido de sí que le caracteriza. El E7 es irresponsable ante la asunción de compromisos, mientras que el E9 se distrae de las tareas importantes, que no sabe siempre jerarquizar.

36

LA LUJURIA (E8) Y LA PEREZA (E9)

Estas dos pasiones, aunque vecinas, parecen poseer pocos elementos en común, ya que contrasta la intensidad del E8 con el adormecimiento del E9. No obstante, las dos carecen de interioridad. El lujurioso, al proteger su herida afectiva, se vuelca en el exterior y satisface instintos y deseos. El perezoso, por la vía de la desconexión, se olvida de sí mismo y se funde con el entorno. La insensibilidad del E8 actúa de analgésico que obnubila la conciencia. La actitud narcótica del E9 le impide ser consciente de los conflictos que subyacen en sí o se dan en el ámbito de las relaciones. El lujurioso vive en el imperio del instante (aquí te pillo, aquí te mato), mientras que el perezoso adopta la postergación como criterio operativo (vuelva usted mañana). El E8 afronta el conflicto sin miedo alguno, porque se muestra duro, violento y agresivo. El poder tiene un precio y no teme pagarlo. El E9 huye del conflicto, por lo que se revela conciliador y dialogante. La paz tiene su precio y no hay guerra por la que valga la pena ponerla en peligro. El lujurioso se mueve por los cánones de un código propio e impone sus propias reglas, mientras que el perezoso se acomoda, se resigna y se sobreadapta a las exigencias de los demás o del propio entorno. El E9 busca confluir con los demás y fusionarse con ellos, mientras que el E8 mantiene relaciones basadas en la manipulación, el control, el dominio y la explotación. La lujuria, cuanto más satisface sus instintos, más cae en la pereza como pérdida de interioridad e insatisfacción vital. La pereza, en cambio, cuanto más se olvida de sí, más puede caer en la pendiente de un placer sin disfrute, de un sexo acompañado de bostezos. Ambos eneatipos comparten un problema de visibilidad en sus relaciones: el E8 no ve a los demás, mientras que el E9 no se ve a sí mismo. El amor requiere, al menos, un juego de dos.

EPÍLOGO

El eneagrama suele despertar interés y entusiasmo, ya que proporciona una clave que abre a una mayor consciencia de sí mismo y de los demás. Cualquier nueva posibilidad comporta sus riesgos. Conviene conocerlos para sacar el máximo provecho. En el autoconocimiento, es decir, en el descubrimiento pleno de quién es uno en realidad, hay que atender a dos orientaciones básicas. Por una parte, «el hombre no puede encontrarse a sí mismo únicamente en él, sino que ha de encontrarse en otros y por medio de ellos» (Merton, 2000, p. 14). Por otra, no es aceptable hacer dejación de funciones en beneficio de quienes enseñan el eneagrama o imparten cursos sobre el mismo. De manera explícita, Thomas Merton denuncia como inadecuado el hecho de traspasar la responsabilidad a otros: «Aun cuando todos los hombres tienen un destino común, cada individuo tiene que trabajar por sí solo en su salvación personal, con temor y temblor. Podemos ayudarnos unos a otros, sin duda, en la búsqueda del significado de la vida. Pero, en último análisis, la persona individual es responsable de vivir su propia vida y de "encontrarse a sí misma". Si ella insiste en traspasar esta responsabilidad a otros, fracasa en la búsqueda del significado de su existencia. Nadie puede decirme quién soy yo, ni yo puedo decir quiénes son los demás. Si uno mismo no conoce su identidad personal, ¿quién va a dársela a conocer? Los otros pueden darle a uno un nombre y un número, pero jamás podrán decirle quién es realmente. Eso es algo que solo uno mismo puede descubrir dentro de sí» (2000, p. 14).

El eneagrama permite darse cuenta de que estamos encerrados en la prisión del ego, que en formulación del DSM5 se calificaría dentro de los trastornos de personalidad como un «patrón perdurable, que es inflexible y dominante en una gran variedad de situaciones personales y sociales, que causa malestar clínicamente significativo o deterioro en lo social, laboral u otras áreas importantes del funcionamiento y que es estable y de larga duración» (APA, 2013, p. 412). El número del eneatipo sirve de espoleta para el cambio, pero al salir de una jaula podemos caer en otra mayor al darnos a nosotros mismos y a los demás una nueva etiqueta de profunda rigidez. Por ello, conviene recordar que todas las personas somos más que un número. Esta consideración nos abre el misterio y dinamita nuestras ganas de controlarlo todo. En el autoconocimiento y en la vida espiritual sucede lo mismo que con las quimeras de la catedral de Notre-Dame de París. Cada etapa de la vida tiene sus propios combates. Cuando uno se encuentra en la altura de las torres podría imaginar que casi todo está resuelto y conseguido. Pero las quimeras más inquietantes, a veces, aparecen en los tramos más altos. La madurez personal no se garantiza con la acumulación de cursos que suelen crear la falsa ilusión de una superioridad moral sobre los demás. Por ello, el progreso interior exige avances sustanciales en el ámbito de la verdad, del amor y de la libertad, que actúan entre ellos a modo de vasos comunicantes. Tarea inalcanzable sin afrontarla desde la humildad, que conlleva la humillación del ego. Reconocer la propia pasión suele ser humillante. El progreso en su dominio actúa, a menudo, como si se tratara de un virus mutante, que suele acabar siempre en la soberbia. Como si alguien dijera: «Ahora soy tan humilde que en humildad nadie me gana».

Trabajar la pasión dominante es un camino serio, pero si va acompañado de ejercicios que conduzcan a la virtud contraria, el resultado puede ser mucho mejor. Enamorarse del bien suele contrarrestar el mal. Basta recordar un pensamiento de Etty Hillesum que anotó en su *Diario* el 29 de abril de 1942: «Todo es tan insignificante frente a las riquezas y posibilidades infinitas que llevamos en nuestro interior. Protejámonos y seamos fieles a ellas y mantengamos nuestra fe en ellas» (Hillesum 2020, 637). Sin luz no habría sombras. Gracias a ellas, se puede realizar un trabajo que permita descubrir la luz. Se trata de un proceso que nos abre de manera gradual al conocimiento y práctica de la virtud. Acaso, el fulgor instantáneo nos deslumbraría de tal modo que cegaría nuestra visión.

Cabe recordar, en expresión de Dag Hammarskjöld, que «el viaje más largo es el que se hace por dentro» (2020, p. 63). En este sentido, *El eneagrama de las pasiones* pretende ser una aportación más a la *memoria vegetal*, como diría Umberto Eco en su gran homenaje a los libros (Eco, 2021), para convertirse, al menos por un tiempo, en tu compañero de viaje.

REFERENCIAS

Alberoni, F. (1999). *Los envidiosos. ¿Qué y a quién envidiamos?* (2ª ed.). Barcelona: Gedisa.

APA (The American Psychiatry Association) (2013). *Guía de consulta de los criterios diagnósticos del DSM 5*. Arlington, Va: Asociación Americana de Psiquiatría.

Buñuel, L. (Director). (1966). *Belle de jour* [Película]. Francia-Italia.

Calderón De La Barca, P. (1982). *La vida es sueño. El alcalde de Zalamea*. Estella (Navarra): Salvat Editores.

— (2005). *El gran teatro del mundo*. Barcelona: Debolsillo.

Camões, L. V. de (1980). *Os Lusiadas*. Madrid: Editora Nacional.

Castilla Del Pino, C., Tubert, S., Mates, R., Valcárcel, A., Camps, V., Aranguren, J. L. Y Fraijó, M. (1994). *La envidia*. Madrid: Alianza Editorial.

Coixet, I. (2003). *Mi vida sin mí*. [Película]. España y Canadá.

Coppola, F. F. (Director). (1972). *El padrino* [Película]. USA.

Chaplin, C. (Director). (1940). *The Great Dictator* [Película]. USA.

Darabont, F. (Director). (1994). *The Shawshank Redemption* (*Cadena perpetua*) [Película]. USA.

DOSTOIEVSKI, F. (2000). *Los hermanos Karamazov.* Madrid: Editorial Debate.

FRÖMM, E. (2006). *El miedo a la libertad.* Barcelona: Paidós Ibérica.

ECO, U. (2021). *La memoria vegetal.* Barcelona: Lumen.

EVAGRIO PÓNTICO (1995). *Obras espirituales (Tratado Práctico a los monjes. Exhortación a una virgen sobre la oración).* Madrid: Editorial Ciudad Nueva. Introducción y notas de José I. González Villanueva.

FELLINI, F. (Director). (1974). *Amarcord* [Película]. Italia.

FISHER, R. (1996). *El caballero de la armadura oxidada.* Barcelona: Ediciones Obelisco.

FOLLETT, K. (2001). *Los pilares de la tierra.* (2ª ed.). Barcelona: Plaza & Janés.

GALLEN, M-A. Y NEIDHARDT, H. (1997). *El eneagrama de nuestras relaciones. Enredos, interacciones, crecimiento.* Bilbao: Editorial Desclée de Brouwer.

GARRIDO, J. (1996). *Proceso humano y Gracia de Dios.* Santander: Editorial Sal Terrae.

GIBRAN, G. J. (1976). *El profeta.* Barcelona: Editorial Pomaire.

GOLDEN, A. (1999). *Memorias de una geisha.* México: Ediciones Alfaguara.

GOETHE, J. W. (2002). *Fausto.* Barcelona: Espasa Calpe.

GRÜN, A. (1988). *La mitad de la vida como tarea espiritual.* (6ª ed.). Madrid: Narcea, S. A. de Ediciones.

— (2000). *Una espiritualidad desde abajo. El diálogo con Dios desde el fondo de la persona.* Madrid: Narcea, S. A. de Ediciones.

— (2003a). *La sabiduría de los padres del desierto*. (4ª ed.). Salamanca: Ediciones Sígueme.

— (2003b). *La protección de lo sagrado*. Estella, Navarra: Verbo Divino.

HAMMARSKJÖLD, C. (2020). *Fites: dietari espiritual d'un home d'acció*. Barcelona: Viena Edicions. Fundació Joan Maragall.

HELLINGER, B. (2002). *Órdenes del amor*. Barcelona: Editorial Herder.

HILLESUM, E. (2020). *Obras completas*. Burgos: Grupo Editorial Fonte.

HOMERO (2005). *Odisea*. Madrid: Alianza Editorial.

HONORÉ, C. (2005). *Elogio de la lentitud. Un movimiento mundial desafía el culto a la velocidad*. (3ª ed.). Barcelona: RBA Libros.

HUXLEY, A. (1949). *Al margen*. Madrid: La Nave.

IBSEN, H. (2002). *Nora o Una casa de muñecas. El pato salvaje*. Madrid: Promoción y Ediciones.

JUAN DE LA CRUZ, SAN (1955). *Noche oscura de la subida al Monte Carmelo*. En: *Vida y obras de San Juan de la Cruz*. Madrid: La Editorial Católica.

— (1994). *Obras completas*. Madrid: La Editorial Católica.

KUBRICK, S. (Director). (2002). *Eyes Wide Shut* [Película]. USA.

KUROSAWA, A. (Director). (1952) *Ikiru*. [Película]. Japón.

LACROIX, M. (2005). *El culte a l'emoció. Atrapats en un món d'emocions sense sentiments*. Barcelona: Edicions La Campana.

LARRA, M. J. de (2005). *Vuelva usted mañana*. Madrid: El País.

LAS MIL Y UNA NOCHES (1999). (2ª ed.). [*Alí Babá y los cuarenta ladrones*, pp. 290-298]. Barcelona: Óptima.

LEIBNIZ, G. W. (2001). *Compendio de la controversia de la Teodicea* (Parte I, 8-11). Madrid: Encuentro.

LEONE, S. (Director). (1966). *Il buono, il brutto, il cattivo* [Película]. Italia.

LYNCH, D. (Director). (1980). *Elephan man* [Película]. USA.

MEI, H. (Directora). (2010). *Kong zi* (Confucius). [Película]. China.

MEIRELLES, F. (Director). (2002). *Cidade de Deus* [Película]. Brasil.

MERTON, T. (2000). *Los hombres no son islas*. (Prólogo). Buenos Aires: Sudamericana.

MINA Y A. LUPO (1972). *Parole, parole, parole* [canción]. En: *Cinquemilaquarantatre Mina*. Lugano: PDU Studios.

MOLIÈRE (2000). *El avaro*. Barcelona: Océano.

NARANJO, C. (1993). *La agonía del patriarcado*. Barcelona: Kairós.

— (1994a). *Carácter y neurosis. Una visión integradora*. Vitoria-Gasteiz: Ediciones La Llave.

— (1998). *Autoconocimiento transformador: los eneatipos en la vida, la literatura y la clínica*. Vitoria: La Llave.

— (2000). *El Eneagrama de la sociedad. Males del mundo, males del alma*. Vitoria-Gasteiz: Ediciones La Llave.

— (2004). *Cambiar la educación para cambiar el mundo*. Vitoria-Gasteiz: Ediciones La Llave.

NARDONE, G. (2004). *No hay noche que no vea el día. La terapia breve para los ataques de pánico*. Barcelona: Editorial Herder.

NHAT HANH, T. (2002). *La ira: el dominio del fuego interior*. Barcelona: Ediciones Oniro.

NIETZSCHE, F. (2003). *La genealogía de la moral.* Madrid: Tecnos.

OUSPENSKY, P. D. (1968). *Fragmentos de una enseñanza desconocida.* (8ª ed). Buenos Aires: Librería Hachette.

PALMER, H. (1996). *El eneagrama.* Barcelona. Los Libros de la Liebre de Marzo, S. L.

PLATÓN (1979). *Obras completas,* Madrid: Aguilar S. A. de Ediciones.

PUZO, M. (2004). *El padrino.* Barcelona: Círculo de Lectores.

SÁNCHEZ PIÑOL, A. (2003). *La pell freda.* Barcelona: Edicions La Campana.

SERRA LLANSANA, L. (1997). *El coratge navega mar endins.* Barcelona: STJ.

— (2010). *Códigos del despertar interior.* Barcelona: La Teca Ediciones.

SHAKESPEARE, W. (1989). *Teatre* (vol. II). *La tragèdia de Juli Cèsar.* Barcelona: Ed. Selecta-Catalònia.

— (2000). *El mercader de Venecia.* Barcelona: Anagrama.

SINAY, S. Y BLASBERG, P. (1998). *Gestalt para principiantes.* Buenos Aires: Era naciente.

SODERBERGH, S. (Director) (1989). *Sex, Lies and Videotape.* [Película]. USA.

STEVENSON, R. L. (1999). *El extraño caso del Dr. Jekyll y Mr. Hyde.* México, D.F.: Lectorum.

TERESA DE JESÚS, SANTA (1986). *Obras completas.* Madrid: La Editorial Católica.

THACKERAY. W. (1984). *La fira de les vanitats* (vols. I y II). Barcelona: Edicions 62.

TEILHARD DE CHARDIN, P. (1963). Prólogo. En: Teilhard de Chardin, M.M. *Energia espiritual del sufrimiento*. Barcelona: Fontanella.

UNAMUNO, M. de (1998). *Abel Sánchez*. Madrid: Ediciones Cátedra.

VOLLMAR, K. (1998). *El secreto del eneagrama. Un sistema que revela las claves de la personalidad*. Madrid: Editorial EDAF.

WEIR, P. (Director). (1990). *Matrimonio de conveniencia* [Película]. USA.